Construction Laws and Regulations

建 筑 法 规

（第二版）

主 编　常丽莎　洪　艳
副主编　邓小军　范俊杰

ZHEJIANG UNIVERSITY PRESS
浙江大学出版社
·杭州·

图书在版编目(CIP)数据

建筑法规 / 常丽莎,洪艳主编.—杭州:浙江大学出版社,
2013.7(2024.7 重印)
ISBN 978-7-308-06566-5

Ⅰ.建… Ⅱ.①常… ②洪… Ⅲ.建筑法—中国—高等学校
—教材 Ⅳ.D922.297

中国版本图书馆 CIP 数据核字(2009)第 017091 号

内 容 提 要

  本书从建筑学专业的知识体系出发,系统地介绍了与建筑设计密切相关的一些法律法规知识,对我国现行的建筑法规从城乡规划法、土地管理法、房地产管理法、工程建设程序、工程勘察设计法规、招标投标法规、工程建设执业资格制度、注册建筑师条例、著作权法等方面进行了较为全面的介绍。本书内容比较全面、新颖,有较好的针对性、实用性和系统性,适合作为建筑学专业以及相近专业建筑法规课程的教材,也可供从事建筑设计和工程建设的专业人员和管理人员学习参考。

建筑法规(第二版)

主 编 常丽莎 洪 艳
副主编 邓小军 范俊杰

责任编辑 杜希武
封面设计 刘依群
出版发行 浙江大学出版社
        (杭州市天目山路 148 号 邮政编码 310007)
        (网址:http://www.zjupress.com)
排 版 浙江大千时代文化传媒有限公司
印 刷 广东虎彩云印刷有限公司绍兴分公司
开 本 787mm×1092mm 1/16
印 张 13.25
字 数 322 千字
版 印 次 2013 年 7 月第 2 版 2024 年 7 月第 13 次印刷
书 号 ISBN 978-7-308-06566-5
定 价 39.00 元

前　言

　　改革开放以来,我国在全社会范围内开展了普及法律知识的工作,取得了很大的成绩,我国公民的法律意识有了很大的提高,人民群众掌握了大量的法律知识,有了依法办事、依法治理的觉悟,正在向把我们的国家建设成一个依法治国的社会主义法治国家快速地前进。

　　作为我国法律体系的一个重要的组成部分,工程建设法律法规体系也得到了迅速的发展和完善,一系列法律法规相继颁布和施行,使我国的建筑业迅速地走上了法制的轨道,尤其是随着我国加入 WTO,我国加快了建筑领域的立法进程,大量的法律法规得到了及时的修订和完善。

　　建筑设计是指为满足一定的建造目的(包括人们对它的使用功能的要求、对它的视觉感受的要求)而进行的设计创作,它使得具体的物质材料在技术、经济等方面可行的条件下,形成具体的建筑物或构筑物,并使之具备一定的文化价值和审美价值。建筑设计师及其设计活动是介于建筑作品的生产者和使用者之间的桥梁,建筑设计工作是工程建设过程中的一个关键的全局性的步骤。设计者应按照建设任务的要求,在相关法律法规的框架内,把施工过程和使用过程中存在的或可能发生的问题,事先作好通盘的设想,拟定好解决这些问题的办法和方案,用图纸、建筑模型或其他手段将设计意图确切地表达出来,作为各个工种在建造工作中互相配合协作的共同依据,便于整个工程得以在预定的投资限额范围内,按照周密考虑的预定方案,统一步调,顺利进行,并使建成的建筑物(构筑物)充分满足使用者和社会所期望的各种要求。

　　过去,从事建筑设计工作的人往往对专业技能十分重视,但对与建筑设计有关的法规知识却不甚了解,缺乏自我保护和有效参与市场竞争的能力。随着注册建筑师制度的逐步完善,建筑师在工程建设领域发挥着越来越重要的作用,角色地位逐步提高。建筑设计人员不仅要提高自身的设计水平,还应加强相关的法规意识,积极学习和了解国内外建筑设计相关政策和法律法规,并在实践中加以灵活应用。

　　建筑法规课程是对建筑学学生开设的一门专业延伸课程,是其专业知识架构中不可或缺的一个重要环节。在编写本教材时,编者坚持学以致用的原则,针对建筑学专业的特征,将建筑学专业学生从业后将会遇到的各种法律法规相关内容汇编成册,以便广大的读者能够全面系统地掌握相关法律法规知识,熟练运用学到的相关法规,为实际工程服务。

　　法律法规的内容繁多,除本书所涵盖的内容之外,还包括很多与建筑设计活动关系密切的法律法规,对调整相关的建筑活动起着非常重要的作用,对此我们必须予以密切的关注。

同时,随着社会发展和经济形式的变化,我国的建筑法规体系会随之发生变化,制定出新的工程建设法律法规,并对现有的法规作出调整和修订,这就要求我们必须紧跟时代发展的步伐,对法律知识的学习和掌握做到及时更新。

参与本书编写的人员有:

常丽莎(浙江理工大学建筑工程学院)——第八、九章及案例统筹;

洪艳(浙江理工大学建筑工程学院)——第一、五、四章;

邓小军(浙江理工大学建筑工程学院)——第二、七章;

范俊杰(浙江大学宁波理工学院土木建筑工程分院)——第三、六章。

由于编写时间所限,加上编者学识水平有限,书中错漏之处在所难免,欢迎广大读者批评指正。

编 者

2008 年 12 月

目　录

第一章　建筑法规概述

第一节　建筑法规的概念

建筑法规是指国家立法机关或其授权的行政机关制定的,旨在调整国家及其有关机构、企事业单位、社会团体、公民之间,在建筑活动中或建设行政管理活动中发生的各种社会关系的法律、法规的统称。

建筑法规是国家法律体系的重要组成部分,直接体现国家组织、管理、协调城市建设、乡村建设、工程建设、建筑业、房地产业、市政公用事业等各项建筑活动的方针、政策和基本原则。它覆盖到建筑活动的各个行业、各个领域及工程建设的全过程,保护合法的建筑活动行为,限制非法的建筑活动,制约着在建筑行业中从业人员的行为,使我国的建筑活动在政府、行业主管部门的管理下科学有序地进行。

一、建筑活动的基本原则

建筑活动通常具有周期长、涉及面广、人员流动性强、技术要求高等特点,因此在建筑活动的整个过程中,必须贯彻以下基本原则,才能保证建筑活动得以顺利进行。

1. **建筑活动应当确保建筑工程质量与安全的原则**

建筑工程质量与安全是整个建筑活动的核心,是关系到人民生命与财产安全的重大问题。建筑工程质量是指国家规定和合同约定的对建筑工程的适用、安全、经济、美观等一系列指标的要求。建筑工程的安全是指建筑工程对人身和财产的安全,确保建筑工程安全就是确保建筑工程不能引起人身伤亡和财产损失。

2. **建筑活动应当符合国家建筑工程安全标准的原则**

国家的建筑法规安全标准是指国家标准和行业标准。国家标准是指由国务院行政主管部门制定的在全国范围内适用的统一的技术要求,行业标准是指由国务院有关行政主管部门制定并报国务院标准化行政主管部门备案的在全国某个行业范围内统一的技术要求。

建筑活动应当符合建筑工程安全标准,这对保证技术进步,改进建筑工程质量与安全,提高社会效益与经济效益,维护国家利益和人民利益具有重大的现实意义。

3. 从事建筑活动应当遵守法律法规的原则

社会主义市场经济是法制经济,建筑活动应当依法办事。作为建筑活动的参与者,从事建筑活动的建设单位、勘察设计单位、工程监理单位、建筑施工企业以及从事建筑活动监督和管理工作的单位等,都必须遵守法律法规的规定。

4. 不得损害社会公共利益和他人合法权益的原则

社会公共利益是全体社会成员的整体利益,保护社会公共利益是法律的基本出发点,从事建筑活动不得损害社会公共利益和他人的合法权益也是维护建筑市场秩序的保证。

5. 合法权利受法律保护的原则

宪法和法律保护每一个市场主体的合法权益不受侵犯,任何范围和个人都不得妨碍和阻挠依法进行的建筑活动。

二、建筑法规的适用范围

建筑有狭义和广义两个范畴。狭义的建筑一般包括工业与民用建筑的范畴,这也是传统的建筑概念。就广义而言,建筑活动的范围包括以下的内容:① 工业与民用建筑——建造、改造、装饰和装修;② 市政——道路、桥梁、隧道、公路;③ 水利、电力——堤坝、码头、河道、电厂、输电线路;④ 配套——水、电、煤、通讯、消防、污水等线路管道的敷设、安装等。

建筑活动的表现主要体现在以下几个方面:

(1)投资、运作、管理

投资、运作、管理是建筑活动的起点,也是贯穿建筑活动始终的重要环节。投资方向、运作方式和管理水平的不同,直接导致建筑活动的结果也不一样。

(2)工程勘察和设计

勘察是指根据建设工程的要求,查明、分析、评价建设场地的地质、地理环境特征和岩土工程条件,编制建设工程勘察文件的活动。建设工程设计是指根据建设工程的要求,对建设工程所需的技术、经济、资源、环境等条件进行综合分析、论证,编制建设工程设计文件的活动。

(3)建筑施工

建筑施工是指工程建设实施阶段的生产活动,是各类建筑物、构筑物的建造过程,也可以说是把设计图纸上的各种线条,在指定的地点变成实物的过程。

(4)工程监理

工程监理是指监理单位受项目法人的委托,依据国家批准的工程项目建设文件、有关工程建设的法律法规、工程建设监理合同及其他工程建设合同,对工程建设实施的监督管理,主要是在施工现场监督施工阶段的工程质量和进度控制,对整个施工过程进行时间调度和资金调度。

(5)运行保养

建筑物和构筑物作为一项建筑工业产品,在建成以后也存在一系列的保修保养的服务。售后服务的质量应成为建设者全面实行质量管理体系的一个完整的部分。

除此之外,建筑活动中还会涉及许许多多的事务和相关社会关系,如工程建设与环境保护、文物保护的关系,工程建设与地震、洪涝等自然灾害的关系,工程建设与标准化设计的关系等,它们都属于建筑法规调整的范围。

三、建筑法规的调整对象

建筑法规的调整对象是在建筑活动中发生的各种社会关系,包括行政管理关系、经济协作关系和民事关系。

1. 建筑活动中的行政管理关系

建设活动与国家经济发展、人民的生命财产安全、社会的文明进步息息相关,国家对之必须进行全面严格的管理。当国家以及建设行政主管部门在对建筑活动进行管理时,就会与建设单位(业主)、设计单位、施工单位、建筑材料和设备的生产供应单位,以及建筑监理等单位产生管理和被管理的关系,在法制社会里,这种关系要由相应的建筑法规来调整。行政管理关系是一种上下级的关系,是管理和被管理的关系,是一种不对等的关系。

2. 建筑活动中的经济协作关系

建筑活动中存在大量的人员、经济方面的合作关系,由此而产生的相应的权利和义务关系也应该由建筑法规来加以调整和规范。经济协作关系是平等民事主体之间的关系,是一种对等的关系,关系双方在享受权利的同时也承担相应的义务。

3. 建筑活动中的民事关系

某些建筑活动会涉及公民个人的权利,如土地征用、房屋拆迁、从业人员及相关人员的人身和财产的伤害、财产及相关权利的转让等,由之产生的国家、单位与公民之间的民事权利与义务关系,也应该由建筑法规以及其他的民事法律法规加以规范调整。

建筑法规调整的三种社会关系中,对于建筑活动中的行政管理关系,主要用行政手段加以调整;对于建筑活动中的经济协作关系,则采用行政、经济、民事等各种手段相结合加以调整;对于建筑活动中的民事关系,则主要采用民事的手段加以调整。

第二节　建筑法律关系

法律关系指法律法规确定和调整的人与人或人与社会之间的权利和义务关系。建筑法律关系是法律关系的一种,指由建筑法律法规所确认和调整的,在建设管理和建筑协作过程中所产生的权利义务关系。

例如,一个建设单位和某施工队签订施工合同,那么建设单位和施工队之间就形成了一个建筑法律关系,在合同中规范了双方的权利和义务。建设单位有权利要求施工队保质保量地完成整个项目的施工工作,也有配合施工队的工作、提供必要的施工环境和施工条件、按照合同要求保证资金到位的义务;施工队有按照合同上的时间要求和质量要求规范施工的义务,也有权利要求建设单位及时给付资金、提供施工的必要条件等权利。

总之,建筑法律关系是建筑法律法规在社会主义国家经济建设与生活中实施的结果,只有当社会组织或个人按照建筑法律法规进行建筑活动,形成具体的权利和义务关系时,才构成建筑法律关系。

一、建筑法律关系的构成要件

任何法律关系都是由法律关系主体、法律关系客体、和法律关系内容三个要素组成的,缺少其中的任何一个都不能构成法律关系,其中的任何一个要素发生了变化,那么这一个法律关系就相应地也发生了变化,不再是原来的法律关系了。建筑法律关系也是如此,它由建筑法律关系主体、建筑法律关系客体和建筑法律关系内容三个要素组成。

1. 建筑法律关系主体

建筑法律关系的主体是指参加建筑活动、受建筑法规调整的,在法律上享有权利承担义务的单位和个人。要产生一个建筑法律关系,主体的存在一定不止是一个,而是两个或两个以上。

(1)国家机关

国家机关包括国家权力机关和国家行政机关,他们是国家各种法律法规和地方性法规的制定者,是各类建筑活动的审批者、监督者和管理者。

国家权力机关是指全国人民代表大会及其常务委员会和地方各级人民代表大会及其常务委员会。它们负责审查批准国家建设计划和国家预决算;制定颁布建筑法律;监督检查国家各项建筑法律的执行等。国家行政机关包括国家和地方各级计划机关、建设主管机关、各类建设监督机关和国家建设各业务的主管机关。它们依照国家宪法和法律依法行使国家行政职权,组织管理国家行政事务,规划和制定各项建筑法规和标准,进行行业管理。

(2)社会组织

作为建筑法律关系主体的社会组织一般应为法人。法人是指具有权利能力和行为能力,依法享有权利和承担义务的组织。

进行工程建设的企事业单位、房地产开发企业作为建设单位,是工程建设的发起方和投资者,也是工程建设的组织者和管理者。各级规划编制单位、工程勘察和设计院等是工程蓝图的描绘者。建筑施工安装企业、建筑监理单位、建筑材料制造企业等是工程建设的主要实施者。它们积极地参与到了各类建筑活动中来,是能够独立承担民事责任的社会组织。

(3)公民

公民个人在建筑活动中也可以成为建筑法律关系的主体。公民个人的权利必须得到有力的保障。

2. 建筑法律关系客体

建筑法律关系客体是建筑法律关系主体享有的权利和承担的义务所共同指向的事物。建筑法律关系主体都是因为某一项事物的存在,也就是客体的存在,彼此之间才建立起了权利义务关系。

建筑法律关系客体一般表现为财、物、行为和非物质财富。

在建筑法律关系中表现为"财"的客体主要是建设资金;表现为"物"的客体包括建筑材料、建筑机械、建成或未建成的建筑物和构筑物等,某个具体的建设项目本身也可以作为建筑法律关系中的客体;表现为"行为"的客体指建筑法律关系主体为达到一定的目的所进行的活动,通常表现为建筑管理执法活动、勘察设计活动、施工安装活动、验收活动等;在建筑法律关系中的表现为"非物质财富"的客体主要包括商标权、专利权、建筑作品著作权等知识产权方面的内容。

3. 建筑法律关系内容

建筑法律关系的内容即建筑法律关系中的权利和义务,是建筑法律关系主体在某法律关系中的具体的要求。权利和义务是相互对应的,主体双方应在法律规定的范围内主张自己的权利,自觉履行相应的义务。当自己的权利由于其他主体的非法行为不能够实现时,受到侵害的一方有权要求国家机关加以保护并予以制裁。

二、建筑法律关系的产生、变更和消灭

1. 建筑法律关系的产生

建筑法律关系的产生是指建筑法律关系主体之间形成了一定的权利和义务的关系。例如当建设单位和施工单位签订了建设工程承包合同,主体双方随即产生了相应的权利和义务,此时,受建筑法律规范调整的建筑法律关系随即产生。

2. 建筑法律关系的变更

建筑法律关系的变更是指建筑法律关系的三个要件中至少其中之一发生了变化。

(1)主体变更

主体变更是指建筑法律关系主体的数目增多、减少或者主体发生改变。当建筑合同中,客体不变,相应的权利义务也不发生变化,此时主体的改变称为"合同转让"。

(2)客体变更

客体变更是指建筑法律关系中主体的权利和义务所指向的事物发生变化。客体变更可以是范围变化,也可以是性质变化。

(3)内容变更

建筑法律关系的主体和客体发生变化,必然导致相应的权利和义务,即内容的变更。

3. 建筑法律关系的消灭

建筑法律关系的消灭是指建筑法律关系主体之间的权利义务不复存在,彼此失去了约束力。建筑法律关系的消灭有以下几种情况:

(1)自然消灭

建筑法律关系的自然消灭指建筑法律关系的权利义务得到顺利的履行,取得了各自的利益,从而使该法律关系结束。

(2)协议消灭

建筑法律关系的协议消灭指建筑法律关系主体之间协商解除相互的权利义务,致使建筑法律关系消失。

(3)违约消灭

建筑法律关系的违约消灭指建筑法律关系主体一方违约,致使建筑法律关系规范的权利义务不能实现。在合同中有非常重要的一项,就是要明确双方的违约责任。

(4)不可抗力消灭

建筑法律关系的不可抗力消灭指发生不可抗力,致使建筑法律关系规范的权利义务不

能实现。例如由于发生地震、台风等非人为因素引起的工程延期,由于战乱、政府禁令等人为的活动引起的合同中止等。

能够引起建筑法律关系产生、变更和消灭的客观现象和事实,人们通常称之为建筑法律事实。建筑法律事实是引起建筑法律关系产生、变更和消灭的原因。只有当建筑法规将某种客观现象同一定的法律后果联系起来时,这种现象和事实才被认定为建筑法律事实,成为产生、改变或消灭建筑法律关系的原因,从而和建筑法律后果形成因果关系。

第三节 建筑法规体系

建筑法规体系是国家法律体系的重要组成部分,它必须与国家的宪法和其他相关法律保持一致,但它又保持相对的独立,自成体系,覆盖到建筑活动的各个行业、各个领域以及工程建设的全过程,使建筑活动的各个步骤都有法可依。

一、建筑法规体系的层次

我国的建筑法规体系是由多个不同的层次组成的,不同层次的法规之间互为补充,相互衔接,相互协调,形成了一套自上而下的完整统一的法律体系。

1. 建筑法律

建筑法律指由全国人民代表大会及其常委会制定颁布的属于建设行政主管部门主管业务范围内的各项法律。它们是建筑法规体系的核心和基础。目前我国正式颁布的建筑法律包括有《中华人民共和国建筑法》、《中华人民共和国城乡规划法》、《中华人民共和国城市房地产管理法》、《中华人民共和国招标投标法》等四部法律。

2. 建筑行政法规

建筑行政法规指由国务院制定颁布的,属于建设行政主管部门主管业务范围内的各项法规,如风景名胜区管理暂行条例、中华人民共和国注册建筑师管理条例、建设工程勘察设计管理条例、城市房屋拆迁管理条例等。

3. 建设部门规章

建设部门规章由建设行政主管部门或其他相关部门制定颁布的,旨在调整建筑活动中各类社会关系的法规,如建设工程质量管理办法、民用建筑节能管理规定、建设工程勘察设计企业资质管理规定等。

4. 地方性建筑法规

地方性建筑法规指由省、自治区、直辖市人民代表大会及其常委会制定颁布的,或经其批准颁布,由下级人大及其常委会制定的建筑方面的法规。如北京市消防条例、浙江省建筑业管理条例、杭州西湖风景名胜区保护管理条例等。

5. 地方性建筑规章

地方建筑规章指由省、自治区、直辖市人民政府制定颁布的,或经其批准颁布,由下级人民政府制定的建筑方面的法规,如武汉市城市建筑规划管理技术规定、杭州市土地储备实施办法等。

建筑法规中,建筑法律的法律效力最高,越往下效力越低。法律效力低的建筑法规不能与法律效力高的建筑法规相抵触。

二、建筑法规体系的构成

我国的建筑法规体系是由建筑行政法规、建筑民事法规、建筑技术法规等共同组成的。

1. 建筑行政法规

建筑行政法规是由国家权力机关或政府机关制定或者认可的,以国家强制力保证实施的,国家建设管理机关从宏观上全局性地管理建筑行业的法律法规,调整的是建设主管部门之间、建设主管部门与社会组织或公民个人之间的行政管理关系。建筑行政法规多以禁止、命令等形式表现出来,调整的法律关系主体之间的地位不平等,主管部门或上级部门下达了指令或者要求,另一方作为被管理者必须服从并予以执行,没有选择的余地。

2. 建筑民事法规

建筑民事法规是由国家权力机关或政府机关制定或认可的,以国家强制力保证实施的,调整平等主体之间的经济协作关系和民事关系等建筑法律关系的行为准则。受建筑民事法规调整的建筑法律主体之间的地位是平等的,没有隶属关系,权利和义务是对等的,一方在享受权利的同时必须承担相应的义务。

3. 建筑技术法规

建筑技术法规是由国家政府机关制定或认可的,以国家强制力保证实施的工程勘察、规划、设计、施工、安装、检测、验收等的技术规程、规则、规范、条例、办法、定额、指标等规范性文件。

建筑技术法规是以建筑科学、技术和实践经验的综合成果为基础,经有关方面专家、学者、工程技术人员综合评价和科学论证而制定的,由国务院及有关部委或地方政府及地方建设主管部门批准颁布,作为全国或者某地区范围内的建筑业共同遵守的准则和依据。

贯彻执行建筑技术法规,对于统一建筑技术经济要求、组织现代化工程建设、提高建筑业科技含量和科学管理水平、保证工程质量、加快工程建设进度等方面,都起到了不可估量的作用。

思考题

1. 什么是建筑法规,建筑法规调整的社会关系有哪些?
2. 何谓建筑法律关系? 其构成要素是什么?
3. 建筑行政法律和建筑民事法律各有什么特征?
4. 举例说明建筑法规体系的构成。

第二章　城乡规划法律制度

第一节　城乡规划法规概述

一、基本概念

1. 城市和城市规划

城乡规划法规中所称的城市,是指国家按行政建制设立的直辖市、市、镇。

按照市区和近郊区非农业人口的数量,我国将城市分为大、中、小三级。市区和近郊区非农业人口在 50 万以上的为大城市,20 万以上 50 万以下为中等城市,不满 20 万为小城市。

镇是指经批准设立的建制镇的镇区,包括县及县以上(不含市)人民政府、行政公署所在的建制镇的镇区和其他建制的镇区。镇区是指:

(1)镇人民政府驻地和镇辖其他居委会地域;

(2)镇人民政府驻地的城区建设已延伸到周边村民委员会的驻地,其镇区还应包括该村民委员会的全部区域。

城市规划是指城市人民政府为了实现一定时期内本市的经济和社会发展目标,事先依法制定的,用以确定城市的性质、规模和发展方向,城市土地的合理利用,城市的空间布局和城市设施的科学配置等的综合部署和统一规划。

2. 乡村和乡村规划

乡村指城镇地区以外的其他地区,包括集镇和农村。集镇是指乡、民族乡人民政府所在地和经县人民政府确认由集市发展而成的作为农村一定区域经济、文化和生活服务中心的非建制镇。村庄是指农村村民居住和从事各种生产的聚居点。

乡规划、村庄规划应当从农村实际出发,尊重村民意愿,体现地方和农村特色。

乡规划、村庄规划的内容应当包括:规划区范围,住宅、道路、供水、排水、供电、垃圾收集、畜禽养殖场所等农村生产、生活服务设施、公益事业等各项建设的用地布局、建设要求，以及对耕地等自然资源和历史文化遗产保护、防灾减灾等的具体安排。

二、城乡规划法的立法概况

城乡规划法是调整城乡规划的制定、实施和管理过程中各种经济社会关系的法律规范性文件的总称。

1989年12月26日通过的《中华人民共和国城市规划法》，标志着我国城市规划事业进入了一个新的历史时期。随后国家颁布了一系列与之配套的法规，如《建设项目选址规划管理办法》（1991年8月23日起施行）、《村庄和集镇规划建设管理条例》（1993年11月1日起施行）、《城镇体系规划编制审批办法》（1994年9月1日起施行）、《城市规划编制办法》（2006年4月1日起施行）等，形成了我国的城市规划法律体系。

随着新农村建设的不断深入和城乡差距的逐步缩小，为了协调城乡空间布局，促进城乡经济社会全面协调可持续发展，2007年10月28日第十届全国人民代表大会常务委员会第三十次会议通过了《中华人民共和国城乡规划法》（以下简称《城乡规划法》），把乡村规划提到了法律的高度。由于《城市规划法》的废止和《城乡规划法》的新近出台，我国的城乡规划法律体系中与之配套的新的部门规章和地方性规范性文件尚未及时更新，处于政策的过渡时期。在现有的法规中，不违背《城乡规划法》的，仍然适用；与《城乡规划法》相违背的，按照《城乡规划法》有关规定执行。

第二节　城乡规划的编制与审批

一、编制城乡规划的原则

《城乡规划法》规定，制定和实施城乡规划，应当遵循城乡统筹、合理布局、节约土地、集约发展和先规划后建设的原则，改善生态环境，促进资源、能源节约和综合利用，保护耕地等自然资源和历史文化遗产，保持地方特色、民族特色和传统风貌，防止污染和其他公害，并符合区域人口发展、国防建设、防灾减灾和公共卫生、公共安全的需要。

（1）城乡规划与国家和地方经济技术水平相适应的原则

编制城乡规划时，必须坚持从实际出发，并科学预测城乡远景发展的需要，使规划中所确定的城乡发展规模、各项建设标准、定额指标、开发程序等同国家和地方的现有技术水平和可能的发展水平相适应。

（2）保护生态环境和历史文化遗产及地方特色的原则

编制城乡规划时，应注意保护和改善城乡生态环境、加强城市绿化和市容环境卫生的建设，同时还应注意保护历史文化遗产、城市传统风貌、地方特色和自然景观。民族自治地区的城乡规划，还应保护民族传统和地方特色，以促进社会主义物质文明和精神文明建设的共同发展。

（3）有利生产、方便生活、防灾减灾的原则

编制城乡规划时，既要有利生产，又要方便人民大众的生活，还要考虑促进商品人员的流通，繁荣经济，促进科学技术文化教育事业的发展。同时，城乡规划还应满足城市防火、防爆、治安、交通管理和人防建设的要求，在可能发生自然灾害的城乡，还应满足抗震、防洪、防泥石流等灾害的要求，以保护社会和人们的生命、财产安全。

（4）合理用地、节约用地的原则

社会要进步，城乡要发展，而土地资源十分有限，也很难增长，这对矛盾是始终存在的，在我国则尤为尖锐。因此，在城乡规划的编制时，必须珍惜每一寸土地，应当尽量利用荒地、劣地，少占菜地良田，尽量节约土地资源，使城乡的每一寸土地都得到合理利用，这也是保证我国的经济及社会可持续发展的重要政策。

二、城乡规划的种类

城乡规划一般分为总体规划和详细规划两类。

1. 总体规划

（1）总体规划的内容

总体规划是从宏观上控制城乡土地利用和空间布局，引导城乡合理发展的总体部署。

城市总体规划、镇总体规划的内容应当包括城镇的发展布局，规划区范围、规划区内建设用地规模、基础设施和公共服务设施用地、功能分区，用地布局，综合交通体系，水源地和水系、基本农田和绿化用地、环境保护、禁止、限制和适宜建设的地域范围，各类专项规划，自然与历史文化遗产保护以及防灾减灾等内容。

（2）总体规划考虑的期限

城市总体规划、镇总体规划的规划期限一般为 20 年。城市总体规划还应当对城市更长远的发展作出预测性安排，同时还应提出近期建设计划，其规划期限一般为 5 年，并要求与国民经济发展五年计划相协调。

（3）分区规划

大、中城市为了进一步控制和确定不同地段的土地用途、范围和容量，协调各项基础设施和公共设施的建设，在总体规划基础上，可以编制分区规划。分区规划实际上就是总体规划在分区范围内的进一步深化与补充。

2. 详细规划

详细规划是以城乡总体规划或分区规划为依据，对城乡近期建设区域内各项建设做出的具体规划。它包括：规划地段各项建设的具体用地范围，建筑密度和高度等控制指标，总平面布置，工程管线综合规划和竖向规划等。

详细规划可根据需要编制成控制性详细规划和修建性详细规划两种。

三、城乡规划编制和审批

城市总体规划、镇总体规划以及乡规划和村庄规划的编制，应当依据国民经济和社会发展规划，并与土地利用总体规划相衔接。

1. 城镇体系规划的编制和审批

国务院城乡规划主管部门会同国务院有关部门组织编制全国城镇体系规划，用于指导

省域城镇体系规划、城市总体规划的编制。全国城镇体系规划由国务院城乡规划主管部门报国务院审批。

省、自治区人民政府组织编制省域城镇体系规划,报国务院审批。

2. 总体规划的编制和审批

城市人民政府组织编制城市总体规划。具体工作由城市人民政府城乡规划主管部门承担。

直辖市的城市总体规划由直辖市人民政府报国务院审批。省、自治区人民政府所在地的城市以及国务院确定的城市的总体规划,由省、自治区人民政府审查同意后,报国务院审批。其他城市的总体规划,由城市人民政府报省、自治区人民政府审批。

县人民政府组织编制县人民政府所在地镇的总体规划,报上一级人民政府审批。其他镇的总体规划由镇人民政府组织编制,报上一级人民政府审批。

3. 详细规划的编制和审批

城市人民政府城乡规划主管部门根据城市总体规划的要求,组织编制城市的控制性详细规划,经本级人民政府批准后,报本级人民代表大会常务委员会和上一级人民政府备案。

镇人民政府根据镇总体规划的要求,组织编制镇的控制性详细规划,报上一级人民政府审批。县人民政府所在地镇的控制性详细规划,由县人民政府城乡规划主管部门根据镇总体规划的要求组织编制,经县人民政府批准后,报本级人民代表大会常务委员会和上一级人民政府备案。

城市、县人民政府城乡规划主管部门和镇人民政府可以组织编制重要地块的修建性详细规划。修建性详细规划应当符合控制性详细规划。

4. 乡规划、村庄规划的编制和审批

乡、镇人民政府组织编制乡规划、村庄规划,报上一级人民政府审批。村庄规划在报送审批前,应当经村民会议或者村民代表会议讨论同意。

5. 城乡规划编制单位

城乡规划组织编制机关应当委托具有相应资质等级的单位承担城乡规划的具体编制工作。

承担城乡规划编制的单位,应当取得城乡规划编制资质证书,并在资质等级许可的范围内从事城乡规划编制工作。在城市总体规划的编制中,对于涉及资源与环境保护、区域统筹与城乡统筹、城市发展目标与空间布局、城市历史文化遗产保护等重大专题,应当在城市人民政府组织下,由相关领域的专家领衔进行研究。

城乡规划报送审批前,组织编制机关应当依法将城乡规划草案予以公告,并采取论证会、听证会或者其他方式征求专家和公众的意见。

四、城乡规划的修改

经依法批准的城乡规划,是城乡建设和规划管理的依据,具有法律效力,必须严格遵守,未经法定程序不得修改。

有下列情形之一的,组织编制机关方可按照规定的权限和程序修改省域城镇体系规划、城市总体规划、镇总体规划:

(1)上级人民政府制定的城乡规划发生变更,提出修改规划要求的;

(2)行政区划调整确需修改规划的;

(3)因国务院批准重大建设工程确需修改规划的;

(4)经评估确需修改规划的;

(5)城乡规划的审批机关认为应当修改规划的其他情形。

修改省域城镇体系规划、城市总体规划、镇总体规划前,组织编制机关应当对原规划的实施情况进行总结,并向原审批机关报告;修改涉及城市总体规划、镇总体规划强制性内容的,应当先向原审批机关提出专题报告,经同意后,方可编制修改方案。

修改后的省域城镇体系规划、城市总体规划、镇总体规划,应当报原批准机关审批。

修改控制性详细规划的,组织编制机关应当对修改的必要性进行论证,征求规划地段内利害关系人的意见,并向原审批机关提出专题报告,经原审批机关同意后,方可编制修改方案。控制性详细规划修改涉及城市总体规划、镇总体规划的强制性内容的,应当先修改总体规划。

城市、县、镇人民政府修改近期建设规划的,应当将修改后的近期建设规划报总体规划审批机关备案。

第三节　城乡规划的实施与管理

城乡规划经法定程序批准生效后,即具有了法律效力,城乡规划区内的任何土地利用及各项建设活动,都必须符合城乡规划设计,满足城乡规划的要求,使生效的城乡规划得以实现,这即是城乡规划的实施。

地方各级人民政府应当根据当地经济社会发展水平,量力而行,尊重群众意愿,有计划、分步骤地组织实施城乡规划。

为保证城乡规划的实施,城乡规划一经批准,就应向全社会公布,以便广大人民群众了解城乡规划的具体内容,将它作为各项建设活动的准则,自觉按照城乡规划的要求进行建设活动,并对各类违背城乡规划的违法行为进行监督。

此外,《城乡规划法》还规定了在工程建设的不同阶段,建设单位需向城乡规划管理部门申领选址意见书、建设用地规划许可证、建设工程规划许可证等文件后,方可进行有关建设活动的制度。在制度上保证了每项建设工程都必须接受城乡规划管理部门的审核检查,从而保证城乡规划的全面实施。

一、选址意见书制度

1. 选址意见书的概念

选址意见书是指建设工程(主要是新建的大、中型工业与民用项目)在立项过程中,由城乡规划主管部门出具的该建设项目是否符合城乡规划要求的意见书。

按照国家规定需要有关部门批准或者核准的建设项目,以划拨方式提供国有土地使用权的,建设单位在报送有关部门批准或者核准前,应当向城乡规划主管部门申请核发选址意见书。其他的建设项目不需要申请选址意见书。

2. 选址意见书的内容

选址意见书一般包括项目基本情况和对项目选址的意见两部分。

建设项目基本情况包括建设项目的名称、性质、用地与建设规模,供水、能源的需求量、运输方式与运输量,废水、废气、废渣的排放方式和排放量等。

建设项目选址意见包括建设项目建在拟建地址与城乡规划布局是否协调,与交通、通讯、能源、市政、防灾规划是否衔接与协调,该建设项目对城市环境可能造成的污染,与城市生活居住及公共设施规划、城市环境保护规划和风景名胜、文物古迹保护规划是否协调等。

二、建设用地规划许可证制度

1. 建设用地规划许可证的概念

建设用地规划许可证是城乡规划主管部门依据城乡规划的要求和建设项目用地的实际需要,向提出用地申请的建设单位或个人核发的确定建设用地的位置、面积、界限的证件。

在城市、镇规划区内以划拨方式提供国有土地使用权的建设项目,经有关部门批准、核准、备案后,建设单位应当向城市、县人民政府城乡规划主管部门提出建设用地规划许可申请,由城市、县人民政府城乡规划主管部门依据控制性详细规划核定建设用地的位置、面积、允许建设的范围,核发建设用地规划许可证。

建设单位在取得建设用地规划许可证后,方可向县级以上地方人民政府土地主管部门申请用地,经县级以上人民政府审批后,由土地主管部门划拨土地。

2. 建设用地规划许可证的核发程序

(1)用地申请

由建设单位或个人,持国家批准建设项目的有关文件,向城乡规划主管部门提出用地申请。

(2)现场踏勘、征求意见

城乡规划主管部门在受理申请后,应会同有关部门与建设单位一起到选址现场进行调查、踏勘。同时,还应征求环境保护、消防安全、文物保护、土地管理等部门的意见。

(3)提供设计条件

在用地申请初审通过后,城乡规划主管部门将向建设单位或个人提供建设用地地址与范围的红线图,并提出规划设计条件和要求。

(4)审查总平面图、核定用地面积

建设单位根据城乡规划主管部门提供的设计条件完成总平面图设计后,应将总平面图及其相关文件报送城乡规划主管部门,以审查其用地性质、规模和布局方式、运输方式等是否符合城乡规划的要求及合理用地、节约用地的原则,并根据城乡规划设计用地定额指标和该地块具体情况,审核用地面积。

(5)核发建设用地规划许可证

经审查合格后,城乡规划主管部门即向建设单位或个人核发建设用地规划许可证。

3．临时建设用地许可证

临时建设用地许可证是指由于建设工程施工、堆料或其他原因，需临时使用的土地。在城市、镇规划区内进行临时建设的，应当经城市、县人民政府城乡规划主管部门批准。经审核批准后，可取得临时建设用地许可证，其有效期限一般不超过两年。临时建设影响近期建设规划或者控制性详细规划的实施以及交通、市容、安全等的，不得批准。

《城乡规划法》明确规定："临时建设应当在批准的使用期限内自行拆除。"

三、建设工程规划许可证制度

1．建设工程规划许可证

建设工程规划许可证是城乡规划主管部门向建设单位或个人核发的确认其建设工程符合城乡规划要求的证件。

在城市、镇规划区内进行建筑物、构筑物、道路、管线和其他工程建设的，建设单位或者个人应当向城市、县人民政府城乡规划主管部门或者省、自治区、直辖市人民政府确定的镇人民政府申请办理建设工程规划许可证。

申请办理建设工程规划许可证，应当提交使用土地的有关证明文件、建设工程设计方案等材料。需要建设单位编制修建性详细规划的建设项目，还应当提交修建性详细规划。对符合控制性详细规划和规划条件的，由城市、县人民政府城乡规划主管部门或者省、自治区、直辖市人民政府确定的镇人民政府核发建设工程规划许可证。

城市、县人民政府城乡规划主管部门或者省、自治区、直辖市人民政府确定的镇人民政府应当依法将经审定的修建性详细规划、建设工程设计方案的总平面图予以公布。

建设单位或个人在取得建设工程规划许可证件和其他有关批准文件后，方可申请办理开工手续。

2．建设工程规划许可证核发程序

（1）领证申请

建设单位或个人应持设计任务书、建设用地规划许可证、土地使用权证等有关批准文件向城乡规划主管部门提出核发建设工程规划许可证申请。

（2）初步审查

城乡规划主管部门受理申请后，应对建设工程的性质、规模、布局等是否符合城乡规划要求进行审查，并应征求环保、环卫、交通、通讯等部门及相关行政主管部门的意见。

（3）核发规划设计要点通知书

城乡规划主管部门根据审查结果和工程所在地段详细规划的要求，向建设单位或个人核发规划设计要点通知书、提供规划设计要求。

（4）核发设计方案通知书

建设单位或个人根据规划设计要点通知书完成方案设计后，应将设计方案（应不少于2个）有关图纸、文件报送城乡规划主管部门。城乡规划主管部门在对各个方案的总平面布置、交通组织情况、工程周围环境关系和个体设计体量、层次、造型等进行审查比较，确定设计方案后，将核发设计方案通知书，并提出规划修改意见。

（5）核发建设工程规划许可证

建设单位或个人根据设计方案通知书的要求完成施工图设计后，应将注明勘察设计证书编号的总平面图，个体建筑设计的平、立、剖图，基础图，地下室平面图、剖面图等施工图，送城乡规划主管部门审查。经审查批准后，核发建设工程规划许可证。

3. 建设工程审批后的管理

建设工程审核批准后，城乡规划主管部门要加强监督检查工作，主要包括验线、现场检查和竣工验收。

（1）验线

建筑单位应当按照建设工程规划许可证的要求放线，并经城乡规划主管部门验线后方可施工。

（2）现场检查

它是指城乡规划管理工作人员进入有关单位或施工现场，了解建设工程的位置、施工等情况是否符合规划设计条件。在检查中，任何单位和个人都不得阻挠城乡规划管理人员进入现场或者拒绝提供与规划管理有关的情况。城乡规划行政管理人员有为被检查者保守技术秘密或者业务秘密的义务。

（3）竣工验收

《城乡规划法》规定："县级以上地方人民政府城乡规划主管部门按照国务院规定对建设工程是否符合规划条件予以核实。未经核实或者经核实不符合规划条件的，建设单位不得组织竣工验收。"竣工验收是工程项目建设程序中的最后一个阶段。规划部门参加竣工验收，是对建设工程是否符合规划设计条件的要求进行最后把关，以保证城乡规划区内各项建设符合城乡规划。

城乡规划区内的建设工程竣工验收后，建设单位应当在六个月内将竣工资料报送城乡规划主管部门。

第四节　风景名胜区、历史文化名城规划管理

除城乡建设由城乡规划法规调整以外，我国还颁行了《风景名胜区条例》（2006年12月1日起施行）、《历史文化名城名镇名村保护条例》（2008年7月1日起施行）等多部行政法规及相应的部门规章和地方性法规，对风景名胜区保护、历史文化名城名镇名村保护等行为进行管理。

一、风景名胜区的规划与管理

风景名胜区是指具有观赏、文化或者科学价值，自然景观、人文景观比较集中，环境优美，可供人们游览或者进行科学、文化活动的区域。它是自然和历史留给我们的宝贵而不可再生的遗产，是旅游业发展的重要平台和载体。对风景名胜资源的保护和利用，应本着可持续发展的原则，实现人与自然的和谐共赢。

1. 风景名胜区的审批

风景名胜区划分为国家级风景名胜区和省级风景名胜区。

设立国家级风景名胜区,由省、自治区、直辖市人民政府提出申请,国务院建设主管部门会同国务院环境保护主管部门、林业主管部门、文物主管部门等有关部门组织论证,提出审查意见,报国务院批准公布。

设立省级风景名胜区,由县级人民政府提出申请,省、自治区人民政府建设主管部门或者直辖市人民政府风景名胜区主管部门,会同其他有关部门组织论证,提出审查意见,报省、自治区、直辖市人民政府批准公布。

2. 风景名胜区的管理

国家对风景名胜区实行科学规划、统一管理、严格保护、永续利用的原则。

国务院建设主管部门负责全国风景名胜区的监督管理工作。省、自治区人民政府建设主管部门和直辖市人民政府风景名胜区主管部门,负责本行政区域内风景名胜区的监督管理工作。风景名胜区所在地县级以上地方人民政府设置的风景名胜区管理机构,负责风景名胜区的保护、利用和统一管理工作。

3. 风景名胜区的规划

风景名胜区规划分为总体规划和详细规划。

(1)风景名胜区的总体规划

风景名胜区总体规划的编制,应当体现人与自然和谐相处、区域协调发展和经济社会全面进步的要求,坚持保护优先、开发服从保护的原则,突出风景名胜资源的自然特性、文化内涵和地方特色。

风景名胜区总体规划应当包括下列内容:

①风景资源;

②生态资源保护措施、重大建设项目布局、开发利用强度;

③风景名胜区的功能结构和空间布局;

④禁止开发和限制开发的范围;

⑤风景名胜区的游客容量;

⑥有关专项规划。

风景名胜区应当自设立之日起 2 年内编制完成总体规划。总体规划的规划期一般为20 年。

(2)风景名胜区的详细规划

风景名胜区详细规划,应当符合风景名胜区总体规划的要求,根据核心景区和其他景区的不同要求编制,确定基础设施、旅游设施、文化设施等建设项目的选址、布局与规模,并明确建设用地范围和规划设计条件。

4. 风景名胜区规划的编制与审批

国家级风景名胜区规划由省、自治区人民政府建设主管部门或者直辖市人民政府风景名胜区主管部门组织编制。省级风景名胜区规划由县级人民政府组织编制。

编制风景名胜区规划,应当采用招标等公平竞争的方式选择具有相应资质等级的单位承担,并广泛征求有关部门、公众和专家的意见。

国家级风景名胜区的总体规划,由省、自治区、直辖市人民政府审查后,报国务院审批。国家级风景名胜区的详细规划,由省、自治区人民政府建设主管部门或者直辖市人民政府风景名胜区主管部门报国务院建设主管部门审批。

省级风景名胜区的总体规划,由省、自治区、直辖市人民政府审批,报国务院建设主管部门备案。省级风景名胜区的详细规划,由省、自治区人民政府建设主管部门或者直辖市人民政府风景名胜区主管部门审批。

经批准的风景名胜区规划不得擅自修改。确需对风景名胜区总体规划中的风景名胜区范围、性质、保护目标、生态资源保护措施、重大建设项目布局、开发利用强度以及风景名胜区的功能结构、空间布局、游客容量进行修改的,应当报原审批机关批准;对其他内容进行修改的,应当报原审批机关备案。风景名胜区详细规划确需修改的,应当报原审批机关批准。

5. 风景名胜区的保护

风景名胜区内的建设项目应当符合风景名胜区规划,并与景观相协调,不得破坏景观、污染环境、妨碍游览。在风景名胜区内进行建设活动的,建设单位、施工单位应当制定污染防治和水土保持方案,并采取有效措施,保护好周围景物、水体、林草植被、野生动物资源和地形地貌。

禁止违反风景名胜区规划,在风景名胜区内设立各类开发区和在核心景区内建设宾馆、招待所、培训中心、疗养院以及与风景名胜资源保护无关的其他建筑物;已经建设的,应当按照风景名胜区规划,逐步迁出。

风景名胜区管理机构应当根据风景名胜区规划,合理利用风景名胜资源,禁止超过允许容量接纳游客而对风景区造成的破坏。

二、历史文化名城、名镇、名村的规划与管理

我国是一个历史悠久的文明古国,先人门为我们留下了许多历史文化名城、文物古迹、历史街区等,这是我们中华民族极其宝贵的物质财富和精神财富。把历史文化名城、名镇、名村保护好、规划好、建设好,使它们延续下去,造福于民族,造福于后代,是城乡规划工作中十分重要的任务。所以,对于历史文化名城、名镇、名村要制定特殊的保护规划,并将其纳入城乡总体规划之中。

1. 历史文化名城、名镇、名村的申报

根据新近颁布的《历史文化名城名镇名村保护条例》,申报历史文化名城、名镇、名村需要具备下列条件:

① 保存文物特别丰富;

② 历史建筑集中成片;

③ 保留着传统格局和历史风貌;

④ 历史上曾经作为政治、经济、文化、交通中心或者军事要地,或者发生过重要历史事件,或者其传统产业、历史上建设的重大工程对本地区的发展产生过重要影响,或者能够集中反映本地区建筑的文化特色、民族特色。

申报历史文化名城的,在所申报的历史文化名城保护范围内还应当有 2 个以上的历史文化街区。

申报历史文化名城,由省、自治区、直辖市人民政府提出申请,经国务院建设主管部门会同国务院文物主管部门组织有关部门、专家进行论证,提出审查意见,报国务院批准公布。申报历史文化名镇、名村,由所在地县级人民政府提出申请,经省、自治区、直辖市人民政府确定的保护主管部门会同同级文物主管部门组织有关部门、专家进行论证,提出审查意见,报省、自治区、直辖市人民政府批准公布。

2. 历史文化名城、名镇、名村保护规划的编制与审批

历史文化名城、名镇、名村批准公布后,应由当地人民政府在批准公布之日起 1 年内组织编制保护规划。保护规划应当包括下列内容:

(1)保护原则、保护内容和保护范围;

(2)保护措施、开发强度和建设控制要求;

(3)传统格局和历史风貌保护要求;

(4)历史文化街区、名镇、名村的核心保护范围和建设控制地带;

(5)保护规划分期实施方案。

保护规划由省、自治区、直辖市人民政府审批,并报国务院建设主管部门和国务院文物主管部门备案。保护规划报送审批前,保护规划的组织编制机关应当广泛征求有关部门、专家和公众的意见,必要时可以举行听证。

经依法批准的保护规划,不得擅自修改;确需修改的,保护规划的组织编制机关应当向原审批机关提出专题报告,经同意后,方可编制修改方案。修改后的保护规划,应当按照原审批程序报送审批。

3. 历史文化名城、名镇、名村的保护

历史文化名城、名镇、名村的保护应当遵循科学规划、严格保护的原则进行整体保护,保持和延续其传统格局、历史风貌和空间尺度,不得改变与其相互依存的自然景观和环境,维护历史文化遗产的真实性和完整性,正确处理经济社会发展和历史文化遗产保护的关系。

在保护范围内从事任何建设活动,均应当符合保护规划的要求,不得损害历史文化遗产的真实性和完整性,不得对其传统格局和历史风貌构成破坏性影响。对历史建筑的维护和修缮也应当按照保护规划的要求进行,任何单位或者个人不得损坏或者擅自迁移、拆除历史建筑。

【案例评析】

案例一

一、基本案情

1992 年 8 月初××电子公司欲在某市主干道修建一幢儿童乐园大楼,向该市城市管理委员会提出申请。市、区管理委员会分别签署了"原则同意,请规划局给予支持,审定方案,办理手续"的意见。电子公司将修建计划报送市规划局审批。在计划尚未审批、没有取得建设工程规划许可证的情况下,电子公司于 8 月 23 日擅自动工修建儿童乐园大楼。

同年 12 月,市规划局和市、区管理委员会的有关负责人到施工现场,责令立即停工,并写出书面检查。电子公司于当日做出书面检查,表示愿意停止施工,接受处理,但是实际并

未停止施工。

1993年初,市规划局作出违法建筑拆除决定书,限定电子公司在1993年3月7日前自行拆除未完工的违法修建的儿童乐园大楼。电子公司不服,向省城乡建设环境保护厅申请复议。省城乡建设环境保护厅于1993年4月7日作出维持市规划局的违法建筑拆除决定。在复议期间,电子公司仍继续施工,致使建筑面积为4730平方米的六层大楼基本完工。

电子公司对复议不服,向市中级人民法院提出行政诉讼,请求法院撤销市规划局限期拆除房屋的决定。

二、案例分析

本案的焦点问题是:市、区管理委员会分别签署的原则同意建设儿童乐园大楼的文件,是否可以作为减轻或免于处罚的依据?

市中级人民法院审理后认为:电子公司新建儿童乐园大楼虽经市、区管理委员会原则同意,并向市规划局申请办理有关建设规划手续,但在尚未取得建设工程规划许可证的情况下即动工修建,违反了《中华人民共和国城市规划法》第三十二条"建设单位或者个人在取得建设工程规划许可证件和其他有关批准文件后,方可申请办理开工手续"的规定,属违法建筑。该市规划局据此作出限期拆除违法建筑的处罚决定并无不当。鉴于该违法建筑位于市主干道一侧,属城市规划区的重要地区,未经规划部门批准即擅自动工修建永久性建筑物,其行为本身就严重影响了该区域的整体规划,且电子公司在市规划局制止及作出处罚决定后仍继续施工,依照《××省关于〈中华人民共和国城市规划法〉实施办法》和《××市城市建设规划管理办法》的规定,属从重处罚情节,故电子公司以该建筑物不属严重影响城市市规划的情节为由,请求变更市规划局的拆除大楼的决定为罚款保留房屋的意见,法院不予支持。1993年5月21日,市中级人民法院作出判决,维持市规划局作出的违法建筑拆除决定。

至1994年2月电子公司违法修建的儿童乐园大楼已全部拆除。

案例二

一、基本案情

上河村位于某城市规划区范围以内。2003年,该村村委会为了加快农业结构调整,在村北约220万平方米(3330亩)的用地上建蔬菜大棚,占用了100万平方米(1500亩);又经村委会集体研究,报镇政府同意,利用剩余120万平方米(1830亩)建自用的工业厂房。该市规划部门发现后,责令其立即停止施工并等待处罚。

二、案例分析

本案的焦点问题是:该村委会建厂房的行为是否违法,镇政府是否有审批的权力?

村委会利用集体土地盖蔬菜大棚进行农业生产是允许的,而建设工业厂房则是违法的。因为,该地区是位于城市规划区范围以内,《中华人民共和国城市规划法》第三十一条规定:"在城市规划区内进行建设需要申请用地的,必须持国家批准建设项目的有关文件,向城市规划行政主管部门申请定点,由城市规划行政主管部门核定其用地位置和界限,提供规划设计条件,核发建设用地规划许可证。建设单位或个人在取得建设用地规划许可证后,方可向县级以上地方人民政府土地管理部门申请用地,经县级以上人民政府审查批准后,由土地管理部门划拨土地。"《中华人民共和国城市规划法》第四十条规定:"在城市规划区内,未取得建设工程规划许可证件或者违反建设工程规划许可证件的规定进行建设,严重影响城市规划的,由县级以上地方人民政府城市规划行政主管部门责令停止建设,限期拆除或者没收非法建筑物、构筑物或者其他设施;影响城市规划,尚可采取改正措施的,由县级以上地方人民政府城市规划行政主管部门责令限期改正,并处罚款。"该村委会在城市规划区内建设工业厂房,虽经镇政府同意,但未经上级规划行政主管部门批准,未办理合法的报批手续,属违法建设行为。另外,县以上的人民政府才有权审批土地,而镇政府则无权审批土地。

思考题

1. 何谓城市、城市规划及城市规划区?

2. 我国城乡规划的原则是什么?

3. 历史文化名城保护规划包括哪些内容?

4. 什么是选址意见书?

5. 何谓城乡规划的实施? 保证其实施的方法有哪些?

6. 何谓建设用地规划许可证? 取得建设用地规划许可证要经过哪些程序?

第三章　土地管理法律制度

第一节　土地管理法律制度概述

一、土地

土地是人类赖以生存和发展的活动场所,它具有固定性、不可代替性和有限性的特征,是十分宝贵的自然资源和社会资产。

我国土地及耕地的人均数量少,总体质量水平低,后备资源也不富裕,因此要尽量合理开发利用,不断提高其经济价值和社会价值。"十分珍惜和合理利用土地,切实保护耕地"是我国的基本国策。

根据土地的用途,我国将土地分为三类:农用地、建设用地和未利用土地。

(1)农用地

农用地即直接用于农业生产的用地,包括耕地、林地、草地、农田水利用地、养殖水面等。

(2)建设用地

建设用地是指建造建筑物、构筑物的土地,包括城乡住宅和公共设施用地、工矿用地、交通水利设施用地、旅游用地、军事设施用地。

(3)未利用土地

未利用土地即除农用地和建设用地以外的尚未被开发利用的土地。

为了更有效地管理土地,在上述三种分类的基础上,我国土地管理工作者又将土地作了更进一步的分类。根据2007年8月5日颁布执行的《土地利用现状分类》国家标准,根据土地的用途、利用方式和覆盖特征等因素,将我国土地分12个一级类、56个二级类。其中一级类包括:耕地、园地、林地、草地、商服用地、工矿仓储用地、住宅用地、公共管理与公共服务用地、特殊用地、交通运输用地、水域及水利设施用地、其他土地。

(1)耕地

耕地指种植农作物的土地,包括熟地,新开发、复垦、整理地,休闲地(含轮歇地、轮作地);以种植农作物(含蔬菜)为主,间有零星果树、桑树或其他树木的土地;平均每年能保证收获一季的已垦滩地和海涂。耕地中包括南方宽度<1.0米,北方宽度<2.0米固定的沟、渠、路和地坎(埂);临时种植药材、草皮、花卉、苗木等的耕地,以及其他临时改变用途的耕地。耕地又分为水田、水浇地和旱地3个二级地类。

(2)园地

园地指种植以采集果、叶、根、茎、汁等为主的集约经营的多年生木本和草本作物,覆盖度大于50%和每亩株数大于合理株数70%的土地,包括用于育苗的土地。园地又分为果园、茶园和其它园地3个二级地类。

(3)林地

林地指生长乔木、竹类、灌木的土地,及沿海生长红树林的土地。包括迹地,不包括居民点内部的绿化林木用地、铁路、公路征地范围内的林木,以及河流、沟渠的护堤林。林地又分为有林地、灌木林地和其它林地3个二级地类。

(4)草地

草地指生长草本植物为主的土地,分为天然牧草地、人工牧草地和其它草地3个二级地类。

(5)商服用地

商服用地指主要用于商业、服务业的土地,分为批发零售用地、住宿餐饮用地、商务金融用地、其它商服用地等4个二级地类。

(6)工矿仓储用地

工矿仓储用地指主要用于工业生产、物资存放场所的土地,分为工业用地、采矿用地和仓储用地3个二级地类。

(7)住宅用地

住宅用地指主要用于人们生活居住的房基地及其附属设施的土地,分为城镇住宅用地和农村宅基地2个二级地类。

(8)公共管理与公共服务用地

公共管理与公共服务用地指用于机关团体、新闻出版、科教文卫、风景名胜、公共设施等的土地,分为机关团体用地、新闻出版用地、科教用地、医卫慈善用地、文体娱乐用地、公共设施用地、公园与绿地、风景名胜设施用地等8个二级地类。

(9)特殊用地

特殊用地指用于军事设施、涉外、宗教、监教、殡葬等的土地,分为军事设施用地、使领馆用地、监教场所用地、宗教用地、殡葬用地等5个二级地类。

(10)交通运输用地

交通运输用地指用于运输通行的地面线路、场站等的土地,包括民用机场、港口、码头、地面运输管道和各种道路用地。交通运输用地又分为铁路用地、公路用地、街巷用地、农村道路、机场用地、港口码头用地、管道运输用地等7个二级地类。

(11)水域及水利设施用地

水域及水利设施用地指陆地水域、海涂、沟渠、水工建筑物等用地,不包括滞洪区和已垦滩涂中的耕地、园地、林地、居民点、道路等用地。水域及水利设施用地又分为河流水面、湖泊水面、水库水面、坑塘水面、沿海滩涂、内陆滩涂、沟渠、水工建筑用地、冰川及永久积雪等

9 个二级地类。

（12）其他土地

其他土地包括空闲地、设施农用地、田坎、盐碱地、沼泽地、沙地、裸地等 7 个二级地类。

二、土地管理法

土地管理法是调整人们在开发、利用和保护土地过程中所形成的权利义务关系的法律规范的总称。

目前我国人均占有土地不及世界人均占有土地面积的 1/3,有近一半的国土面积是戈壁荒漠、崇山峻岭或高原缺氧地区,还有很多地方人均耕地面积已经少于联合国规定的人类生存所需的最低耕地面积,随着人口的继续增加,我国的国土将难以承受人们生存所必需的相关活动,人地矛盾将更加尖锐。

为了加强土地管理,保护现有的土地资源,切实保护耕地,合理利用和开发土地,促进社会经济的持续稳定的发展,我国颁布了一系列的土地管理的法律法规。

《中华人民共和国土地管理法》（以下简称《土地管理法》）是土地管理的基本法律,它于 1986 年 6 月 25 日在第六届全国人民代表大会常务委员会第十六次会议通过,于 1998 年经过了全面的修订,自 1999 年 1 月 1 日起施行。

除《土地管理法》外,国家还陆续制定了与之相配套的一系列法规,如《中华人民共和国土地管理法实施条例》（1999 年 1 月 1 日起施行）、《基本农田保护条例》（1999 年 1 月 1 日起施行）、《划拨土地使用权管理暂行办法》（1992 年 3 月 8 日起施行）、《土地监察暂行规定》（1995 年 6 月 12 日起施行）等。这些法律法规的颁布施行,标志着我国的土地管理纳入了法制化的进程。

第二节　土地所有权和使用权

一、土地所有权

1. 土地所有权的概念

土地所有权是土地所有人依法对其所有的土地占有、使用、收益和处分的权利。

（1）占有权

占有权是指土地所有权人对于土地的实际控制的权利。

（2）使用权

使用权指土地所有权人按照土地的性质和用途加以利用,从而实现其利益的权利。

（3）收益权

收益权指土地所有权人在土地之上获得经济利益的权利。

（4）处分权

处分权指土地所有权人对土地状态改变的权利,如土地的出让、抵押等。

我国施行的是土地的社会主义公有制,全部土地分为国家土地所有和集体土地所有,即全民所有制和劳动群众集体所有制。

2. 国家土地所有

国家土地所有权的主体为全民所有,即国家所有。中央人民政府是国家土地所有权的代表者,国家所有土地的所有权由国务院代表国家行使。

国家土地所有权的客体及范围包括:

(1)城市市区的土地;

(2)农村和城市郊区中已经依法没收、征收、征购为国有的土地;

(3)国家依法征用的土地;

(4)依法不属于集体所有的林地、草地、荒地、滩涂及其他土地;

(5)农村集体经济组织全部成员转为城镇居民的,原属于其成员集体所有的土地;

(6)因国家组织移民、自然灾害等原因,农民成建制集体迁移后不再使用的原属于迁移农民集体所有的土地。

3. 集体土地所有

享有集体土地所有权的只能是农民集体,它分为村农民集体所有和乡镇农民集体所有。属于村农民集体所有的,由村集体经济组织或村民委员会(村民小组)经营管理;属于乡(镇)集体所有的,由乡(镇)集体经济组织经营管理。集体所有权属于集体公共所有,而不是属于集体组织成员按份共有。集体组织内的任何成员,不得主张对集体土地的所有权。

集体土地所有权的客体范围包括:

(1)农村和城市郊区、除了法律规定属于国家所有的土地;

(2)农村的宅基地和自留山、自留地。

根据用途的不同,集体所有的土地还可以分为农地和农村建设用地。

农村集体经济组织可以对其所有的土地行使占有、使用、收益和处分的权利,也可以依法转让、抵押和租赁,但是不得自行将土地非法转让为乡(镇)村建设以外的建设用地。

二、土地使用权

1. 土地使用权的概念

土地使用权是土地使用人依法对国家或集体所有的土地享有占有、使用、一定收益和在限定范围内进行处分的权利。它是从土地所有权中分离出来的一项权利。它具体表现为土地使用人对土地可以依法行使利用、出租、转让、抵押的权利。

2. 土地使用权的取得

《土地管理法》规定,国有土地和农民集体所有的土地,可以依法确定给单位或个人使用。

国有土地使用权可以通过划拨、出让、转让、承包、出租、继承、获取地面建筑物所有权等方式取得。土地使用权出让是指国家以土地所有者的身份将土地使用权在一定年限内让与土地使用者,并由土地使用者向国家支付土地使用权出让金的行为。土地使用权划拨是指县级以上人民政府依法批准,在土地使用者缴纳补偿、安置等费用后将该幅土地交付其使用,或者将土地使用权无偿交付给土地使用者使用的行为。土地使用权转让是指土地使用者将土地使用权再转移的行为,包括出售、交换和赠与。国有土地也可以由单位或个人承包,用以进行种植业、林业、畜牧业、渔业生产。

农民集体所有土地的使用权可以依法通过承包、转让、继承等方式取得。集体经济组织内的成员可承包本单位所有的土地,承包期限是 30 年,可进行种植业、林业、渔业等生产。本集体经济组织之外的单位或个人承包经营的,需要经过村民会议 2/3 以上的成员或 2/3 村民代表的同意,并报乡(镇)人民政府的批准。农民还可依法取得宅基地、自留山、自留地的使用权。

三、土地所有权和使用权的确定和确认

《中华人民共和国土地管理法实施条例》规定,国家依法实行土地登记发证制度,依法登记的土地所有权、使用权受法律保护,并对各种情况下的土地所有权、使用权的划分和确定都做出了具体的规定。

1. 土地所有权的登记发证制度

农民集体所有的土地,由土地所有者向土地所在地的县级以上人民政府土地行政主管部门提出土地登记申请,由同级人民政府登记造册,核发证书,确认其所有权。

土地所有权发生争议的,不能证明该土地是属于农民集体所有的,则属于国家所有。

当公共利益需要时,如修桥修路,建水库机场等,国家可以征用集体所有土地,将其变为国有,但必须依法给予补偿。

2. 土地使用权的登记发证制度

《土地管理法》规定,单位和个人依法使用的国有土地,由县级以上人民政府登记造册,核发证书,确认其使用权;农民集体所有的土地,依法用于非农业建设的,由土地使用者向土地所在地的县级人民政府土地行政主管部门提出土地登记申请,由县级人民政府登记造册,核发集体土地使用权证书,确认建设用地使用权。

未确定使用权的土地,由县级以上人民政府登记造册,负责保护管理。

依法改变土地所有权、使用权的,因依法转让地上建筑物、构筑物等附着物导致土地使用权转移的,必须向土地所在地的县级以上人民政府土地行政主管部门提出土地变更登记申请,由原土地登记机关依法进行土地所有权、使用权变更登记。

第三节 土地的利用和保护

一段时期以来,一些地方乱占耕地、违法批地、浪费土地的问题屡禁不止。一些城市片面追求规模,盲目征用耕地、林地和宜农荒地,使得城市建设用地大大超标,农村多占宅基地,乡镇企业违法占用耕地,村镇非法转让土地进行房地产开发,对承包的耕地弃耕撂荒等现象十分严重,造成土地资产流失耕地面积锐减,不仅严重影响了粮食生产和农业发展,也

影响了整个国民经济的发展。党中央和国务院多次发文要求各级政府和全国人民认真贯彻"十分珍视和合理利用每寸土地,切实保护耕地"这一基本国策,严格执行土地管理法,依法管好土地,以保证国民经济的可持续发展,造福子孙后代。

一、土地利用和保护的相关制度

为使土地得到科学合理的开发利用并保护好每一寸土地,《土地管理法》中确立了相关制度。它们主要有:

1. 土地用途管制制度

各级人民政府都要依据国民经济和社会发展规划、国土整治和资源环境保护的要求,土地供给能力以及各项建设对土地的需求,组织编制土地利用总体规划,规定土地用途,控制建设用地总量,严格限制农用地转为建设用地,对耕地实行特殊保护。使用土地的单位和个人都必须严格按照土地利用总体规划确定的用途使用土地。

2. 土地调查制度

县级以上人民政府土地行政主管部门会同同级有关部门对土地的权属、土地利用现状和土地的条件进行调查,并应根据土地调查成果、规划土地用途和国家制定的统一标准,评定土地等级。土地所有者或使用者应当配合调查,并提供有关资料。

地方土地利用现状调查结果,经本级人民政府审核,报上一级人民政府批准;全国土地利用现状调查结果,报国务院批准。各级土地利用现状调查结果都应向社会公布。

3. 土地统计制度

县级以上人民政府土地行政主管部门和同级统计部门共同制定统计调查方案,依法进行土地统计,定期发布土地统计资料。土地所有者或使用者应提供有关资料,不得虚报、瞒报、拒报、迟报。

4. 土地监察制度

土地监察是指土地管理部门依法对单位和个人执行和遵守国家土地法律、法规的情况进行监督检查以及对土地违法者实施法律制裁的活动。国家土地管理局主管全国土地监察工作。土地监察工作的内容主要是对单位和个人下述行为的合法性进行监督检查:① 建设用地行为;② 建设用地审批行为;③ 土地开发利用行为;④ 土地权属变更和使用权出让行为;⑤ 土地使用权转让、出租、抵押、终止行为;⑥ 房地产转让行为及其他行为。

土地管理部门依照国家土地管理法律、法规独立行使土地监察职权,不受其他行政机关、社会团体和个人的干涉。

5. 土地利用状况动态监测制度

土地利用状况会随人口的增减、迁移和社会的发展而不断地变化,为掌握、了解实时的土地利用状况,就需要进行土地利用状况动态监测。我国建立了全国土地管理信息系统,对土地利用状况进行动态监测。动态监测的方法有两种。

(1)统计

即靠基层土地行政主管部门每年进行一次土地利用详查结果的变更调查,然后以土地统计年报的方式,逐级上报,得到全国土地利用状况变化的最新数据。

（2）遥感调查的方法

即利用不同时相的航空或卫星相片进行解译对比,得到不同时相间土地利用状况变化的资料。

二、土地利用总体规划

土地利用总体规划是在综合考虑社会经济发展需要、国土整治、资源与环境保护要求、土地使用现状及实际供给能力等各项因素的基础上所编制出的一定期限内土地利用的规划。它是国家对土地用途进行管制的依据。使用土地的单位和个人都必须严格按照土地利用总体规划确定的用途来使用土地。

土地利用总体规划按行政区划分为国家、省、地、县、乡五级,分别由各级人民政府负责编制。

土地利用总体规划的期限应与国民经济和社会发展规划相适应,一般为15年,同时还应展望土地利用远景目标和确定分阶段实施的土地利用目标。各级人民政府还应根据土地利用总体规划并结合国民经济和社会发展计划、国家产业政策、建设用地和土地利用实际状况编制土地利用年度计划,并严格执行,以确保土地利用总体规划的落实和施行。

1. 土地利用总体规划的编制

（1）土地利用总体规划的要求

地方各级人民政府必须依据上一级土地利用总体规划来编制本级土地利用总体规划,其建设用地总量不得超过上一级土地利用总体规划中所确定的控制指标。省、自治区、直辖市人民政府编制的土地利用总体规划应当确保本行政区域内耕地总量不减少。

县级和乡（镇）土地利用总体规划应当根据需要划定基本农田保护区、土地开垦区、建设用地区和禁止开垦区等,其中乡（镇）土地利用总体规划还应当根据土地使用条件,确定每一块土地的用途,并予以公告。

（2）土地利用总体规划编制的原则

编制土地利用总体规划必须遵循下列原则:

① 严格保护基本农田,控制非农田建设占用农用地;

② 提高土地利用率;

③ 统筹安排各类、各区域用地;

④ 保护和改善生态环境,保障土地的可持续利用;

⑤ 占用耕地和开发复垦耕地相平衡。

2. 土地总体规划的内容

土地总体规划的内容主要应包括土地利用现状分析、土地供需分析、确定规划目标、土地利用结构和布局调整、编制规划供选方案和拟定实施规划的政策措施等。

3. 土地利用总体规划的审批

土地利用总体规划实行分级审批制。

省级土地利用总体规划,报国务院批准。省会城市、人口在100万以上的城市以及国务院指定城市的土地利用总体规划,经省、自治区人民政府审查同意后,报国务院批准。其他土地利用总体规划,均由省级人民政府批准,其中乡级土地利用总体规划,可由省级人民政府授权其所在的设区的市或自治州人民政府审查批准。土地利用总体规划一经批准就必须严格执行。

经批准的土地利用总体规划需修改时，必须报原批准机关审批，未经批准前不得擅自改变原规划确定的土地用途。

三、耕地保护

1. 基本农田保护制度

为保障人们的基本生活需求，促进农业生产和国民经济的发展，国家实行严格的基本农田保护制度。

基本农田是指根据一定时期人口和国民经济对农产品的需求而确定的长期不得占用及基本农田保护区规划期内不得占用的耕地。长期不得占用的耕地为一级基本农田，规划期内不得占用的为二级基本农田。基本农田保护区是指为对基本农田实行特殊保护而依照法定程序划定的区域。各级人民政府必须制定基本农田保护区规划。全国基本农田保护区规划由国务院土地管理部门及农业行政主管部门会同其他有关部门编制，并报国务院批准。

省、地、县的基本农田保护区规划由同级人民政府土地管理部门及农业行政主管部门会同其他有关部门，根据上一级基本农田保护区规划进行编制，经本级人民政府审定后，报上一级人民政府批准。乡级基本农田保护区规划由乡级人民政府根据县级基本农田保护区规划进行编制，报县级人民政府批准。

各省、自治区、直辖市划定的基本农田应占本行政区域内耕地的80%以上。基本农田保护区以乡（镇）为单位进行划区定界。

2. 占用耕地补偿制度

为保护耕地，控制耕地总量的平衡，国家实行占用耕地补偿制度。非农业建设经批准后合法占用耕地的，必须按照依据省、自治区、直辖市人民政府制定的开垦耕地计划和"占多少，垦多少"的原则，由占用耕地的单位负责开垦与所占用耕地的数量和质量相当的耕地。省、自治区、直辖市人民政府应监督占用耕地的单位按照计划开垦耕地或按照计划组织开垦耕地，并进行验收。没有条件开垦或开垦的耕地不符合要求的、应当按照省、自治区、直辖市的规定交纳耕地开垦费，专款用于开垦新的耕地。

3. 鼓励开垦荒地、整治土地，严禁毁损、废弃耕地

（1）鼓励开发未利用的土地

国家鼓励单位和个人按照土地利用总体规划，在保护和改善生态环境、防止水土流失和土地荒漠化的前提下，开发未利用的土地。适宜开发为农业用地的，应当优先开发成农业用地。开发未确定使用权的国有荒山、荒地、荒滩从事种植业、林业、畜牧业、渔业生产的，经县级以上人民政府依法批准，可以确定给开发单位或个人长期使用，但使用期限最长不得超过50年。

开垦未利用的土地，必须经过科学论证和评估，在土地利用总体规划的可开垦区域内，经依法批准后进行。禁止毁坏森林、草原开垦耕地，禁止围湖造田和侵占江河滩地。对破坏生态环境开垦、围垦的土地，要有计划有步骤地退耕还林、还牧、还湖。

（2）鼓励土地整理

国家鼓励土地整治，县、乡（镇）人民政府应当组织农村集体经济组织，按照土地利用总体规划，对田、水、路、林、村综合整理，提高耕地质量，增加有效耕地面积，改善农业生产条件和生态环境。地方各级人民政府应当采取措施，改造中低产田，整治闲散地和废弃地。土地整理所新增耕地的60％可用以折抵建设占用耕地的补偿指标。

政府和用地单位都应维护排治污工程设施，改良土壤，提高地力，防止土地荒漠化、盐渍化、水土流失和污染土地。

土地整理所需费用，按照谁受益谁负担的原则，由农村集体经济组织和土地使用者共同承担。

（3）严禁毁损、废弃耕地

非农业建设必须节约使用土地，可以利用荒地的，不得占用耕地，可以利用劣地的，不得占用好地。严禁占用耕地建窑、建坟或擅自在耕地上建房、挖砂、采石、采矿取土等。禁止占用基本农田发展林果业和挖塘养鱼。因挖损、塌陷、压占等造成土地破坏的，用地单位和个人应按照国家有关规定复垦；没有条件复垦或复垦不符合要求的，应交纳土地复垦费，专项用于土地复垦。复垦的土地应当优先用于农业。

承包经营耕地连续两年弃耕抛荒的，原发包单位应终止承包合同，收回发包的耕地。

已经办理审批手续的非农业建设用耕地，一年内不用于建设，又可以耕种和收获的，应由原耕种该幅耕地的集体或个人恢复耕种，也可由用地单位组织耕种；一年以上未动工建设的，应按省、自治区、直辖市的规定缴纳闲置费；连续两年未使用的，经原批准机关批准，由县级以上人民政府无偿收回用地单位的使用权，该幅土地原为农民集体所有的，交由原农业集体经济组织恢复耕种。

第四节　建设用地

一、建设用地的概念

建设用地是指建造建筑物、构筑物的土地，包括城乡住宅和公共设施用地、工矿用地、交通水利设施用地、旅游用地、军事设施用地等。

建设用地包括在土地利用总体规划中确定的建设用地，和因经济社会发展的需要，由规划中的非建设用地转成的建设用地。前者称为规划内建设用地，后者称为规划外建设用地。

1. 规划内建设用地

土地利用总体规划内的建设用地，可用于进行工程项目建设。我国土地分属国家和农民集体所有，所以又有国家所有的建设用地和农民集体所有的建设用地。

（1）乡（镇）村所有的建设用地

乡（镇）村所有的建设用地是指建筑物、构筑物占用的所有权属于农民集体共有的土地。农民集体所有的建设用地只可用于村民住宅建设、乡镇企业建设和乡（镇）村公共设施及公益事业建设等与农业有关的乡村建设,不得出让、转让或出租给他人用于非农业建设。非农业建设确需占用农民集体所有的土地时,必须先由国家将所需土地征为国有,再依法交由用地者使用。

对于规划为建设用地,但现在实为农用地的土地,在土地利用总体规划确定的建设用地规模范围内,由原批准土地利用总体规划的机关审批,按照土地利用年度计划,分批次将农用地批转为建设用地。为实施村庄集镇规划而占用土地的,也需按照规定报批。

(2)国家所有的建设用地

国有建设用地是指建筑物、构筑物占用的所有权属于国家的土地,包括属国家所有的建设用地和国家征用的原属于农民集体所有的土地。

国家对国有建设用地的管理实行所有权与使用权相分离的办法,即国有土地的所有权属于国家,不可流动,而土地的使用权可以确定给单位和个人,并可以依法流转。政府管理国有建设用地具有双重职能,一方面,代表国家行使土地所有权;另一方面,又对国有土地行使规划、使用审批、土地市场管理等行政管理权力。

国有建设用地包括:

①已经属于国家所有的建设用地。包括城市市区内的土地,城市建设用地外的铁路、公路、机场、水利、军事、工矿企业等使用的国有土地;国有农、林、牧、渔场内的建设用地;

②依法征用的原属于农民集体所有的建设用地和未利用土地;

③依法办理了农用地转用和征用土地手续的原农民集体所有的农用地;

④依法办理了农用地转用和建设用地审批手续的国有农用地及未利用土地。

经批准的建设项目需要使用国有建设用地的,建设单位应持法律、行政法规规定的有关批准文件,向有批准权的县级以上人民政府土地行政主管部门提出建设用地申请,经该土地行政主管部门审查后,报本级人民政府批准,由市、县人民政府向建设单位颁发建设用地批准书。

2. 规划外建设用地

土地利用总体规划中,除建设用地外,土地还分为农用地和未利用土地。随着国民经济的发展和社会进步的需要,部分农用地和未利用土地要改变用途,用于基础设施建设和社会公益事业,称为规划外建设用地。

将未利用土地转为建设用地,按各省、自治区、直辖市的相关规定办理,但国家重点建设项目、军事设施、跨省自治区直辖市的建设项目以及国务院规定的其他建设项目用地,需报国务院批准。

将农用地转为建设用地,对于耕地稀缺的我国来说,就会严重影响国民经济的发展和社会的稳定,也与我国切实保护耕地的基本国策不符。为了防止滥征土地和保护农民集体的利益,《土地管理法》对征用农用地的审批程序作了严格的限制:

(1)省、自治区、直辖市人民政府批准的道路、管线工程和大型基础设施建设项目、国务院批准的建设项目的用地,涉及农用地转为建设用地的,须经国务院批准;

(2)其他建设项目的用地,涉及农用地转为建设用地的,由省、自治区、直辖市人民政府批准。

3. 临时建设用地

建设项目施工和地质勘察需要临时使用国有土地或农民集体所有土地的,由县级以上人民政府土地行政主管部门批准。其中,在城市规划区内的,还应先经有关城乡规划主管部门同意。土地使用者应当根据土地权属,与有关土地行政主管部门或农村集体经济组织、村民委员会签订临时用地合同,并按合同的约定支付临时使用土地补偿费。

临时用地的使用者应按临时使用土地合同约定的用途使用土地,并不得修建永久性建筑。临时用地为耕地的,临时用地的使用者应自临时用地期满之日起一年内恢复种植条件。临时使用土地期限一般不超过二年。

二、乡(镇)村建设用地的使用权管理

1.乡(镇)村建设用地使用权的要求

乡镇企业、乡(镇)村公共设施、公益事业、农村村民住宅等乡(镇)村建设,应当按照村镇规划,合理布局,综合开发,配套建设,尽可能利用荒坡地、废弃地。农村村民一户只能拥有一处宅基地,其面积不得超过省、自治区、直辖市规定的标准。农村村民建住宅,要尽量使用原有的宅基地和村内空地,有条件的地方,提倡将农村村民的住宅相对集中建成公寓式楼房。通过村镇改造,将适宜耕种的土地调整出来复垦、还耕。

乡镇企业的建设用地,必须严格控制。各省、自治区、直辖市可按乡镇企业的不同行业和经营规模,分别规定用地标准。乡(镇)村建设用地,应当符合乡(镇)土地利用总体规划和土地利用年度计划,并依法办理审批手续。

2.乡(镇)村建设用地使用权的审批

农村集体经济组织使用乡(镇)土地利用总体规划确定的建设用地兴办企业或者以土地使用权入股、联营等方式与其他单位、个人共同兴办企业的,应持有关批准文件,向县级以上地方人民政府土地行政主管部门提出申请,按省、自治区、直辖市规定的批准权限和用地标准,由县级以上人民政府批准。

乡(镇)村公共设施、公益事业建设需要使用土地的,经乡(镇)人民政府审核,向县级以上地方人民政府土地行政主管部门提出申请,按省、自治区、直辖市规定的批准权限和用地标准,由县级以上人民政府批准。

农村村民住宅用地,经乡(镇)人民政府审核,由县级人民政府批准。农村村民出卖、出租住房后再申请宅基地的,不予批准。

乡(镇)村建设用地中,如涉及占用农用地的,则需依照农用地转为建设用地的有关规定办理。

3.土地使用权的收回

有下列情形之一的,农村集体经济组织报经原批准用地的人民政府批准,可以收回土地使用权,如对原土地使用权人的合法权益造成损失的,应给予适当补偿。

(1)为乡(镇)村公共设施和公益事业建设,需要使用土地的;

(2)不按照批准的用途使用土地的;

(3)因撤销、迁移等原因而停止使用土地的。

三、国有建设用地的使用权管理

1. 国有建设用地使用权的划拨

国家从全社会利益出发,进行经济、文化、国防建设以及兴办社会公共事业时,经县级以上人民政府的批准,建设单位可通过划拨的方式取得国有建设用地的使用权。《土地管理法》规定,可以划拨的建设用地为:

(1)国家机关用地和军事用地;

(2)城市基础设施用地和公益事业用地;

(3)国家重点扶持的能源、交通、水利等基础设施用地;

(4)法律、行政法规规定的其他用地。

国务院颁发的《中华人民共和国土地管理法实施条例》中对以划拨方式取得国家建设用地的审批程序,做出了具体规定。建设单位必须按批准文件的规定使用土地。

2. 国有建设用地使用权的有偿使用

除上述国家建设项目可通过划拨方式取得国家建设用地的使用权外,其他建设项目均需通过有偿使用的方式取得国有建设用地的使用权,具体包括:国有土地使用权的出让;国有土地租赁;国有土地使用权作价出资或入股。建设单位应按照国务院规定的标准和办法,缴纳土地使用权出让金等土地有偿使用费和其他费用后,方可使用土地。建设单位必须按土地使用权出让合同或其他有偿使用合同的约定使用土地;确需改变该幅土地建设用途的,应经有关人民政府土地行政主管部门同意,报原批准用地的人民政府批准。在城市规划区内改变土地用途的,在报批前,应先经有关城乡规划主管部门同意。

新增建设用地的土地有偿使用费,30%上缴中央财政,70%留给有关地方人民政府,都专项用于耕地开发。

3. 国家建设用土地使用权的收回

《土地管理法》规定,出现下列情况时,有关人民政府土地行政主管部门在报经原批准用地的人民政府或有批准权的人民政府批准后,可以将国有建设用地的使用权收回:

(1)为公共利益需要使用土地的;

(2)为实施城市规划进行旧城区改建,需要调整使用土地的;

(3)土地出让等有偿使用合同约定的使用期限届满,土地使用者未申请续期或申请续期未获批准的;

(4)因单位撤销、迁移等原因,停止使用原划拨的国有土地的;

(5)公路、铁路、机场、矿场等经核准报废的;

因(1)、(2)两项而收回国有土地使用权的,国家对土地使用权人应给予适当补偿。

四、国家征用土地

随着国民经济的发展和社会进步的需要,一些原属于农民集体所有的土地要被用于基础设施建设或社会公益事业。《土地管理法》规定,国家为公共利益需要,可以依法对集体所有的土地实行征用。

1. 征用土地的审批

凡征用基本农田、或征用非基本农田的耕地超过 35 公顷的、或征用其他土地超过 70 公顷的，都必须报经国务院批准。征用上述规定以外的其他土地的，由省、自治区、直辖市人民政府批准，并报国务院备案。

征用农用地的，必须依照《中华人民共和国土地管理法实施条例》的下述规定办理审批手续：

(1)可行性论证时，由土地行政主管部门对其用地有关事项进行审查，并提出预审报告，该预审报告必须随可行性研究报告一同报批；

(2)建设单位持建设项目的有关批准文件，向市、县人民政府土地行政主管部门提出建设用地申请，由市、县人民政府土地行政主管部门审查，拟订农用地转用方案、补充耕地方案、征用土地方案和供地方案(涉及国有农用地的，不拟订征用土地方案)，经市、县人民政府审核同意后，逐级上报有批准权的人民政府批准。

(3)农用地转用方案、补充耕地方案、征用土地方案和供地方案经批准后，由市、县人民政府组织实施，向建设单位颁发建设用地批准书。有偿使用国有土地的，由市、县人民政府土地行政主管部门与土地使用者签订国有土地有偿使用合同；划拨使用国有土地的，由市、县人民政府土地行政主管部门向土地使用者核发国有土地划拨决定书。

(4)土地使用者应当依法向土地管理部门申请土地登记。抢险救灾等急需使用土地的，可以先行使用。其中，属于临时用地的，灾后应恢复原状并交还原土地使用者使用，不再办理用地审批手续；属于永久性建设用地的，建设单位应在灾情结束后 6 个月内申请补办建设用地审批手续。

2. 征用土地的实施

征用土地方案经依法批准后，由被征用土地所在的市、县人民政府组织实施，并将批准征地机关、批准文号、征用土地的用途、范围、面积以及征地补偿标准、农业人员安置办法和办理征地补偿的期限等，在被征用土地所在的乡(镇)、村予以公告。

被征用土地的所有权人、使用权人应当在公告规定的期限内，持土地权属证书到公告指定的人民政府土地行政主管部门办理征地补偿登记。

市、县人民政府土地行政主管部门根据经批准的征用土地方案，会同有关部门拟订征地补偿、安置方案，在被征用土地所在的乡(镇)、村予以公告，听取被征用土地的农村集体经济组织和农民的意见。征地补偿、安置争议不影响征用土地方案的实施。

征用土地的各项费用应当自征地补偿、安置方案批准之日起 3 个月内全额支付。

3. 征用土地的补偿

《土地管理法》规定，征用土地的，用地单位应按照被征用土地的原用途给予补偿。

征用耕地的补偿费应包括土地补偿费、安置补助费以及地上附着物和青苗的补偿费。征用的耕地为城市郊区的菜地时，用地单位还应按国家的有关规定缴纳新菜地开发建设基金。土地补偿费和安置补助费的标准原则上应使需要安置的农民保持原有生活水平不降低。

征用其他土地的补偿费标准，由省、自治区、直辖市参照征用耕地的补偿标准另行规定。

征用土地的补偿费用，除属于个人的地上附着物和青苗的补偿费付给本人外，其余均由被征地单位统一管理、使用。法律规定,统一管理的征地补偿费用只能用于发展生产和安排多余劳动力的就业以及作为不能就业人员的生活补助,不得移作他用。任何单位和个人都不得侵占、挪用被征用土地单位的征地补偿费用。被征地的农村集体经济组织应当将征用土地的补偿费用的收支情况向本集体经济组织的成员公布,接受监督。市县和乡(镇)人民政府也应加强对安置补助费使用情况监督。

4. 征用土地的劳动力安置

因征用土地后造成的多余劳动力,由县级以上土地管理部门组织被征地单位、用地单位和有关单位,通过扩大农副业生产和乡镇企业等途径,加以安置;安置不完的,可以安排符合条件的人员到用地单位或其他全民、集体所有制单位就业。

被征地单位的土地被全部征用的,经省、自治区、直辖市人民政府审查批准,原有的农业户口可以转为非农业户口。原有的集体所有的财产和所得的土地补偿费、安置补助费,由县级以上地方人民政府与有关乡(镇)村商定处理办法,用于组织生产和就业人员的生活补助。

大、中型水利、水电工程建设征用土地的补偿费标准和移民安置办法,由国务院另行规定。

【案例评析】

案例一

一、基本案情

李××于2003年7月与上海市青浦区某村民委员会签订土地租赁协议,租赁该村荒芜数年的土地30.15亩用于建办木材加工厂。后李××在未办理任何审批手续的情况下,在该农用地上非法建造工业厂房、办公楼等非农用建筑物。2004年5月及2005年3月,在上海市青浦区房屋土地管理局依法两次责令李××停止建房的情况下,李××仍继续其非法建房行为。经上海市农业保护监测站检验,李××占用基本农田总面积19780.78平方米(29.67亩),其中12002.52平方米(18亩)基本农田已遭严重毁坏,不能进行耕种。

二、案例分析

《中华人民共和国土地管理法》第四条规定:"国家实行土地用途管制制度。国家编制土地利用总体规划,规定土地用途,将土地分为农用地、建设用地和未利用地。严格限制农用地转为建设用地,控制建设用地总量,对耕地实行特殊保护。使用土地的单位和个人必须严格按照土地利用总体规划确定的用途使用土地。"该法第三条规定,"农用地是指直接用于农业生产的土地,包括耕地、林地、草地、农田水利用地、养殖水面等;建设用地是指建造建筑物、构筑物的土地,包括城乡住宅和公共设施用地、工矿用地、交通水利设施用地、旅游用地、军事设施地等;未利用地是指农用地和建设用地以外的土地"。

李××向青浦区某村民委员会租赁的30.15亩土地,国家有关部门出具的证明明确该土地系基本农用地,虽然农用地可能由于自然因素、社会经济因素、区位因素等原因导致价值差异,但未经国家有关部门许可,任何单位和个人不能擅自改变其农用地的属性。本案涉及的30.15亩土地虽然在租用前存在"荒芜"的可能,但应当认定为符合农用地的性质。

李××虽然与村民委员会签订了租赁协议,其中约定李××将在其租赁的土地上建造厂房、办公楼等,但由于村民委员会不具有土地审批权限,所签订租赁协议的内容违反了国家的有关规定,因而该租赁协议系无效协议。李××在未办理任何审批手续的情况下,在农用地上非法建造工业厂房、办公楼等非农用建筑物,特别是国家有关机关在两次责令李××停止建房的情况下,仍然继续其非法建房行为,并导致18亩基本农田遭严重毁坏,造成不能进行耕种的严重后果。最终,法院以非法占用农用地罪判处李××有期徒刑1年6个月,并处罚金人民币15000元。

案例二

一、基本案情

贵阳某房地产开发公司于2000年12月取得87900多平方米的土地,准备开发新建设项目,并办理了建设用地规划许可证。出于种种原因,该项目至2006年仍未开发建设,严重超出规定动工期限,构成土地闲置。因此,贵阳市国土局会同市规划局对此案进行了调查处理。

二、案例分析

随着宏观调控力度逐渐减弱,各地出现新一波"圈地热"。各地方政府以出让土地增加财政收入,进行非法批地;房地产开发商"圈地"、"囤地",通过故意土地闲置伺机炒卖地皮或抬高房价,从中获取暴利。目前,国土资源部已会同有关部门,在各主要城市展开土地清查行动,波及面很大,不乏一些知名的大型企业,如港商李嘉诚旗下和记黄埔的附属公司因在东莞闲置5宗土地(共计1938.3亩)长达8年,被当地国土局罚款7915.182万元。

《土地管理法》第三十七条规定:"禁止任何单位和个人闲置、荒芜耕地。"土地闲置2年以上,土地管理部门可以无偿收回用地单位的土地使用权;如果闲置1年不满2年的,土地管理部门可以收取出让金20%的闲置费。该政策的目的在于防止闲置土地,制约故意闲置土地或利用闲置土地伺机炒卖地皮的行为,促使闲置土地的用地单位或个人尽快开发利用土地。

案例三

一、基本案情

2003年10月29日,詹××与以韩××为代表的某村村民就其承包的7200平方米菜田签订土地承包经营权流转协议。协议约定,韩××等人将土地承包经营权永久性转让给詹××,詹××一次性交付流转费人民币2万元,如有国家和有关部门征占该地块时,补偿费归詹××所有,与韩××等人无关,如单方违约,双倍赔偿对方损失。协议签订后即进入履行状态,詹××在协议签订当日支付流转费用人民币2万元,韩××等人将土地交付詹××使用,进行果树种植。

2004年4月,韩××提出其所在村在全村范围内进行新一轮承包,原流转给詹××的土地不再属于其所有,原合同解除,并在詹××已经进行耕种的土地上进行其他作物耕种,詹××多次要求其停止侵害,但均被拒绝,为此,詹××诉至法院要求韩××等人继续履行合同。

二、案例分析

本案的焦点问题是:双方当事人所签订的土地承包经营权转让合同是否有效?

依据《土地承包法》第三十四条:"土地承包经营权流转的主体是承包方。承包方有权依法自主决定土地承包经营权是否流转和流转的方式。"土地承包经营权流转可以采取转包、出租、互换、转让或者其他方式流转,但是转让与转包、出租、互换等土地承包经营权的流转有所不同。《土地承包法》第三十七条规定:"土地承包经营权采取转包、出租、互换、转让或者其他方式流转,当事人双方应当签订书面合同。采取转让方式流转的,应当经发包方同意;采取转包、出租、互换或者其他方式流转的,应当报发包方备案。"发包方是否同意主要看双方转让合同书上是否有发包方签字盖章明示批准同意转让。

本案中,双方当事人之间签订的是土地承包经营权转让合同,原承包方韩××未经发包方村委会同意,将土地承包经营权转让给詹××,故转让合同无效。所以法院作出了"对原告詹××提出的继续履行合同、排除妨碍的诉讼请求不予以支持,被告人韩××等返还2万元转让费"的判决。

思考题

1. 何为土地使用权?我国关于土地使用权的获得可以通过哪些途径?
2. 我国土地所有权有哪几种?土地管理法对土地所有权是如何规定的?
3. 国家征用土地要做哪些补偿?补偿费用如何使用?
4. 土地管理法中确立了哪些土地利用和保护的制度?
5. 什么是土地利用总体规划?
6. 举例说明哪些行为是违反土地管理法的行为。

第四章　房地产管理法律制度

第一节　房地产管理法概述

一、房地产管理法的基本概念

1. 房地产

房地产是房产和地产的统称。从自然形态看,房产即房屋,是指供人们居住、工作或者其他用途的建筑物和构筑物以及有关的附属设施。地产即土地,是指用于建筑房屋的土地。从社会属性看房地产这一概念又有特定的含义,即所称的房地产实际上是与商品经济相联系,具有商品属性的房产和地产,我国房地产管理法所规范的房地产,实际上只是这种具有商品属性的房产与地产。在我国所称的地产,又只能理解为是土地使用权而不是土地本身。

房地产业是指从事房地产开发、经营、管理和服务的产业。房地产业是国民经济中的一个重要产业部门,发展房地产业对促进国民经济总体发展具有重要意义,因此历来是法律规范的重要对象。

2. 房地产管理法

房地产管理法是指调整在房地产开发、经营、管理和各种服务活动中所形成的一定的社会关系的法律规范的总称。

改革开放以来,我国的房地产业得到了迅速发展,与之相适应的房地产立法工作也取得了很大成就。1994 年 7 月 5 日由第八届全国人民代表大会常务委员会第八次会议通过,并于 1995 年 1 月 1 日起施行的《中华人民共和国城市房地产管理法》(以下简称《房地产管理法》)是调整我国房地产关系的基本法律。

除《房地产管理法》之外,以房地产关系为调整对象的法律法规,散见于我国的宪法、法律、行政法规、部门规章、地方性法规、地方规章之中。如国务院颁布的《城市房地产开发经营管理条例》(1998 年 7 月 20 日起施行)、《城市房屋拆迁管理条例》(2001 年 11 月 1 日起施行)、《城市私有房屋管理条例》(1983年12月17日起施行)、《物业管理条例》(2003年9月1日起施行)等,住房与城乡建设部(以下简称建设部)颁布的《房地产开发企业资质管理规定》(2000年3月23日起施行)、《城市房地产转让管理规定》(1995年9月1日起施行)、《房屋登记办法》(2008年7月1日起施行)等。

各地方人民代表大会及其常委会和人民政府,根据《房地产管理法》,结合本地区的实际情况,也颁布了与其配套的地方性法规和规章,用于对本行政区域内房地产业的管理。

这些不同法律层次的调整房地产关系的法律法规组合在一起,形成我国房地产法律法规体系。

3. 房地产管理法立法的目的

(1)加强对房地产业的管理

房地产业是与社会生产和生活密切相关的基础性产业,它为整个国民经济的发展提供了基本的物质保证,为劳动者提供了必要的生活条件,为繁荣城市经济增加财政收入,促进建筑业及相关产业的发展发挥着重要作用。房地产业还可以促进社会消费结构的合理化,对社会投资起着导向作用。因此,房地产业是我国经济发展的基础性、先导性产业,国家必须加强对房地产业的管理。

(2)维护房地产市场秩序

房地产市场秩序是指人们在从事房地产市场活动中应当遵循的准则。为防止和克服建设用地供应总量失控,国家土地资源流失,房地产开发投资结构不合理,房地产市场行为不规范等问题的产生和发展,国家可以通过行政手段、经济手段、法律手段来加强管理,维护房地产市场秩序。

(3)保障房地产权利人的合法权益、促进房地产业健康发展

房地产权利人是指在房地产法律关系中,依法享有权利承担相应义务的自然人、法人、其他社会组织和国家。国家依法保障房地产权利人的合法权益,不允许任何组织和个人加以侵犯,这是保证房地产健康发展的必要条件,为此必须加强房地产立法。

二、房地产管理法的基本原则

1. 节约用地,保护耕地的原则

土地,是人类最珍贵的自然资源,是人们赖以生产生活、繁衍生息、发展开拓的根基,是国家最宝贵的物质财富,是一切财富的源泉之一。节约用地,保护耕地,既是一项基本国策,也是房地产管理法的重要原则。

2. 国有土地有偿、有限期使用的原则

实践证明,实行土地的有偿使用制度对于保护耕地、合理利用土地、节约用地、增加财政收入等,都具有十分重要的意义。因此《房地产管理法》明确规定了国家实行国有土地有偿、有限期使用的原则。

3. 国家扶持发展居民住宅的原则

过去,国家为了城镇建房投入了大量的资金,但由于不能从经济机制上制约不合理的需求,城镇住房问题并没有在国家大量投资的情况下得到缓和,反而因为人口的增加等原因积累了许多问题。因此,从20世纪80年代后期,我国开始进行城镇住房制度的改革,实行住

房商品化,多方筹集建设资金,使住房的建设、分配、消费进入良性循环,从而从根本上解决住房困难问题。同时规定在房地产开发中,应当将解决城镇居民住房(特别是困难户的住房)问题作为一项重要的任务,要做好"安居工程房"、微利房和商品房的建设,加快危旧房的改造,采取税收等方面的优惠措施鼓励和扶持房地产开发企业开发建设居民住宅。

4. 国家保护房地产权利人合法权益和房地产权利人必须守法的原则

国家保护房地产权利人的合法权益和房地产权利人必须守法,是维护房地产市场秩序,建立和培育完善房地产市场体系的一个重要条件。在房地产市场中,房地产权利人的合法权益能否得到保护,直接影响到房地产开发、房地产交易等活动能否正常、有序、健康地进行;同样,房地产权利人能否遵守法律和行政法规,不但直接影响到国家对房地产的管理问题,而且直接影响到能否建立规范的房地产市场。

三、房地产管理体制

房地产业的行业管理由建设部负责。《房地产管理法》规定:"国务院建设行政主管部门、土地管理部门依照国务院规定的职权划分,各司其职,密切配合,管理全国房地产工作。"

从我国目前情况来看,大多数地方人民政府实行房、地分管体制,设立建设委员会、建设厅(或房地产管理局、处)和土地管理局,但改革先行一步的广州、北京、上海、汕头等城市已经建立由一个部门统一管理的房地合一的管理体制。《房地产管理法》规定:"经省、自治区、直辖市人民政府确定,县级以上地方人民政府由一个部门统一负责房产管理和土地管理工作的,可以制作、颁发统一的房地产权证书"。这个规定,既充分肯定了改革先行一步城市的经验,又为改革指明了方向。

第二节　房地产开发用地

房地产开发用地,是指以进行房地产开发为目的而取得使用权的土地。依据《土地管理法》和《房地产管理法》,城市国有土地的使用权可通过出让、划拨及转让的方式取得。一般房地产开发用地应当以出让、转让的方式取得,但国家规定可以采取划拨方式的除外。

一、土地使用权出让

土地使用权出让,是指国家将国有土地使用权(以下简称土地使用权)在一定年限内出让给土地使用者,由土地使用者向国家支付土地使用权出让金的行为。

1. 土地使用权出让的特征

(1)土地使用权的出让方是国家

国家是国有土地的所有者,只有国家能以土地所有者的身份出让土地。城市规划区内集体所有的土地,经依法征用转为国有土地后,方可出让使用权,这是为维护国家对土地管理的权威性,有效地控制出让土地的范围和数量。

（2）土地使用权出让是有期限的

土地使用权只能在一定年限内出让给土地使用者。土地使用权出让的最高年限，是由国家法律按照土地的不同用途规定的，它是指一次出让签约的最高年限。土地使用权出让年限届满时，土地使用者可以申请续期。

（3）土地使用权出让是有偿的

土地使用者取得一定年限内的国有土地使用权，须向国家支付土地使用权出让金。土地使用权出让金是土地使用权有偿出让的货币表现形式，其本质是国家凭借土地所有权取得的土地经济效益。土地使用权出让金主要包括一定年限内的地租，此外还包括土地使用权出让前国家对土地的开发成本以及有关的征地拆迁补偿安置等费用。

（4）土地使用者享有权利的范围不含地下之物

土地使用者对地下的资源、埋藏物和市政公用设施等，不因其享有土地的使用权而对其享有权利。

2. 土地使用权出让的方式

我国对土地使用权出让采取国家垄断经营的方式，即由国家垄断土地的一级市场，其目的在于加强政府对土地使用权出让的管理，保证土地使用权出让有计划、有步骤地进行。国有土地使用权出让可以采用招标、拍卖、挂牌出让、协议四种方式。

招标出让是指市、县人民政府土地行政主管部门发布招标公告，邀请特定或者不特定的公民、法人和其他组织参加国有土地使用权投标，根据投标结果确定土地使用者的行为。

拍卖出让是指出让人发布拍卖公告，由竞买人在指定时间、地点进行公开竞价，根据出价结果确定土地使用者的行为。

挂牌出让是指出让人发布挂牌公告，按公告规定的期限将拟出让宗地的交易条件在指定的土地交易场所挂牌公布，接受竞买人的报价申请并更新挂牌价格，根据挂牌期限截止时的出价结果确定土地使用者的行为。

协议出让是指土地所有者即出让方，与土地使用者即有意受让方，在没有第三者参与竞争的情况下，通过谈判、协商，达成出让土地使用权一致意见的一种方式。

3. 土地使用权出让的最高年限

所谓土地使用权出让的最高年限，是指法律规定的土地使用者可以使用国有土地的最高年限。国务院颁布的《中华人民共和国城镇国有土地使用权出让和转让暂行条例》规定土地使用权出让最高年限按用途分别为：

（1）居住用地70年；

（2）工业用地50年；

（3）教育科技、文化、卫生、体育50年；

（4）商业、旅游娱乐用地40年；

（5）综合或其他用地50年。

将土地使用权出让最高年限按不同用途分别定为40年、50年或70年，主要是考虑土地收益，其次是考虑地上房屋的折旧期一般都在50年左右，即土地使用期届满时，房屋残值已所剩无几。

规定土地使用权出让最高年限具有非常重要的意义：

第一,它说明了土地使用权出让不是土地买卖。土地买卖是土地所有权的买断,而出让的是一定年限的土地使用权。如果不在法律、法规中明确规定土地使用权出让的最高年限,土地使用权出让就会演变成为土地买卖。

第二,它明示了我国实行的是土地有偿、有限期的使用制度。过去几十年来,我国一直长期实行土地无偿、无限期的使用制度,国有土地一旦划拨,就变成了实际上的单位所有,使国有土地的所有权无从体现。法律法规规定土地使用权出让的最高年限,是我国土地使用制度改革的重要成果。

第三,它说明了国家作为土地所有者对土地使用权有最终处置权。土地使用权出让年限届满,土地使用者或申请续期使用土地、或者由国家收回。这对合理配置和利用土地资源,提高土地资产效益,建立完善的房地产市场都有不可估量的作用。

4. 土地使用权出让合同

土地使用权出让合同是指市、县人民政府土地管理部门与土地使用者之间,就出让城市国有土地使用权所达成的,明确相互之间权利义务关系的协议。土地使用权出让,应当签订书面出让合同。

5. 土地使用权出让合同的变更和解除

一般地说,土地使用权出让合同一经订立,就具有法律约束力,任何部门、单位和个人不得擅自变更和解除。由于土地出让合同的期限很长,一般都为几十年,在合同履行过程中,因为种种原因,或者需要修正部分条款的内容,或者原订的出让合同继续履行已不必要或不可能。所以,法律允许当事人在特定情况下可以依法变更和解除出让合同。

在土地使用权出让合同变更中,比较多见的是土地使用者提出改变土地用途。为此《房地产管理法》规定了变更土地用途的批准程序和处理方法。在土地使用权出让合同解除中,比较多见的是当事人双方违约,或土地使用者不按法律规定开发、利用、经营土地而导致土地管理部门将土地使用权收回。

6. 土地使用权终止和续期

(1)土地使用权的终止

当因土地的灭失而导致使用者不再享有土地使用权,土地使用权出让年限届满由国家收回土地使用权,或者国家因社会公共利益的需要而提前收回土地使用权的,被称为土地使用权的终止。

(2)土地使用权的续期

土地使用权出让合同约定的使用年限届满时,如果土地使用者需要继续使用该土地,就必须申请续期,经批准后,重新签订土地使用权出让合同,支付土地使用权出让金,并办理登记,方能继续享有土地使用权。土地使用权出让合同约定的使用年限届满后,如土地使用者未申请续期或虽申请续期但未获批准的,土地使用权由国家无偿收回。

二、土地使用权划拨

土地使用权划拨是指县级以上人民政府依法批准,在土地使用者交纳补偿、安置等费用后将该幅土地交付其使用,或者将国有土地使用权无偿交付给土地使用者使用的行为。

以划拨方式取得土地使用权的,除法律、行政法规另有规定外,没有使用期限的限制。

《房地产管理法》规定,下列建设用地的土地使用权,确属必要的,可以由县级以上人民政府依法批准划拨:

(1)国家机关用地和军事用地

国家机关用地,是指行使国家职能的各种机关用地的总称,它包括国家权力机关、国家行政机关、国家审判机关、国家检察机关、国家军事机关的用地。军事用地指各类军事设施用地。

(2)城市基础设施用地和公益事业用地

城市基础设施用地是指城市给水、排水、污水处理、供电、通信、煤气、热力、道路、桥梁、市内公共交通、园林绿化、环境卫生以及消防、路标、路灯等设施用地。城市公益事业用地是指城市内的学校、医院、体育场馆、图书馆、文化馆、博物馆、纪念馆、福利院、敬老院、防疫站等不以经营为目的的文体、卫生、教育、福利事业用地。

(3)国家重点扶持的能源、交通、水利等项目用地

这类用地是指由中央投资、或中央与地方共同投资或者共同引进外资以及其他投资者投资,国家采取各种优惠政策重点扶持的煤炭、石油、天然气、电力等能源项目用地,铁路、港口码头等交通项目用地,水库、防洪、防渍、防碱、农田灌溉、水力发电、江河治理、城市供水和排水等水利工程项目用地。

(4)法律、行政法规规定的其他用地。

三、土地使用权转让

土地使用权转让是指土地使用者将土地使用权再转移的行为,包括出售、交换和赠与。具体而言就是土地使用权出让后,受让方按照土地使用权出让合同规定的期限和条件,对土地投入一定资金进行开发后,通过有偿出售、交换或者无偿赠与等方式,把土地使用权单独或随地面附着物的所有权一起转让给受让人的行为。受让人可以再次转让该幅土地的使用权。

土地使用权转让属于二级市场。土地使用权只有通过转让,才能作为商品进入流通领域,为土地市场的发展提供必要的融资条件,推动整个房地产的发展。

以划拨形式取得土地使用权的土地在转让时,应向当地市、县人民政府补交土地出让金,并补签土地使用权出让合同。

第三节 房地产开发

房地产开发是指在依法取得国有土地使用权的土地上进行基础设施、房屋建设的行为,其实质是以土地开发和房屋建设为投资对象所进行的生产经营活动。

房地产开发是一种经营性的行为,由专业化的房地产开发企业进行。它从事的是房地产的投资和经营,即从有偿取得土地使用权,到勘察设计和建筑施工,直到最终将开发产品(房屋、基础设施及其相应的土地使用权)作为商品在房地产市场转让,寻求利润回报。房地

产开发对于落实城市规划,改善投资环境和居住条件,提高城市的综合功能和总体效益,促进房地产业以及城市社会、经济的协调发展,都有重要作用。

一、房地产开发的原则

1. 必须严格执行城市规划

城市规划,是指为确定城市的规模和发展方向,实现城市的发展目标而制定的一定时期内城市社会经济发展的计划,它是城市建设的纲领,也是房地产开发所必须遵循的依据。

2. 必须坚持经济、文化和环境效益的统一

追求经济效益不应该是房地产开发的唯一目的。房地产开发的宗旨总体说来是改造、完善城市基础设施和公共服务设施,改善城市居民的居住条件和居住环境,提高城市综合服务功能,完善城市形象,所有这些,既是社会效益也是环境效益。

3. 必须实行全面规划、合理布局、综合开发、配套建设

房地产开发时应当坚持旧区改建和新区建设相结合,注重开发基础设施薄弱、交通拥挤、环境污染严重以及危旧房屋集中的区域,保护和改善城市生态环境,保护历史文化遗产,统筹安排配套基础设施,坚持先地下、后地上的原则。

二、房地产开发的相关规定

土地是不可替代的稀缺资源,为了合理有效地开发利用土地,避免圈地、倒卖土地等非法行为,《房地产管理法》规定,以出让方式取得土地使用权进行房地产开发的,必须按照土地使用权出让合同约定的土地用途、动工开发期限开发土地。超过出让合同约定的动工开发日期满一年未动工开发的,可以征收相当于土地使用权出让金20%以下的土地闲置费,满二年未动工开发的,可以无偿收回土地使用权;但是,因不可抗力或者政府、政府有关部门的行为或者动工开发必需的前期工作造成动工开发迟延的除外。

《房地产管理法》规定,房地产开发项目的设计、施工,必须符合国家的有关标准和规范。房地产开发项目竣工,经验收合格后,方可交付使用。

城市新建住宅小区的竣工综合验收,按建设部颁发的《城市住宅小区竣工验收管理办法》进行。综合验收的条件是:

(1)所有建设项目按批准的小区规划和设计要求全部建成,并能满足使用;

(2)住宅及公共配套设施、市政公用基础设施等单项工程全部验收合格,验收资料齐全;

(3)各类建筑物的平面位置、立面造型、装修色调等符合批准的规划设计要求;

(4)施工机具、暂设工程、建筑残土、剩余构件全部拆除、清运完毕,达到场清地平;

(5)拆迁居民已合理安置。

所有工程全部验收后,验收小组应向城市建设行政主管部门提交住宅小区竣工综合验收报告,报告经审查批准后,开发建设单位方可将房屋和有关设施办理交付使用手续。

三、房地产开发企业

房地产开发企业是以营利为目的、从事房地产开发和经营的企业。房地产开发企业分为专营企业、兼营企业和项目公司。专营企业是指以房地产开发经营为主业的企业;兼营企

业是指以其他经营项目为主,兼营房地产开发经营业务的企业;项目公司是指以开发项目为对象从事单项房地产开发经营的公司。

根据《房地产管理法》、《房地产开发企业资质管理规定》等规定,设立房地产开发企业必须具备下列条件:

(1)有自己的名称和组织机构;

(2)有固定的经营场所;

(3)有符合国务院规定的注册资本;

(4)满足房地产开发资质等级要求的条件;

(5)法律、行政法规定的其他条件。

房地产开发企业按照企业条件分为一、二、三、四四个资质等级。

四、外商投资开发经营成片土地制度

依照我国法律规定,外国公司、企业、其他经济组织和个人,除法律另有规定者外,均可依法取得土地使用权。为了吸收外商投资开发经营成片土地,以加强公用设施建设,改善投资环境,引进外商投资先进企业和产品出口企业,发展外向型经济,国务院于 1990 年 5 月 19 日发布了《外商投资开发经营成片土地暂行管理办法》。

成片开发是指开发者在取得国有土地使用权后,依照规划对土地进行综合性的开发建设,包括平整土地,建设供排水、供电、供热、道路交通、通讯等公用设施建设,形成工业用地和其他建设用地条件,然后转让土地使用权、经营公用事业,或者进行建设通用工业厂房以及相配套的生产和生活服务设施等地面建筑物,并对这些地面建筑物进行转让或出租的经营活动。成片开发是对大面积土地进行整体商业性的综合开发,是土地开发的一种特殊的重要形式。

外商投资开发企业在取得土地使用权后,必须实施成片开发规划,并达到土地使用权出让合同规定的条件后,方可转让土地使用权,并必须依法办理,不得自行其是。外商投资开发企业必须服从开发区域的行政管理、司法管理、口岸管理和海关管理等,不得从事国家法律、法规禁止的经营活动和社会活动。

第四节　城市房屋拆迁

房屋拆迁是指根据城市规划和国家专项工程的迁建计划以及当地政府的用地文件,拆除和迁移建设用地范围内的房屋及其附属物,并由拆迁人对原房屋及其附属物的所有人或使用人进行补偿和安置的行为。

一、城市房屋拆迁的范围

根据《城市房屋拆迁管理条例》规定,房屋拆迁的地域范围,主要指城市规划区内的国有土地。城市规划区内集体所有的土地,在被征用为国有土地时,已按《土地管理法》的规定予

以补偿,所以不再存在拆迁问题。拆迁房屋包括公有房屋、私有房屋、住宅房屋和非住宅房屋,附属物主要是指房屋的附属建筑物和构筑物。

二、房屋拆迁形式

房屋拆迁人可以自行对被拆迁人进行拆迁、安置和补偿,也可以在取得拆迁许可证后委托有民屋拆迁资格证书的单位组织拆除房屋及附属物,并负责对被拆迁人进行安置和补偿。被委托人不得转让拆迁业务。房屋拆迁管理部门不得作为拆迁人,也不得接受拆迁委托。

三、房屋拆迁补偿

1. 拆迁补偿的概念

所谓拆迁补偿指拆迁人因拆除、迁建被拆迁人的房屋及其附属物,使被拆迁人受到一定的经济损失,而根据国家法律、法规的有关规定给子被拆迁人的一定补偿。

根据 2007 年 10 月 1 日起施行的《物权法》的规定:"征收单位、个人的房屋及其他不动产,应当依法给予拆迁补偿,维护被征收人的合法权益;征收个人住宅的,还应当保障被征收人的居住条件。"总之,房屋拆迁必须保证房产所有人、使用人、承租人、抵押权人等的合法权益不受侵犯。

拆迁补偿的范围是被拆除的房屋及其附属物。拆除违章建筑、超过期限的临时建筑不予补偿。拆除未超过批准期限的临时建筑,按临时建筑在使用期限内的残存价值并参考剩余期限,给予适当补偿。

2. 拆迁补偿形式

拆迁补偿的形式有两种:货币补偿、产权调换。采用何种补偿方式,一般情况下可由被拆迁人自行选择。

(1)货币补偿

所谓货币补偿,是指拆迁人对拆除的房屋按其价值以付给货币的方式对被拆迁人的经济损失进行补偿。货币补偿的金额按等价有偿的基本原则,根据被拆迁房屋的区位、用途、建筑面积等因素,以房地产市场评估价格确定。

在确定补偿金额时,除房屋的区位、用途和建筑面积外,还应考虑被拆迁房屋的成新程度、权益状况、建筑结构形式、使用率、楼层、朝向等因素。

(2)产权调换

所谓产权调换,就是拆迁人以其他的或再建的房屋与被拆迁人的被拆迁房屋相交换,使被拆迁人对拆迁人提供的房屋拥有所有权。

产权调换时,拆迁人与被拆迁人应按规定计算出被拆迁房屋的补偿金额和所调换房屋的价格,然后结清产权调换的差价。所调换房屋的价格如是通过购买方式取得的,原则上不得高于购买价格,但购买时间较早、现已升值的除外;如是原地回迁,其价格由拆迁人与被拆迁人根据市场情况协商议定。协商不成的,则另行选择调换房屋。

四、房屋拆迁安置与补助

拆迁安置是拆迁人因拆除被拆迁人的房屋而对被拆除房屋使用人所做的用房安排处

置。拆迁安置可分为长期安置和临时安置。长期安置是拆迁人一次性解决房屋使用人的安置问题,它包括货币补偿和现房产权调换。临时安置是指一次性安置有困难时,由拆迁人为被拆迁房屋使用人提供临时周转用房或由被拆除房屋使用人自行寻找房屋过渡,而由拆迁人付给临时安置补助费的一种安置方式。拆迁人必须提供符合国家质量安全标准的房屋用于拆迁安置。而周转房的使用人也应按时腾、退周转房,不得在取得安置用房之后拒不迁走,也不得强占周转房。

房屋拆迁补助是指拆迁人对被拆迁人或房屋承租人因房屋拆迁而产生的一些费用的必要补助,它包括:搬迁补助费、临时安置补助费和停产、停业补偿费。

五、房屋拆迁协议

房屋拆迁协议是拆迁人与被拆迁人因房屋拆迁而达成的明确双方相互权利义务的书面协议。当所拆迁的房屋为非租赁房屋时,由拆迁人与被拆迁人订立补偿安置协议,当所拆迁的房屋为租赁房屋时,拆迁人则应与被拆迁人及房屋承租人共同签订补偿安置协议。房屋拆迁协议包括以下主要条款:

(1)被拆除房屋的坐落地点、面积和用途;

(2)补偿形式,是作价补偿还是产权调换,是一次安置还是先行临时过渡;

(3)补偿补助金额;

(4)安置用房面积;

(5)安置地点;

(6)搬迁过渡方式;

(7)过渡期限即回迁期限;

(8)违约责任。

第五节　房地产交易

房地产交易指房地产所有权、使用权及其他权利在房地产交易主体之间的流通,包括房地产转让、房地产抵押和房屋租赁等活动。

广义的房地产交易还包括与房地产交易行为有着密切关系的房地产中介服务活动,房地产中介服务机构包括房地产咨询机构、房地产价格评估机构、房地产经纪机构等。

一、房地产交易的特征

1. 房地产交易时权属不可分离性

房地产转让、抵押时,房屋的所有权和该房屋占用范围内的土地使用权同时转让、抵押。房地产属于一种不可移动的特殊商品,房屋一经建造完毕就立于该房屋占用范围内的土地上,要使用房屋,就必须要使用该房屋占用范围内的土地。为此,房屋所有权与该房屋占用范围内的土地使用权的享有者应当为同一主体。《房地产管理法》规定,房地产转让时,房屋的所有权和该房屋占用范围内的土地使用权同时转让;房地产抵押时,房屋的所有权和该房屋占用范围内的土地使用权同时抵押。

2. 房地产交易价格管理的特殊性

房地产要进入市场进行流通,必然要将其价值相应地转化为价格。

根据《房地产管理法》、《城市房产交易价格管理暂行办法》等的规定,国家对房产交易价格实行直接管理与间接管理相结合的原则,建立主要由市场形成价格的机制,保护正当的价格竞争,禁止垄断、哄抬价格。

关于房地产价格管理,《房地产管理法》规定了两种制度,即房地产价格评估制度和房地产成交价格申报制度。

(1)房地产价格评估制度

房地产价格的评估是指地产专业估价人员根据估价目的,遵循估价原则,按照估价程序,采用科学的估价方法,并结合估价经验与对影响房地产价格因素的分析,对房地产最可能实现的合理价格所作出的推测与判断。无论是房地产转让、抵押还是房屋租赁,都需要对房地产进行估价,这是房地产交易过程中的一项必不可少的基础性工作。国家实行房地产价格评估人员资格认证制度,房地产估价师负责承担各种综合性房地产的估价业务,对所在单位的估价业务进行指导、检查并签署房地产估价报告书。

(2)房地产成交价格申报制度

房地产成交价格申报制度是指房地产权利人转让房地产,应当将转让房地产的实际成交价格向县级以上地方人民政府规定的部门申报,不得对成交价格隐瞒不报,或者作不实的、虚假的申报。实行房地产成交价格申报制度,能够加强税收征收管理,保障国家税收收入;能够对房地产转让的行情进行准确的统计,保证国家进行科学的宏观调控。

3. 房地产交易应当依法办理房地产权属登记

房地产权属登记管理,是指国家有关房地产行政主管部门代表政府对房地产产权和使用权及其合法变动情况予以审查、确认、记载,并颁发相应证书的管理活动。房地产权属登记管理制度是建立房地产市场经济、维护房地产市场秩序、促进房地产业发展的前提,也是保护公民财产权的必要制度。

地产产权登记主要包括土地使用权登记、土地所有权登记和土地他项权利登记。地产产权登记的法律凭证有《集体土地所有权证》、《国有土地使用权证》、《集体土地使用证》和土地他项权利证明书。按照国家土地管理局颁布的《土地登记规则》的规定,地产权属初始登记、使用权所有权和土地他项权利设定登记或变更登记、土地用途变更登记以及注销土地登记等,均应持有关批准文件、合同、协议或其他有关文件,到土地所在登记区的土地管理部门办理。

建设部于2008年1月22日发布了最新的《房屋登记办法》,将于2008年7月1日起正式施行。该办法规定:"房屋权属证书是权利人依法拥有房屋所有权并对房屋行使占有、使用、收益和处分权利的唯一合法凭证。依法登记的房屋权利受国家法律保护。"房屋权属证书包括《房屋所有权证》、《房屋他项权证》等,申请登记房屋为共有房屋的,房屋登记机构应当在房屋所有权证上注明"共有"字样。

房地产转让或者权属变更时,应当向县级以上地方人民政府房产管理部门申请房产变更登记,并凭变更后的房屋所有权证书,向同级人民政府土地管理部门申请土地使用权变更登记,经同级人民政府土地管理部门核实,由同级人民政府更换或者更改土地使用权证书。

二、房地产转让

1. 房地产转让的形式

所谓房地产转让,是指房地产权利人通过买卖、赠与或其他合法方式将其房地产转移给他人的法律行为。其他合法方式,主要是指以下的行为:

(1)以房地产作价入股、与他人成立企业法人,房地产权属发生变更的;

(2)一方提供土地使用权,另一方或者多方提供资金,合资、合作开发经营房地产,而使房地产权属发生变更的;

(3)因企业被收购、兼并或合并,房地产权属随之转移的;

(4)以房地产抵债的;

(5)法律、法规规定的其他情形。

2. 房地产转让程序

房地产转让双方必须同时到登记部门办理产权转移手续。转让双方应向房地产登记部门提交办理产权转移所需的合法证件,及双方签订的房地产转让书面合同,核验无误后,办理房地产转让过户登记,并向有关机关交纳税费。

3. 房地产转让合同

房地产转让合同是指房地产转让当事人就转让房地产的有关问题所达成一致的书面协议。

房地产转让是房屋所有权与土地使用权同时转让,土地使用权取得的方式不同,必然影响到房地产转让的程序、条件及效果。原土地出让合同的效力对国家和新的土地使用权人即受让方仍然有效。以出让方式取得土地使用权的使用年限,为原出让合同约定使用年限减去原土地使用者已使用年限后的剩余年限。受让人改变土地使用权出让合同约定土地用途的,必须履行法定手续,即改变土地用途必须经过原出让方同意并签订土地使用权出让合同变更协议或重新签订土地使用权出让合同,相应调整土地使用权出让金。

4. 不得转让的房地产

《房地产转让管理办法》规定下述房地产不得转让:

(1)以出让方式取得土地使用权,但未取得土地使用权证书,未按照出让合同约定进行投资开发的,或转让房地产时房屋已经建成但未取得房屋所有权证书的;

(2)司法机关和行政机关依法裁定、决定查封或者以其他形式限制房地产权利的,不能转让;

(3)依法收回土地使用权的,不得转让;

(4)共有的房地产,未经过其他共有人书面同意的,不得转让;

(5)权属有争议的,不得转让;

(6)未依法登记领取权属证书的,不得转让;

(7)法律、行政法规规定的其他禁止转让的情形。

三、房地产抵押

房地产抵押,是指抵押人以其合法的房地产以不转移占有的方式向抵押权人提供债务履行担保的行为。债务人不履行债务时,抵押权人有权依法以抵押的房地产拍卖所得的价款优先受偿。

1. 房地产抵押的法律特征

(1)房地产抵押具有从属性,其抵押权从属于债权,只有在债务人不履行已到期的债务时,债权人才可行使抵押权来处分该房地产;

(2)抵押人在用其合法的房地产进行抵押时,抵押人对该房地产的实际占有权并不发生转移;

(3)房地产抵押权人享有从抵押房地产的价款中优先受偿的权利;

(4)房地产抵押具有物上追及力,在抵押人将房地产抵押后,如果抵押人将抵押的房地产擅自转让他人,抵押权人可以追及抵押的房地产行使权力。

2. 房地产抵押设定

所谓房地产抵押的设定,是指抵押人和抵押权人根据我国有关法律法规的规定,就抵押的房地产及其担保的债务等有关事项协商一致达成协议,签订抵押合同并到县级以上人民政府规定部门办理抵押登记的过程。

《房地产管理法》规定,依法取得的房屋所有权连同该房屋占用范围内的土地使用权,可设定抵押权;以出让方式取得的土地使用权,可以设定抵押权。

房地产抵押应当签订书面的房地产抵押合同,并凭土地使用权证书、房屋所有权证书办理。签订房地产抵押合同之后,抵押当事人应当到房地产所在地的房地产管理部门办理房地产他项权利登记,房地产抵押合同自抵押登记之日起生效。

3. 不得抵押的房地产

在设定房地产抵押时,下列房地产不得抵押:

(1)权属有争议的房地产;

(2)用于教育、医疗等公共福利性质的房地产;

(3)列入文物保护的建筑物和有重要纪念意义的其他建筑物;

(4)已依法公告列入拆迁范围的房地产;

(5)被依法查封、扣押、监管或以其他形式限制的房地产;

(6)依法不得抵押的其他房地产。

4. 房地产抵押与按揭

根据《城市房地产抵押管理办法》的定义,"预购商品房贷款抵押"是指购房人在支付首期规定的房价款后,由贷款银行代其支付其余的购房款,将所购商品房抵押给贷款银行作为偿还贷款履行担保的行为,这就是我们平时所说的房地产按揭。

房地产抵押与按揭是两个不同的概念。按揭受益人通常是银行,按揭时,按揭受益人取得物业所有权作为保障,而抵押不转移房地产的所有权而只转让权益,抵押权人取得房地产权益作为保障。

四、房屋租赁

房屋租赁是指房屋所有权人作为出租人将其房屋出租给承租人使用,由承租人向出租人支付租金的行为。

1. 房屋租赁的法律特征

(1)出租房屋的人必须是房屋的所有权人。在我国房屋的所有权人既包括国家、集体,也包括个人。

(2)房屋租赁不转移出租房屋的所有权。出租人失去的是出租房屋的使用权,承租人取得的是承租房屋的使用权,出租人对该房屋依然享有所有权。

(3)承租人向出租人支付租金。房屋的所有人可以在保持其所有权不变的前提下,根据房屋的使用年限将房屋出租以实现其收益。

(4)房屋租赁有效期届满,承租人必须把该房屋返还给出租人。

2. 房屋租赁合同

由于房屋租赁关系复杂,所以为了明确双方当事人各自的权利和义务,也为了房地产管理部门便于管理,《房地产管理法》要求房屋租赁当事人之间应当签订书面租赁合同,并向房屋所在地房产管理部门登记备案。房屋租赁合同应当载明下列主要条款:① 租赁房屋的处所、名称、状况、建筑面积、四至等;② 租赁期限;③ 租赁用途;④ 租赁价格;⑤ 修缮责任;⑥ 出租人与承租人的其他权利和义务;⑦ 违约责任等。

3. 租赁登记

《城市房屋租赁管理办法》规定:"房屋租赁实行登记备案制度"。签订、变更、终止租赁合同的,当事人应当向房屋所在地市、县人民政府房地产管理部门登记备案。

房屋租赁申请经市、县人民政府房地产管理部门审查合格后,颁发《房屋租赁证》。《房屋租赁证》是租赁行为合法有效的凭证。租用房屋从事生产、经营活动的,房屋租赁证作为经营场所合法的凭证。租用房屋用于于居住的,房屋租赁证可作为公安部门办理户口登记的凭证。

4. 不得出租的房屋

有下列情形之一的房屋不得出租:

(1)未依法取得房屋所有权证的;

(2)司法机关和行政机关依法裁定、决定查封或者以其他形式限制房地权利的;

(3)共有房屋未取得共有人同意的;

(4)权属有争议的;

(5)属于违法建筑的;

(6)不符合安全标准的;

(7)已抵押,未经抵押权人同意的;

(8)不符合公安、环保、卫生等主管部门有关规定的;

(9)有关法律、法规规定禁止出租的其他情形。

五、房地产中介服务

所谓房地产中介服务,是指在房地产市场上从事房地产咨询、房地产价格评估、房地产经纪等活动。房地产中介服务机构,就是指在房地产市场上为从事房地产投资、开发和交易等活动的主体提供咨询、经纪和评估等业务服务的机构。

房地产中介服务机构主要有以下几种:

1. 房地产咨询机构

它是从事有关房地产业的投资、开发、经营决策和交易活动等咨询服务的机构。这种机构较了解房地产市场动态,能够提出较有权威性的见解,以帮助从事房地产行业的人较好地经营和决策。

2. 房地产价格评估机构

它是从事有关房地产的估价活动的机构,这种机构主要根据社会、经济、政治、地理和个人因素等,利用科学的评估方法,权衡土地价格、房屋价格,并参照市场价格,从而对房地产价格作出科学的评定。该机构对房地产交易及其他法律活动都有十分重要的影响。

3. 房地产经纪机构

它是从事房地产代理活动的机构,即根据其他人委托,代理其他人从事房地产交易、开发等法律行为的机构。

第六节 物业服务

物业服务,习惯上称为物业管理、它是指物业服务企业接受业主(即房屋所有权人)的委托,依据合同约定,对房屋及与之相配套的设备、设施和相关场地进行专业化维修、养护,维护相关区域内的环境卫生和公共秩序,并提供相关服务活动。物业服务是集管理、经营、服务为一体的,走社会化、专业化、企业化经营之路,最终目的是实现社会效益、经济效益、环境效益的统一。

一、物业服务的性质

物业服务的性质,是一种社会化、专业化、经营型的管理服务。

物业服务是一种社会化的管理服务模式,它变多个产权单位、多个管理部门的多头、多家管理为一家统一管理,从而提高了对物业的社会化管理程度。

物业服务是一种专业化的管理服务,它是由专门的物业服务企业通过法律法规的规定或合同的约定,按照产权人的意志和要求,利用专门的技术和管理手段,对合同中约定的物业在其职权范围内提供的专业化管理服务。

物业服务是一种经营型管理服务,物业服务企业通过自己的管理服务活动,使物业的产权人权利和利益得到保障,作为收益人的物业产权人,应按合同的约定向物业服务企业支付报酬。

二、物业服务的职能。

物业服务主要有三种职能：

1. 服务

服务是物业服务的主要职能。服务的内容主要有：

（1）公共服务，即为物业的产权人和使用人提供经常性基本服务，如治安、消防、绿化、环卫等；

（2）专项服务，如房屋及设备的维护与修缮管理。通过对房屋及设备的维护与修缮管理，可以保证房屋设备及住户的安全和有效使用，延长住宅的使用年限，最大限度地发挥其效益。

（3）特约服务，即为满足特定的物业产权人的特别需求而提供的服务。物业服务企业可以开展多种形式的便民有偿服务项目，向居民提供多层次、多项目的综合性服务。

2. 管理

管理是物业服务为完成服务职能而必须具有的另一职能，它是依据物业服务企业与物业所有权人签订的合同进行的综合管理，内容主要有制定物业管理服务的各种规章制度（如管理标准、操作规范、服务标准、物业区管理办法）、协调物业所有人相互之间的关系、管理物业档案等。

3. 经营

根据物业产权人的需要，可以实行多种经营，以其收益补充小区管理服务经费。

第七节　房地产管理中的法律责任

房地产违法是指违反房地产法律规定，依法应承担法律责任的行为，按其性质来划分，可分为房地产行政违法、房地产民事违法、房地产刑事违法三大类。

房地产法律责任是指由房地产违法行为引起的依法所应承担的带有强制性的责任，它是国家以其强制力作后盾，对房地产违法行为人造成的危害后果的追究。从性质上来划分，可分为房地产行政法律责任、房地产民事法律责任，房地产刑事法律责任。

根据我国《房地产管理法》的规定，房地产行政法律责任的承担方式分为行政处分和行政处罚两类。

房地产民事法律责任原则上应由民事权利被侵害人主张，通过确认房地产产权、返还房地产产权、停止侵害、排除妨碍、消除危险、恢复原状、赔偿损失、返还不当得利等不同的方式承担相对应的房地产民事法律责任。

房地产刑事法律责任是违反房地产法最严重的一种法律责任。根据《房地产管理法》第七十条的规定，房产管理部门、土地管理部门工作人员玩忽职守，滥用职权，构成犯罪的，依法追究刑事责任。房产管理部门、土地管理部门工作人员利用职务上的便利,索取他人的财物,或者非法收受他人财物为他人谋取利益,构成犯罪的,依照惩治贪污罪贿赂罪的补充规定追究刑事责任。

【案例评析】

案例一

一、基本案情

2003 年,某房地产公司在某市市郊开发"高虹"公寓楼,并刊登广告预售楼房。之后,方××与房地产公司签订购房合同,合同中约定"房地产公司以 28 万元人民币的价格将该公寓一套三室一厅的公寓预售给方××,面积为 118 平方米,交房日期定为一年以后"。

一年后,方××拿到了公寓钥匙,然后持有关凭证到房地产管理局办理权属登记手续。房地产管理局告诉方××,经调查该公寓系房产公司与某村集体经济组织社的合作开发项目,到目前为止尚未办理土地使用权出让手续,土地使用人既没有支付土地出让金,也没有取得土地使用权证,因此方××仅凭与房地产公司所签的一纸合同,不能办理这套住房的权属登记手续。

方××找到房地产公司要求退房,被销售人员拒绝。方××认为房地产公司在售房过程中故意隐瞒该房产未取得土地使用证的实际情况,导致无法办理房产登记手续,起诉要求法院撤销购房合同,要求房地产公司返还购房款并赔偿经济损失。

二、案例分析

本案的焦点问题是:方××与房地产公司签订的购房合同是否有效? 如果合同无效,责任方是谁? 应如何承担责任?

该购房合同是无效的,因为该合同违反了国家法律法规的强制性规定,并且该购房合同的无效完全是由房地产公司的违法行为所造成的,其违法行为主要表现为:

1. 非法使用集体土地从事房地产开发

《中华人民共和国土地管理法》第四十三条规定:"任何单位和个人进行建设,需要使用土地的,必须依法申请使用国有土地。"房地产公司直接使用集体土地从事房地产开发,严重违反了国家法律的规定。

2. 未以出让方式取得土地使用权和支付出让金

《城市房地产开发经营管理条例》第十二条规定"房地产开发用地应当以出让方式取得"。房地产公司以出让方式取得土地使用权,必须向国家支付土地使用权出让金。房地产公司用集体所有的土地投资搞开发,不按国家规定办理相关手续,逃避缴纳土地使用权出让金,其行为严重违反了国家的法律。

3. 违法预售商品房

《中华人民共和国城市房地产管理法》第四十四条规定,商品房预售应当符合下列条件:

(1)已交付全部土地使用权出让金,取得土地使用权;

(2)持有建设工程规划许可证和施工许可证;

(3)按提供预售的商品房计算,投入开发建设的资金达到工程建设总投资的百分之二十五以上,并已经确定施工进度和竣工交付日期;

(4)向县级以上人民政府房产管理部门办理预售登记,取得商品房预售许可证。

该房地产公司在未办理商品房预售登记和未取得《商品房预售许可证》的情况下就预售商品房,其行为违反了国家法律的规定。

4. 故意隐瞒使用集体土地开发商品房和无商品房预售许可证这一事实,其行为属于欺诈行为。

综上所述,该预售合同无效完全是由于房地产公司的非法行为造成的。房地产公司应当承担全部的责任。因此,方××可以依法向房地产公司提出解除合同、退房的要求,并可主张房地产公司承担不超过已付购房款一倍的赔偿责任。

案例二

一、基本案情

江西××置业投资开发有限责任公司开发建设的南昌市昌北高层住宅项目,2007年1月取得商品房预售许可,在长达8个月的时间内未开盘销售,被南昌市房管局查处。

二、案例分析

"捂盘惜售"并非开发商"舍不得"把房子拿出来卖,而是为了通过"捂盘惜售"的行为来观察市场反映,选择最佳销售时机,实现利益最大化。"捂盘惜售"行为包括:已达预售标准而不办理预售许可证或分次分批的拿证以拉长销售周期;已取得预售许可证不开盘或已开盘拒绝对外销售;大幅提高开盘价,导致市场内无人应价,变相拉长销售周期;以虚拟预订、预售合同的方式拒绝真正的购房者等。国务院九部委于2006年颁布关于调控房地产市场的"国六条",提出"进一步整顿和规范房地产市场秩序,加强房地产开发建设全过程监管,制止擅自变更项目、违规交易、囤积房源和哄抬房价行为",并表示"要加大整治查处力度,情节恶劣、性质严重的,依法依规给予经济处罚"。

江西××置业投资开发有限责任公司的行为是典型的"捂盘惜售"行为,违反了南昌市"商品房住宅项目自取得《商品房预售许可证》之日起10日内必须开盘,并按整栋房源对外销售,公示的可售房源不得无故拒售"的规定。南昌市房管局已经注销了该项目的商品房预售许可证,并将该不良行为记入企业信用档案。

思考题

1. 土地使用权出让具有哪些特征?

2. 哪些房屋依法不得租赁?

3. 土地使用权终止的原因是什么?

4.《房地产管理法》如何规定土地使用权划拨的范围?

5. 房地产交易的特征是什么?哪些行为属于房地产交易行为?

6. 房地产开发项目竣工验收的主要依据是什么?

7. 简述房地产开发企业设立的条件及程序。

8. 简述房地产权属登记的意义和程序。

9. 房屋拆迁的形式有哪几种?房屋拆迁时的补偿、安置、补助是如何确定的?

第五章　工程建设程序法规

第一节　工程建设程序法规概述

一、工程建设

工程建设是指土木建筑工程、线路管道和设备安装、建筑装修装饰工程等工程项目的新建、扩建和改建,是形成固定资产的基本生产过程及与之相关联的其他建设工作的总称。工程建设的全过程是由一项项相互关联相互衔接的单个建筑活动组成的。工程建设为国民经济的发展和人民生活的改善提供了重要的物质技术基础,在国民经济中占有相当重要的地位,国家也十分重视运用法律的手段,通过制定工程建设管理法规,加强对工程建设的管理。

二、工程建设程序法规

工程建设程序是指工程建设全过程中各项工作都必须遵守的先后次序。工程建设程序法规是指调整工程建设程序活动中发生的各种社会关系的法律规范的总称。

工程建设具有投资额巨大,建设周期长,建设生产的过程中牵涉面广,内外的协作关系复杂,工作协调性要求高,工作场地不能转移,工作空间有限,后续工作无法提前进行等特点。因此工程建设就必然存在一个分阶段、按步骤、各项工作按序进行的客观规律,工程建设全过程都必须遵守这个先后次序。这种规律是不可违反的,如人为将工程建设的顺序颠倒,就会造成严重的资源浪费和经济损失。

工程建设项目完成后的成果将以建筑物或者构筑物的形式长期存在,成为城市或乡村面貌的一部分,其质量的好坏与人民的生命财产安全息息相关。所以说,工程建设活动是与社会公共利益密切相关的活动。为了维护社会公共利益,政府也必须在工程建设过程中,设置相应的审批环节,对各种工程建设行为进行监督管理。这些都是通过工程建设程序相关立法来实现的。

目前,我国尚无一部专门的工程建设程序法律,涉及工程建设程序的法律、规范主要是大量的部门规章和规范性文件,主要包括《关于基本建设程序的若干规定》(1978 年 4 月 22 日发布),《国家计划委员会关于简化基本建设项目审批手续的通知》(1984 年 8 月 18 日施行),《工程建设项目报建管理办法》(1994 年 8 月 13 日起施行),《工程建设项目实施阶段程序管理暂行规定》(1995 年 7 月 29 日起施行)等规范性文件。

另外,《中华人民共和国土地管理法》、《中华人民共和国城乡规划法》、《中华人民共和国建筑法》、《中华人民共和国招标投标法》等法律中,也有涉及工程建设程序的一些规定。

第二节 工程建设程序的划分

一、我国与国外的基本建设程序比较

每个国家的建筑体制和营造方式均有各自的特点,形成有自己特色的一套建设程序,但总的来说,在市场经济运行体制的国家,建设程序体系又有一些通用的方面。我国与美国、英国常规建设程序的比较见表 4—1。

表 4-1 常规建设程序的比较

中国基本建设程序	美国常规建设程序	英国常规建设程序	
1.提出项目建议书	1.设计前期工作	1.立项	
2.编制可行性研究报告	2.场地分析	2.可行性研究	
3.进行项目评估	3.方案设计	3.设计大纲或草图规划	
4.编制设计文件	4.设计发展	4.方案设计	
5.施工前准备工作	5.施工文件	5.详细设计或施工图	
6.组织施工	6.招标或谈判	6.生产信息	
7.交付使用	7.施工合同管理	7.工程总表	
	8.工程后期工作	8.指标	
		9.合同管理	项目计划
			施工
			竣工验收及工程反馈

与我国的现状相比,国外的建筑师在建设程序中扮演着更为重要的角色。在国外的建设程序中,建筑师是设计的总负责人,与业主签订设计协议并负责协调各个专业(结构、设备、绿化、估算等)的设计,专业设计师也由建筑师聘用或由业主征得建筑师同意后直接聘用。总建筑师还代表业主办理招投标以及施工合同管理、定期下工地视察工程进度及质量、签署分期付款证明书、签发设计变更通知、工程最终验收等方面的工作。

目前,我国通常由国家省市各级计划委员会和建设主管部门确定建设任务,业主控制建设流程管理、组织招投标活动以及在不同专业间进行协调调度,我国的建筑师通常是作为一个参与者参与到建设程序的某些步骤中。近年来,建筑市场上由企业和房地产公司开发的项目逐渐增多,也出现了建筑师参与到设计前期的情况。

二、我国工程建设程序

依据我国现行工程建设程序法规的规定,我国工程建设程序如表 4-2 所示:

表 4-2　工程建设程序

工程建设的阶段划分	各阶段的环节划分
工程建设前期阶段	① 投资意向
	② 投资机会分析
	③ 项目建议书
	④ 可行性研究
	⑤ 审批立项
工程建设准备阶段	① 规划
	② 征地
	③ 拆迁
	④ 报建
	⑤ 招标投标
工程建设实施阶段	① 勘察设计
	② 施工准备
	③ 工程施工
	④ 生产准备
工程验收与保修阶段	① 竣工验收
	② 工程保修
终结阶段	① 生产运营
	② 投资后评价

从图中可知,我国的工程建设程序共分为前期阶段、准备阶段、实施阶段、工程验收与保修阶段和终结阶段等五个阶段,每个阶段又包含若干环节。各阶段各环节的工作应当按照顺利有序开展。当然,工程项目的性质和规模不同,同一阶段各环节的工作会有一些交叉,有些环节也可以省略,在具体执行时,可以根据项目的特点,在遵守工程建设程序的大前提下,灵活开展各项工作。

第三节 工程建设程序的步骤与内容

一、工程建设前期阶段

工程建设前期阶段即决策分析、审批立项的阶段。这一阶段主要是对工程项目投资的合理性进行考察和对工程项目进行选择。对投资者来讲,这是进行战略决策的阶段,它将在根本上决定其投资效益,控制投资风险。对于政府主管部门来讲,这是提高城乡建设水平,促进社会经济发展,杜绝低水平重复建设,控制社会资源浪费的关键环节。

1. 投资意向

投资意向是投资主体发现社会存在合适的投资机会所产生的投资愿望。它是工程建设活动的起点,也是工程建设得以进行的必备条件。

2. 投资机会分析

投资机会分析是投资主体对投资机会所进行的初步考察和分析,在认为机会合适,有良好的效益时,则可进行进一步的行动。

3. 项目建议书

项目建议书是投资机会分析结果文字化后形成的书面文件,以方便投资决策者分析、抉择。项目建议书应对拟建工程的必要性、客观可行性、建设地点选择的可能性等做出分析论证。

项目建议书的内容主要有以下几条:

(1)建设项目提出的依据和背景、拟建地点的远期规划、行业及地区发展规划等相关资料;

(2)拟建规模和建设地点的初步设想论证;

(3)资源情况、建设条件可行性及协作可靠性;

(4)投资估算和资金筹措设想;

(5)设计、施工项目进程安排;

(6)经济效果和社会效益的分析和初估。

项目建议书由建设方或由建设方委托咨询机构编制。大中型和限额以上的投资项目,由行业归口的主管部门初审后,再由国家计委审批,小型项目的项目建议书按照隶属关系由主管部门或地方计委审批。

4. 可行性研究

项目建议书被批准之后便进入可行性研究阶段。可行性研究的任务是根据国民经济长期规划和地区规划、行业规划的要求,对建设项目在技术、工程和经济上是否合理和可行进行全面调查、分析、论证,做多方案比较、评价,预测建成后的经济效益和社会效益。

可行性研究报告的主要内容包括以下几点:

(1)项目建设的必要性和依据;

(2)项目的需求预测、拟建规模、建设期;

(3)建设条件、场地情况分析;

(4)设计方案;

(5)环境影响、生产安全、劳动保护方面的评价;

(6)项目组织机构和人员培训方案;

(7)投资估算,资金筹措方式;

(8)社会效益、经济效益的评估。

业主应委托有资格的设计院或咨询公司编制可行性研究报告。作为项目投资决策后设计任务、银行贷款、合同、订货、审查及向规划部门申请建设执照的依据,可行性研究报告的编制必须在国家有关规划建设政策和法规的指导下完成,并经过有资格的咨询机构评估确认。

5. 审批立项

审批立项是有关部门对可行性研究报告的审查批准程序,审查通过后即予以立项,正式进入工程项目的建设准备阶段。

国家计委于 1983 年 2 月 2 日颁布施行的《关于建设项目进行可行性研究的试行管理办法》对审批权做了具体的规定。大中型建设项目的可行性研究报告,由各主管部、各省、市、自治区或各全国性专业公司负责预审,报国家计委审批,或由国家计委委托有关单位审批。重大项目和特殊项目的可行性研究报告,由国家计委会同有关部门预审,报国务院审批。小型项目的可行性研究报告,按隶属关系由各主管部、各省、市、自治区或各全国性专业公司审批。

改革开放以来,国家对原有的投资体制进行了一系列改革,打破了传统计划经济体制下高度集中的投资管理模式,初步形成了投资主体多元化、资金来源多渠道、投资方式多样化、项目建设市场化的新格局。当前中央致力于改革政府对企业投资的管理制度,按照"谁投资、谁决策、谁收益、谁承担风险"的原则,建立起市场引导投资、企业自主决策、银行独立审贷、融资方式多样、中介服务规范、宏观调控有效的新型投资体制。根据 2004 年 7 月 16 日颁布的《国务院关于投资体制改革的决定》,对于政府投资项目实行审批制;企业不使用政府投资建设的项目,其重大项目和限制类项目实行核准制;其他项目无论规模大小均实行备案制。

二、工程建设准备阶段

1. 规划

在规划区内建设的工程,必须符合城市规划或村庄、集镇规划的要求,要依法先后领取城乡规划主管部门核发的"选址意见书"、"建设用地规划许可证"、"建设工程规划许可证",方能进行获取土地使用权、设计、施工等相应的建筑活动。

2. 征地

我国的全部土地分为国家所有的土地和集体所有的土地。在国有的土地上进行工程建设的,可以采用出让、划拨或其他方式取得建设用地的使用权。在农民集体所有的土地上进行工程建设的,必须先由国家征用农民土地,然后再将土地使用权出让或划拨给建设单位或个人。

通过国家出让而取得土地使用权的,应向国家支付出让金,然后按合同规定的年限与要求进行工程建设。在规定时间内不予开发的,国家有权收回土地使用权。

3. 拆迁安置和场地处理

根据《城市房屋拆迁管理条例》(1991 年 6 月 1 日起施行,2001 年修正)和《物权法》(2007 年 10 月 1 日起施行)的规定,在对建设用地上的原有房屋和附属物进行拆迁时,拆迁人和被拆迁人应签订书面协议,被拆迁人应服从城市建设的需要,在规定的期限内完成搬迁,拆迁人对被拆迁人依法给予补偿,并对被拆迁房屋的使用人进行安置,保证被拆迁人原有生活水平不降低、长远生计有保障。对于违章建筑或超过批准期限的临时建筑的被拆迁人和使用人,则不予补偿和安置。

场地处理是指土地(生地)在通过初步开发后,使其达到具备上水、雨污水、电力、暖气、电信和道路通以及场地平整的条件,使建设单位可以进场后迅速开展工作,进行开发建设。

拆迁和场地处理的过程就是将建设用地由生地变成熟地的过程。

生地指未形成建设用地条件的土地;熟地指已具备一定的供水、排水、供电、通讯、通气、道路等基础设施条件和完成地上建筑物、构筑物的拆迁,形成建设用地条件的土地。这个过程可以由开发商在拿到土地使用权后进行,也可以由政府在将土地投放市场之前进行初步开发,列入土地储备计划,进行统一管理。

4. 报建

建设项目被批准立项后,建设单位或其代理机构必须持工程项目立项批准文件、银行出具的资信证明、建设用地的批准文件等资料,向当地建设行政主管部门或其授权机构进行报建。凡未报建的工程项目,不得办理招标手续和发放施工许可证,设计、施工单位不得承接该项目的设计施工任务。

5. 工程发包

建设单位或其代理机构在上述准备工作完成之后,需对拟建工程进行发包,以直接发包或者招投标的方式择优选定工程勘察设计单位、施工单位、监理单位或总承包单位。为了鼓励公平竞争、建立公正的竞争秩序,国家提倡招投标方式,并对许多工程强制进行招标投标。

三、工程建设实施阶段

1. 工程勘察设计

工程勘察是指为满足工程建设的规划、设计、施工、运营及综合治理等方面的需要,对地形、地质、水文条件等自然状况进行测绘、观察、分析研究和综合评价的工作。

工程设计是指运用工程技术理论和技术经济办法,按照现行技术标准,对新建、扩建、改建项目的工艺、土建、公用工程、环境工程等进行综合性设计及技术经济分析,并提供作为建设依据的设计文件和图纸的活动。它是整个工程建设的主导环节,对工程的质量和效益起着至关重要的作用。

设计与勘察是密不可分的,设计必须在进行工程勘察,取得足够的地质、水文等基础资料之后才能进行。

勘察设计任务书中确定的建设规模、工程地址、建设标准、规划定位、容积率、建筑限高等指标和内容,不能随便修改或者变更,如必须修改和变更时,应重新报批。

设计文件的编制按照规定分为数个阶段,包括总体设计、方案设计、初步设计、技术设计、施工图设计等,根据项目的规模和复杂程度的不同略有差别。每一个阶段的设计文件都要到相关部门(计划管理部门、规划管理部门、建设管理部门等)备案、评议和审批。

2. 施工准备

施工准备包括施工单位在技术物质上的准备和建设单位取得施工许可证两方面的内容。

施工单位在接到施工图后,必须做好细致的施工准备工作(包括技术、物质方面的准备),以确保工程顺利进行。它包括熟悉和审查图纸,编制施工组织设计,向下属单位进行计划、技术、质量、安全、经济责任的交底,下达施工任务书,准备施工所需的设备材料等活动。

根据建设部发布的《建筑工程施工许可证管理办法》(1999年12月1日起施行),在具备下列条件后,建设单位方可按照国家相关规定向工程所在地县级以上人民政府建设行政主管部门申领施工许可证,未达到开工条件的,不予批准开工。

(1)已经办理该建筑工程用地批准手续;

(2)在城市规划区的建筑工程,已经取得建设工程规划许可证;

(3)施工场地已经基本具备施工条件,需要拆迁的,拆迁进度符合施工要求;

(4)已经确定施工企业。按照规定应该招标的工程没有招标,应该公开招标的工程没有公开招标,或者肢解发包工程,以及将工程发包给不具备相应资质条件的,所确定的施工企业无效;

(5)有满足施工需要的施工图纸及技术资料,施工图设计文件已按规定进行了审查;

(6)有保证工程质量和安全的具体措施。施工企业编制的施工组织设计中有根据建筑工程特点制定的相应质量、安全技术措施,专业性较强的工程项目编制的专项质量、安全施工组织设计,并按照规定办理了工程质量、安全监督手续;

(7)按照规定应该委托监理的工程已委托监理;

(8)建设资金已经落实。

(9)法律、行政规定的其他条件。

已取得施工许可证的,应自批准之日起三个月之内组织开工,因故不能按时开工的,可向发证机关申请延期,延期以两次为限,每次不超过三个月。既不能按时开工又不申请延期,或者超过延期时限的,已批准的施工许可证作废。

3. 工程施工

工程施工是施工队伍具体地配置各种施工要素,将工程设计物化为建筑产品的过程,也是整个工程建设过程中投入劳动量最大,所费时间较长的工作。其管理水平的高低、工程质量的优劣对建设项目的质量和所产生的效益起着十分重要的作用。

工程施工管理具体包括施工调度、施工安全、文明施工、环境保护等几方面的内容。

(1)施工调度是进行施工管理,掌握施工情况,及时处理施工中存在的问题,严格控制工程的施工质量、进度和成本的重要环节;

(2)施工安全是指施工活动中,对职工身体健康与安全、机械设备使用的安全及物资的

安全等应有保障制度和所采取的措施;

(3)文明施工是指施工单位应推行现代管理方法,科学组织施工,保证施工活动整洁、有序、合理地进行;

(4)环境保护是指施工单位必须遵守国家有关环境保护的法律法规,采取措施控制各种粉尘、废气、噪声等对环境的污染和危害。

4.生产准备

生产准备指在工程施工在接近结束的时候,为保证建设项目能及时投产使用所进行的准备活动。如招收和培训必要的生产人员,组织人员参加设备安装调试和工程验收,组建生产管理机构,制定规章制度,收集生产技术资料和样品,落实原材料、燃料、水电来源及其他配合条件。

四、工程验收与保修阶段

1.竣工验收

竣工验收是全面考核建设工作,检查是否符合设计要求和工程质量的重要环节,对促进建设项目(工程)及时投产,发挥投资效果,总结建设经验有重要作用。凡新建、扩建、改建的基本建设项目(工程)和技术改造项目,按批准的设计文件所规定的内容建成,符合验收标准的,必须及时组织验收,办理固定资产移交手续。

根据《房屋建筑工程和市政基础设施工程竣工验收暂行规定》(2000年6月30日起施行),新建、扩建、改建的各类房屋建筑工程和市政基础设施工程必须符合以下要求方可进行竣工验收:

(1)完成工程设计和合同约定的各项内容;

(2)施工单位在工程完后对工程质量进行了检查,确认工程质量符合有关法律、法规和工程建设强制性标准,符合设计文件及合同要求,并提出工程竣工报告,工程竣工报告应经项目经理和施工单位有关负责人审核签字;

(3)对于委托监理的工程项目,监理单位对工程进行了质量评估,具有完整的监理资料,并提出工程质量评估报告,工程质量评估报告应经总监理工程师和监理单位有关负责人审核签字;

(4)勘察、设计单位对勘察、设计文件及施工过程中由设计单位签署的设计变更通知书进行了检查,并提出质量检查报告,质量检查报告应经该项目勘察、设计负责人和勘察、设计单位有关负责人审核签字;

(5)有完整的技术档案和施工管理资料;

(6)有工程使用的主要建筑材料、建筑构配件和设备的进场试验报告;

(7)建设单位已按合同约定支付工程款;

(8)有施工单位签署的工程质量保修书;

(9)城乡规划行政主管部门对工程是否符合规划设计要求进行检查,并出具认可文件;

(10)有公安消防、环保等部门出具的认可文件或者准许使用文件;

(11)建设行政主管部门及其委托的工程质量监督机构等有关部门责令整改的问题全部整改完毕。

工程完工后,由施工单位向建设单位提交工程竣工报告,申请工程竣工验收。

建设单位收到工程竣工报告后,对符合竣工验收要求的工程,组织勘察、设计、施工、监理等单位和其他有关方面的专家组成验收组,制定验收方案,组织工程竣工验收。

参与工程竣工验收的建设、勘察、设计、施工、监理等各方不能形成一致意见时,应当协商提出解决的方法,待意见一致后,重新组织工程竣工验收。

工程竣工验收合格后,建设单位应当及时提交工程竣工验收报告。

建设单位应当自工程竣工验收合格之日起 15 日内,依照《房屋建筑工程和市政基础设施工程竣工验收备案管理暂行办法》(2000 年 4 月 7 日起施行)的规定,向工程所在地的县级以上地方人民政府建设行政主管部门备案。

2. 工程保修

建设工程承包单位在向建设单位提交工程竣工验收报告时,应当向建设单位出具质量保修书。质量保修书中应当明确建设工程的保修范围、保修期限和保修责任等。建设工程在保修范围和保修期限内发生质量问题的,施工单位应当履行保修义务,并对造成的损失承担赔偿责任。

五、终结阶段

建设项目投资后评价是工程竣工投产、生产运营一段时间后,由各级计委组织领导,对项目建设的全过程进行系统评价的一种技术经济活动。它可使投资主体达到总结经验、吸取教训、改进工作,不断提高项目决策水平和投资效益的目的。

当然,工程项目的性质不同,规模不一,同一阶段内有些环节可以省略,有些环节会有交叉。按基本建设程序办事,要区别不同情况,具体问题具体分析,在遵守工程建设程序的大前提下,结合行业项目的特点和条件,有效地贯彻执行基本建设程序。

六、违反工程建设程序的危害

随着国家经济建设的快速发展,各地在建和新建的工程日益增多,一些地方、企业的领导为了追求任期政绩和经济效益,出现了一些违反工程项目建设程序的"边报批、边设计、边施工、边修改"的"四边"或"三边"工程,造成了难以弥补的不良后果,如工程设计方无法保证设计方案的完整,没有充足的时间对整个方案进行审核和完善,容易产生一些设计缺陷;为了抢进度违反施工操作规程,严重影响了工程质量;加大了安全管理难度,增加了安全隐患,导致安全事故比例大幅上升;同时还加大了工程建设方的投资等。

为加强对建设工程的管理,我们应对建设程序中的项目建议书、可行性研究报告、初步设计、开工报告、设计变更和竣工验收等各个工作环节要严格把关,任何部门、任何单位和项目法人,都不得擅自简化建设程序和超越权限、化整为零进行审批或建设,对"三边"或"四边"工程要坚决取缔,同时要加大对建设工程领域违纪违法案件的查处力度,对在工程建设管理中以权谋私、贪污受贿、营私舞弊的案件,严肃追究有关领导与直接责任人的责任,情节严重的应移送司法部门处理。

【案例评析】

案例一

一、基本案情

××机械厂为使本厂的自筹招待所工程尽快发挥效益,2003年3月,在施工图还没有完成的情况下,就和××集团第八分公司签订了施工合同,并拨付了工程备料款,意在早作准备,加快速度,减少物价上涨的影响。施工方按照机械厂的要求进场做准备,搭设临时设施,租赁了机械工具,并购进了大批建筑材料等待开工。

当机械厂拿到设计单位的施工图及设计概算时,出现了以下问题:机械厂原计划总投资150万元,设计单位按机械厂提出的标准和要求设计完成后,设计概算达到215万元。由于建设资金短缺,一旦开工,很可能造成中途停建;但不开工,施工队伍已进场做了大量工作了。经各方面研究决定:"方案另议,缓期施工"。机械厂将决定通知××集团第八分公司后,该公司很快送来了索赔报告称:"××机械厂基建科:我方按照贵厂招待所工程的施工合同要求准时进场并作了大量准备工作。鉴于贵方做出"缓期施工"的时间难以确定,我方必须考虑各种可能以减少双方更大的损失。现将自进场以来所发生的费用报告如下:临时材料库及工棚搭设费;工人住宿、食堂、厕所搭建费;办公室、传达室、新改建大门费;搅拌机、卷扬机租赁费;钢管脚手架、模板租赁费;工人窝工费(接到图纸后时间内);已购运进场材料费;已为施工办理各种手续费用;上交有关税费;共10项合计40.5万元。"机械厂认真核实了××集团第八分公司费用证据及实物,同意××集团第八分公司退场决定,并给予了实际发生的损失补偿。

二、案例分析

在工程建设中,必须严格遵守有关工程建设的基本程序,国家为此颁布了相应的法律规定。按国家制定的有关工程建设的基本程序规定,施工图等设计文件完成后,才能签订施工合同。而在本案中,机械厂为使本厂的自筹招待所工程尽快发挥效益,在施工图还没有完成的情况下,就和××集团第八分公司签订了施工合同,并拨付了工程备料款。××集团第八分公司为此按照机械厂的要求进场做准备,搭设临时设施、租赁了机械工具、并购进了大批建筑材料等待开工。而当机械厂拿到设计单位的施工图及设计概算时,出现了机械厂原计划自筹项目总投资150万元与设计概算相差很多的情况,于是不得不作出"方案另议,缓期施工"的决定。××集团第八分公司因此提出工程索赔,机械厂由此损失40.5万元。

案例二

一、基本案情

2005年4月,某市化肥厂与××建筑工程公司签订了一份建筑工程施工承包合同。合同约定,化肥厂的一幢职工宿舍楼由××建筑公司承包建筑与安装的施工工程,化肥厂提供建筑设计图纸,合同中对工期、质量、价款、结算等作了详细规定,并定于2005年7月2日开工,2006年4月8日竣工并验收。

合同签订后,施工顺利,到2006年3月,二层内装修完毕,眼看大楼就要完工。此时,化肥厂正在着手分房,分到一、二层的职工因多年住房紧张,见内装修完毕,便强行搬了进去,厂领导劝阻无效,便听之任之。以后每装修完一层,便住进去一层。到4月1日完工时,此楼已全部投入使用。

这时化肥厂对宿舍楼进行验收，发现存在一、二层墙皮剥落，门窗关启困难等问题，要求施工单位返工。该建筑工程公司仅将门窗进行检修，但拒绝重新粉刷墙壁，于是化肥厂拒付剩余的5万元工程款。

2006年7月5日，××建筑工程公司向法院起诉，要求化肥厂付清拖欠的工程款5万元及利息。化肥厂辩称因为发生质量问题施工方应当返工，否则拒付剩余的工程款。

二、案例分析

本案的焦点问题是：工程未经验收，发包方便提前使用，验收时发现质量问题如何处理？化肥厂为此拒付剩余5万元工程款的行为是否合法？

《中华人民共和国建筑法》第六十一条规定："建筑工程竣工经验收合格后，方可交付使用；未经验收或者验收不合格的，不得交付使用。"《建设工程质量管理条例》第十六条也规定："建设工程经验收合格的，方可交付使用。"《最高人民法院关于审理建设工程施工合同纠纷案件适用法律问题的解释》第十三条规定："建设工程未经竣工验收，发包人擅自使用后，又以使用部分质量不符合约定为由主张权利的，不予支持；但是承包人应当在建设工程的合理使用寿命内对地基基础工程和主体结构质量承担民事责任。"该建设工程竣工未经验收发包人就擅自使用，之后，又以使用部分质量不符合约定为由主张权利的，且该工程出现的质量问题不属于地基基础工程和主体结构质量问题。

根据上述法律的规定，化肥厂在工程竣工之前就默许其职工搬入宿舍楼强行使用该建筑，出现的"墙皮剥落，门窗关启困难"等问题也并非基础或主体结构的质量问题，所以化肥厂应对该工程的质量承担责任，而不能以此为借口拒付拖欠的工程款。

案例三

一、基本案情

某建筑设计院承担了××花园公寓的工程设计工作。在施工图设计中基本保持了原审批的初步设计标准，控制了总体规模（600套），其总平面布置、道路、建筑物的层数、层高及总高度以及地下车库、人防设施，均按照原初步设计及市规划局批准的方案设计。由于原初步设计存在一些不足之处，经开发商同意，设计院在设计中作了一些必要的修改和调整，其中包括：

（1）修改了公寓内平面不合理部分。

（2）对电梯间过小的问题进行了调整。

（3）加宽了基础尺寸。

由于进行了上述修改和调整，使得××花园公寓较批准的规划建筑面积增加了8100平方米。

二、案例分析

工程建设管理中的一项重要原则就是程序的合法化。为适应市场的需求、增加建筑结构的安全或优化功能，开发商和设计院修改与调整设计方案是正常的。关键的问题是，修改方案是否符合该地区的详细规划，是否符合规划管理审批程序。在初步方案确定以后，对原设计所确定的面积、规模、道路等设计要求进行修改与调整都需要经过原审批机关批准后方可进行。《建设工程勘察设计管理条例》第二十八条规定："建设工程勘察、设计文件内容需要作重大修改的,建设单位应当报经原审批机关批准后,方可修改。"

加宽了基础尺寸等设计内容的修改,应属于对设计文件内容所作的重大修改,建设单位应当按规定报经原审批机关批准后,方可修改。本案中,开发商未报经原审批机关批准而要求设计院直接修改的行为是违法的;设计院直接修改设计的行为,也属于违法的行为,均应得到相应处罚。

思考题

1. 工程建设程序主要包括哪些步骤和环节?
2. 建设方在工程筹备阶段主要包括哪些工作?
3. 建筑工程开工应具备哪些条件?
4. 简述可行性研究报告的主要内容。
5. 简述竣工验收的组织程序。
6. 违反工程建设程序会产生哪些危害?
7. 何谓生地和熟地?

第六章　工程勘察设计法规

第一节　工程勘察设计法规概述

一、工程勘察设计

工程勘察是指根据建设工程和法律法规的要求,查明、分析、评价建设场地的地质地理环境特征和岩土工程条件,编制建设工程勘察文件的活动。包括工程测量,岩土工程勘察、设计、治理、监测,水文地质勘察,环境地质勘察等工作。

工程设计是指根据建设工程和法律法规的要求,对建设工程所需的技术、经济、资源、环境等条件进行综合分析、论证,编制建设工程设计文件,提供相关服务的活动,包括总图、工艺、设备、建筑、结构、动力、储运、自动控制、技术经济等工作。

在工程建设的各个环节,勘察是基础,而设计是整个工程建设的灵魂,对工程建设的质量、投资效益起着决定性的作用。为保证工程勘察设计的质量和水平,工程勘察设计应坚持以下原则:

(1)建设工程勘察、设计应当与社会、经济发展水平相适应,做到经济效益、社会效益和环境效益相统一;

(2)贯彻经济社会发展规划、城乡规划和产业政策;

(3)综合利用能源,满足环保要求;

(4)从事建设工程勘察、设计活动,应当坚持先勘察、后设计、再施工的原则;

(5)建设工程勘察、设计单位应当在其资质等级许可的范围内进行建设工程勘察、设计,严格执行工程建设强制性标准,并对建设工程勘察、设计的质量负责;

(6)国家鼓励在建设工程勘察、设计活动中采用先进技术、先进工艺、先进设备、新型材料和现代管理方法;

(7)民用建筑设计要坚持美观、适用和协调的原则。

二、工程勘察设计法规

工程勘察设计法规是指调整工程勘察设计活动中所产生的各种社会关系的法律规范的总称。

工程勘察设计法规设计范围广,内容多,包括了工程勘察设计工作管理、勘察设计文件编制、施工图审查、工程勘察设计标准、工程建设资质管理和工程勘察设计责任管理等多方面内容。目前,我国工程勘察设计法规除了 2000 年 9 月 20 日国务院颁布施行的《建设工程勘察设计管理条例》外,其他的主要是由建设部和相关部委的部门规章和规范性文件组成,如《基本建设设计工作管理暂行办法》(1983 年 10 月 4 日起施行)、《房屋建筑和市政基础设施工程施工图设计文件审查管理办法》(2004 年 6 月 29 日起施行)、《全国优秀工程勘察设计奖评选办法》(2006 年 12 月 13 日起施行)等。

在工程设计标准管理和标准设计方面的主要法规有《工程建设国家标准管理办法》(1992 年 12 月 30 日起施行)、《工程建设行业标准管理办法》(1992 年 12 月 30 日起施行)、《工程建设标准设计管理规定》(1999 年 1 月 6 日起施行)、《建筑工程设计文件编制深度规定》(2003 年 6 月 1 日起施行)、《民用建筑工程建筑施工图设计深度图样》(2004 年 3 月 1 日起施行)等。

另外还有许多大量的规范性文件也属于工程勘察设计法规的范畴。比较常用的如《民用建筑设计通则》、《工程建设标准强制性条文(房屋建筑部分)》、《建筑设计防火规范》、《高层民用建筑设计防火规范(2005 年版)》、《民用建筑工程建筑施工图设计深度图样》、《民用建筑工程建筑初步设计深度图样》、《住宅设计规范》、《城市居住区规划设计规范 2002 版》、《城市道路交通规划设计规范》、《无障碍设计规范》、《民用建筑设计劳动定额》等。

三、工程勘察设计的监督管理

《建设工程勘察设计管理条例》规定,国务院建设行政主管部门对全国的建设工程勘察、设计活动实施统一监督管理。国务院铁路、交通、水利等有关部门按照国务院规定的职责分工,负责全国的有关专业建设工程勘察、设计活动的监督管理。

县级以上地方人民政府的建设行政主管部门对本行政区域内的建设工程勘察、设计活动实施监督管理,交通、水利等有关部门在各自的职责范围内,负责本行政区域内有关专业建设工程勘察、设计活动的监督管理。

任何单位和个人对建设工程勘察、设计活动中的违法行为都有权检举、控告、投诉。

第二节　工程建设标准

一、工程建设标准的概念

标准是指对重复性事物和概念所作的统一性规定。它以科学技术和实践经验的综合成果为基础,由主管机构批准,以特定形式发布,作为共同遵守的准则和依据。

工程建设标准是指对基本建设中各类工程的勘察、规划、设计、施工、安装、验收等需要协调统一的技术要求及有关工程建设的技术术语、符号、代号、制图方法的一般原则所制定的标准。它以科学、技术和实践经验的综合成果为基础,经有关各方协商一致,由主管机构批准,以特定形式发布,作为建设领域共同遵守的准则和技术依据。

工程建设标准化是在建设领域内有效地实行科学管理、强化政府宏观调控的基础和手段,积极推行工程建设标准化,对规范建设市场行为,促进建设工程技术进步,保证工程质量,加快建设速度,节约能源,合理使用建设资金,保护人身健康和人民生命财产安全,提高投资效益,都具有重要的作用。1988 年 12 月 29 日,第七届全国人大常委会第五次会议通过了《中华人民共和国标准化法》,并于 1989 年 4 月 1 日起施行,随后国务院发布了《中华人民共和国标准化法实施条例》(1990 年 4 月 6 日起施行)。《标准化法》和《标准化法实施条例》的相继发布施行,标志着我国标准化工作由单一的制度化管理进入法制化管理的轨道。为贯彻实施《标准化法》和《标准化法实施条例》,1990 年以来,建设部根据工程建设标准化工作的特点,相继颁发了《工程建设国家标准管理办法》、《工程建设行业标准管理办法》等规范性文件,促进了工程建设标准化工作的开展。截止到 2002 年底,工程建设标准的数量已达到 3674 项,其中,国家标准 339 项、行业标准 2374 项、地方标准 817 项、协会标准 144 项。

二、工程建设标准的特点

工程建设标准的特点,取决于工程建设所具有的特殊性,主要包括工程建设活动的复杂性、工程本身的复杂性和重要性及工程受自然环境、社会环境影响大的特性。

1. 综合性强

工程建设综合性强的特点主要反映在以下两个方面。

(1)工程建设标准的内容的综合性

工程建设标准需要应用各领域的科技成果,经过综合分析,才能制定出来。例如《建筑设计防火规范》,其内容不仅包括了民用建筑设计的各个方面应当采取的防火安全措施,而且也包括了各类工业建筑中应当采取的一系列安全防火措施。在制订标准时,需要就各个不同领域的科学技术成果和经验教训,进行综合分析,具体分解,并需要保证标准的综合成果达到安全可靠的目的。

(2)制定工程建设标准需要考虑的因素是综合性的

这些因素不仅包括了技术条件,而且也包括经济条件和管理水平。以《民用建筑室内环境污染控制规范》为例,技术水平定高了,应当说对减少室内环境污染有利,但市场上能否有足够的高标准的建筑材料和装修材出满足实际工程的需要;即使部分工程能够在市场上采购到相应的高标准的建筑材料和装修材料,投资者、使用者的经济条件能否承受得了;目前的施工条件、检验手段等能否满足要求。这就需要进行综合分析,全面衡量,统筹兼顾,以求在可能的条件下获取最佳的效果。可以说,经济、技术安全、管理等诸多现实因素相互制约的结果,也是造成工程建设标准综合性强的一个重要原因,而不综合考虑这些因素,工程建设标准也就很难在实际中得到有效的贯彻执行。

2. 政策性强

主要原因有以下 5 个方面:

（1）工程建设的投资量大。我国每年用于基本建设的投资约占国家财政总支出的30％，其中大部分用于工程建设，因此各项技术标准的制订应十分慎重，需要适应相应阶段国家的经济条件。例如对民用住宅建筑的标准稍加提高，即使每平方米造价增加几元钱，年投资就会增加几千亿元。控制投资是政策性很强的事项，工程建设技术标准首先要控制恰当。

（2）工程建设要消耗大量的资源（包括各种原材料、能源和土地等），直接影响到环境保护、生态平衡和国民经济的可持续发展，标准的水平需要适度控制，不允许任意不恰当地提高标准。

（3）工程建设直接关系到人民生命财产的安全，关系到人体健康和公共利益，但安全、健康和公共利益并非越高越好，还需要考虑经济上的合理性和可能性。安全、健康和公共利益以合理为度，工程建设标准对安全、健康、公共利益与经济之间的关系进行了统筹兼顾。

（4）工程建设标准化的效益，尤其是强制性标准的效益，不能单纯着眼于经济效益，还必须考虑社会效益。例如有关抗震、防火、防爆、环境保护、改善人民生活和劳动条件等方面的各种技术标准，首先是为了获得社会效益。

（5）工程建设要考虑百年大计。一项工程使用年限少则几十年，多则百年以上。因此，工程建设技术标准在工程的质量、设计的基准等方面，需要考虑这一因素，并提出相应的措施或技术要求。

3. 受自然环境影响大

标准是科学技术和实践经验的综合成果，必须结合国情来制定，符合具体的自然环境条件和现阶段的经济实力、科学技术水平。在一般情况下，对工程建设方面的国际标准或国外先进标准的直接引进采用是应该争取的，这样有利于与国际接轨，但实际上国际通用的工程建设技术标准为数有限。从我国现行的工程建设技术标准状况来看，都是考虑了幅员辽阔的因素。首先在技术标准的分级上设置了地方标准一级，充分体现了对自然环境条件影响的重视；同时，针对一些特殊的自然条件，专门制定了相应的技术标准，如黄土地区、冻土地区及膨胀土地区的建筑技术规范等。

三、工程建设标准的种类

工程建设标准从不同的角度有不同的分类方式。

1. 根据标准的执行效力划分

（1）强制性标准

强制性标准是指必须执行的标准。工程建设勘察、规划、设计、施工（包括安装）及验收等通用的综合标准和重要的质量标准，工程建设通用的有关安全、卫生和环境保护的标准，工程建设重要的术语、符号、代号、计量与单位、建筑模数和制图方法标准，工程建设通用的试验、检验和评定标准，工程建设重要的信息技术标准，国家需要控制的其他工程建设通用的标准等均为强制性标准。

（2）推荐性标准

推荐性标准是指由当事人自愿采用的标准。其他非强制性的国家和行业标准均为推荐性标准，推荐性标准国家鼓励自愿采用。

2. 根据内容划分

（1）设计标准

设计标准是指从事工程设计所依据的技术文件,设计标准一般分为以下三种:

① 建筑设计标准。建筑设计标准包括建筑设计、建筑物理、建筑暖通与空调等方面的技术标准与规程。

② 结构设计标准。结构设计标准包括建筑结构、工程抗震、勘察及地基与基础等方面的技术标准和规程。

③ 防火设计标准。防火设计标准包括建筑物的耐火性能、建筑物防火防爆措施、消防、给水与排水、通风与采暖、疏散通道等技术标准和规程。

(2)施工及验收标准

施工标准是指施工操作程序及其技术要求的标准,一般分为建筑工程施工标准和安装工程施工标准两大类。验收标准是指检验、接收竣工工程项目的规程、办法与标准。

(3)建设定额

建设定额是指国家规定的消耗在单位建筑产品上活劳动和物化劳动的数量标准,以及用货币表现的某些必要费用的额度。工程建设定额是建筑工程预算定额、综合预算定额、核算定额、建筑安装工程统一劳动定额、施工定额和工期定额等的总称。

(4)管理标准

管理标准是指在工程建设中,对标准化领域中需要协调统一的管理事项所制定的标准。如建筑工程施工现场管理标准、城市园林绿化养护管理标准等。

3. 按标准级别划分

(1)国家标准

工程建设国家标准是指在全国范围内统一的技术要求。工程建设国家标准由建设行政主管部门审批,国务院标准化行政主管部门统一编号,由工程建设行政主管部门和标准化行政主管部门联合发布。

(2)行业标准

行业标准是对没有国家标准而又需要在全国某个行业范围内统一的技术要求所制定的标准。行业标准不得与国家标准相抵触。有关行业标准之间应保持协调、统一,不得重复。行业标准在相应的国家标准公布后,即行废止。行业标准由国务院该行业行政主管部门组织制定,并由该部门统一审批、编号、发布,送国务院标准化行政主管部门备案。

(3)地方标准

地方标准是指在工程建设活动中,根据当地的气候、地质、资源、环境等条件,在该地区范围内统一的技术要求。地方标准不得违反有关法律法规和国家、行业的强制性标准。地方标准由省、自治区、直辖市标准化行政主管部门统一编制计划、组织审定、编号和发布,由省、自治区、直辖市标准化行政主管部门向国务院标准化行政主管部门和有关行政主管部门备案。

(4)企业标准

企业标准是指在工程建设活动中,对企业内部统一的技术要求、管理事项和工作事项制定的标准。企业标准是企业组织生产、经营活动的依据。企业标准不得违反有关法律法规和国家行业的强制性标准。在同一企业内,企业标准之间应协调一致。企业标准由企业制定,由法人代表或法人代表授权的主管领导批准、发布,由企业按企业的隶属关系报当地政府标准化行政主管部门备案。国家鼓励企业制定优于国家标准、行业标准或地方标准的企业标准。

四、工程建设标准的制定与实施

国务院建设行政主管部门是全国标准设计工作的行政主管部门,负责制定统一的市场规范和管理办法,监督国家有关工程建设与标准化的法律法规执行情况,编制、审定、发布和推广国家标准设计,具体工作由全国工程建设标准设计领导小组组织实施。

1. **工程建设标准的制定原则**

(1)遵守国家的有关法律、法规及相关方针政策,密切结合自然条件,合理利用资源,充分考虑使用和维修的要求,做到安全适用、技术先进、经济合理;

(2)积极开展科学实验或测试验证,有关项目应纳入主管部门的科研计划认真组织实施,写出成果报告;

(3)积极采用新技术、新工艺、新设备、新材料。经有关主管部门或受托单位鉴定,有完整的技术文件且经实践检验的,应纳入标准;

(4)积极采用国际标准和国外先进标准。凡经认真分析论证或测试验证并符合我国国情的,应纳入标准;

(5)条文规定严谨明确,文句简练,不得模棱两可,内容深度、术语、符号、计量单位等应前后一致,不得矛盾;

(6)注意与现行标准的协调。要遵守现行的工程建设标准,确有更改需要的,必须经过审批;

(7)发扬民主、充分讨论,对有关政策问题应认真研究、统一认识;对有争论的技术性问题,应在调查研究、实验验证或专题讨论的基础上,充分协商,再做结论。

2. **工程建设标准的制定、审批和发布**

根据标准的级别不同,工程建设标准制定、审批和发布过程是不同的。

制订国家标准的工作程序按准备、征求意见、送审和报批四个阶段进行。首先由建设行政主管部门确定国家标准编制计划,落实主编单位,然后主编单位根据编制计划的要求,进行编制国家标准的筹备工作。经过调查研究、测试验证、资料整理等工作后,由编写组编写标准征求意见稿及其条文说明。主编部门对主编单位提出的征求意见稿及其条文说明进行审核。编写组将征求意见阶段收集到的意见,逐条归纳整理,在分析研究的基础上提出处理意见,形成国家标准送审稿。标准的报批文件经主编单位审查后报主编部门。主编部门应当对标准报批文件进行全面审查,并会同国务院工程建设行政主管部门共同对标准报批稿进行审核。国家标准由国务院工程建设行政主管部门审查批准,由国务院标准化行政主管部门统一编号,由国务院标准化行政主管部门和国务院工程建设行政主管部门联合发布。

工程建设行业标准由国务院有关行政主管部门审批、编号和发布,并报国务院建设行政主管部门备案。

工程建设地方标准的制定、审批、发布方法,由省、自治区、直辖市人民政府规定。但标准发布后应报国务院建设行政主管部门和标准化行政主管部门备案。

工程建设企业标准由企业组织制定,并按国务院有关行政主管部门或省、自治区、直辖市人民政府的规定报送备案。

工程建设标准应根据科技发展和工程建设需要定期进行复审。对于技术落后、不符合国家产业政策的,要及时修订和废止。各类工程建设标准的废止,由原审批部门批准公布。

3. 工程建设标准的实施

工程建设标准的实施不仅关系建设工程的经济效益、社会效益和环境效益,而且直接关系到工程建设者、所有者和使用者的人身安全及国家集体和公民的财产安全,因此必须严格执行,认真监督。

各级行政主管部门在制定有关工程建设的规定时,不得擅自更改国家及行业的强制性标准,从事工程建设活动的部门单位和个人都必须执行强制性标准,对于不符合强制性标准的工程勘察成果报告和规划设计文件,不得批准使用,不按标准施工,质量达不到合格标准的工程,不得验收。

工程质量监督机构和安全监督机构应根据现行的强制性标准,对工程建设的质量和安全进行监督,当监督机构与被监督单位对适用的强制性标准发生争议时,由该标准的批准部门进行裁决。

各级行政主管部门应对勘察设计、规划、施工单位及建设单位执行强制性标准的情况进行监督检查,国家机关、社会团体、企业事业单位及全体公民均有权检举、揭发违反强制性标准的行为。

对于工程建设推荐性标准,国家鼓励自愿采用。采用何种推荐性标准由当事人在工程合同中予以确认。

五、工程建设标准设计

1. 标准设计的概念

工程勘察设计标准包括工程建设勘察设计规范和标准设计两种。前者是强制性勘察设计标准,一经颁发,就是技术法规,在一切工程勘察设计工作中都必须执行。后者是推荐性设计标准,一经颁发,建设单位和设计单位要因地制宜地积极采用,凡无特殊理由的不得另行设计。

《工程建设标准设计管理规定》中规定,工程建设标准设计是指国家和行业、地方对于工程建设构配件与制品、建筑物、构筑物、工程设施和装置等编制的通用设计文件,为新产品、新技术、新工艺和新材料推广使用所编制的应用设计文件。

标准设计是工程建设标准化的重要组成部分,是工程建设的一项重要基础工作,是贯彻执行工程建设标准、规范规程,促进科技成果转化、推广的重要手段和工具。它对保证和提高工程质量,合理利用资源,推广先进技术都具有重要作用。

标准设计分为国家、部、省(自治区、直辖市)三级。

2. 工程建设标准设计的作用

(1)保证工程质量

标准设计图集一般是由技术水平较高的单位编制,并经有关专家审查,政府部门批准实施的,因此具有一定的权威性。大部分标准图集是可以直接引用到工程设计图纸中的,只要设计人员能够恰当地选用,就能够保证工程设计的正确性;不能直接引用的图集,它们对工程技术工作起到重要的指导作用,从而保证了工程质量。

（2）提高工作效率

在建设中存在着大量的施工（或加工）详图设计文件。当编制了标准设计图集后，设计人员将选择的图集编号和内容名称写在设计文件上，施工单位就可以按标准图集施工，简化了设计人员的重复劳动。

（3）促进行业技术进步

对于不断发展的新技术和新产品，相关主管部门会组织有关生产、科研、设计、施工等各方，经过论证后适时编制标准设计图集。工程界通常认为这是新技术走向成熟的标志之一。将科技成果吸收到标准设计，直接提供给设计部门在工程中应用，起到了推广先进技术的最佳渠道和桥梁作用。比如，编制的各种新型墙体、保温构造、节能装置、节水设施、建筑智能等标准设计，在工程中大量被应用，对实施国家节能、节水、节电等政策的贡献十分显著。因此，标准设计图集对于促进科技成果的转化、新产品的推广应用和推动工程建设的产业化等方面起到了至关重要的作用。

近年来，从事标准设计的部门认真贯彻实施建设部关于工程建设标准设计的发展规划纲要，对标准设计进行清理调整，加快全面更新，通过及时淘汰和更新，工程建设标准设计已发展成为一套比较完善的、涵盖建筑工程各个专业的系统。

3. 标准设计的编制

标准设计主管部门委托有资格的主编单位承担编制任务，双方签订合同，并在合同中明确规定双方的权利和义务，以及编制的内容、进度、费用、技术和质量要求等。

甲、乙级勘察设计单位有承担编制标准设计的权利和义务。承担编制任务的单位应当积极采用先进技术，调动各方人员的积极性，安排经验丰富的工程技术人员参加编制工作，确保编制质量和水平。参加编制标准设计人员的待遇和奖励不应低于同类工程设计人员的平均水平。

国家鼓励勘察设计及有关单位开展创优工作，优秀标准设计等同相应级别的工程设计。对技术水平高，取得显著经济或社会效益的标准设计，应当纳入各级科学技术奖励范围予以奖励。

标准设计的管理（版权）单位，要对其编制的标准设计质量负责，使用过程中因为标准设计的质量问题造成损失的，应当承担相应的经济赔偿责任。

第三节　建筑工程设计文件的编制

一、编制建筑工程设计文件的依据

编制建筑工程勘察设计文件，应当以下列为依据：

（1）项目批准文件等；

（2）城市规划的要求；

（3）工程建设强制性标准；

（4）国家规定的建设工程勘察设计深度要求；

（5）经批准的上一阶段勘察、设计文件和建设项目环境影响评价文件等；

铁路、交通、水利等专业建设工程，还应当以专业规划的要求为依据。

编制建设工程勘察文件，应当真实、准确，满足建设工程规划、选址、设计、岩土治理和施工的需要。

二、设计阶段和要求

建设项目的设计工作一般按初步设计、施工图设计两个阶段进行，技术上复杂的建设项目，根据主管部门的要求，可按初步设计、技术设计和施工图设计三个阶段进行。小型建设项目中技术简单的，经主管部门同意，在简化的初步设计确定后，就可做施工图设计。对某些牵涉面广的大型矿区、油田、林区、垦区和联合企业等建设项目，应做总体设计。

根据《建筑工程设计文件编制深度规定》，民用建筑工程则一般应分为方案设计、初步设计和施工图设计三个阶段，对于技术要求简单的民用建筑工程，经有关主管部门同意，并且合同中有不做初步设计的约定，可以在方案审批后直接进入施工图设计。

各阶段设计文件编制深度应按以下原则进行：

（1）方案设计文件，应满足编制初步设计文件和控制概算的需要；对于投标方案，设计文件深度还应满足标书要求；若标书无明确要求，设计文件深度按《建筑工程设计文件编制深度规定》规定的设计深度进行设计。

（2）初步设计文件，应满足编制施工招标文件、主要设备材料订货和编制施工图设计文件的需要。

（3）施工图设计文件，应满足设备材料采购、非标准设备制作和施工的需要。对于将项目分别发包给几个设计单位或实施设计分包的情况，设计文件相互关联处的深度应当满足各承包或分包单位设计的需要。

在设计中宜因地制宜，正确选用国家、行业和地方建筑标准设计，并在设计文件的图纸目录或施工图设计说明中注明被应用图集的名称。

三、设计文件的审批与修改

1. 设计文件的审批

设计文件是工程建设项目的主要依据，根据工程建设程序法规的要求，每一个阶段的设计文件都必须经过有关主管部门的审查批准。我国建设项目设计文件的审批实行分级管理、分级审批的原则。根据《基本建设设计工作管理暂行办法》，设计文件具体审批权限规定如下：

（1）大中型建设项目的初步设计和总概算及技术设计，按隶属关系，由国务院主管部门或省、直辖市、自治区审批。

（2）小型建设项目初步设计的审批权限，由主管部门或省、市、自治区自行规定。

（3）总体规划设计（或总体设计）的审批权限与初步设计的审批权限相同。

（4）各部直接代管的下放项目的初步设计，由国务院主管部门为主，会同有关省、市、自治区审查或批准。

（5）施工图设计除主管部门规定要审查者外，一般不再审批，设计单位要对施工图的质量负责,并向生产、施工单位进行技术交底,听取意见。

2.设计文件的修改

设计文件是工程建设的主要依据,经批准后,就具有一定的严肃性,不得任意修改和变更,如必须修改,则须经有关部门批准,其批准权限视修改的内容所涉及的范围而定。修改设计应遵守以下规定:

(1)建设单位、施工单位、监理单位不得修改建设工程勘察、设计文件;确需修改建设工程勘察、设计文件的,应当由原建设工程勘察、设计单位修改。经原建设工程勘察、设计单位书面同意,建设单位也可以委托其他具有相应资质的建设工程勘察、设计单位修改。修改单位对修改的勘察、设计文件承担相应责任。

(2)施工单位、监理单位发现建设工程勘察、设计文件不符合工程建设强制性标准、合同约定的质量要求的,应当报告建设单位,建设单位有权要求建设工程勘察、设计单位对建设工程勘察、设计文件进行补充、修改。

(3)建设工程勘察、设计文件内容需要作重大修改的,建设单位应当报经原审批机关批准后,方可修改。

第四节　建筑工程方案设计文件的编制深度

在建筑学专业学生的大学学习阶段,更多接触的是方案设计文件的编制。由于篇幅的限制,本书对方案设计文件的编制深度做详细的分析,初步设计文件和施工图设计文件的编制要求可参阅《建筑工程设计文件编制深度规定(2003版)》。另外,建设部拟统一大中型建筑工程方案设计文件编制深度,包含概念方案设计文件编制深度和建筑方案设计文件编制深度,目前处于征求意见稿阶段。

一、建筑工程方案设计文件的内容

建筑工程方案设计文件一般包括:(1)设计说明书,包括设计总说明、总平面设计说明、各专业设计说明以及投资估算等内容;(2)总平面图以及建筑设计图纸;(3)设计分析图,包括根据项目特点和招标人要求提供的功能分析图、交通分析图、环境绿化景观分析图、日照分析图、内部流线分析图等;(4)设计委托或设计合同中规定的透视图、鸟瞰图、按比例及深度制作的模型、建筑动画等。

二、建筑工程方案设计文件的编排顺序

方案设计文件一般按照以下的顺序编排:

(1)封面与扉页(写明项目名称、编制单位、编制年月,法定代表人、技术总负责人、项目总负责人的姓名,并经上述人员签署或授权盖章,投标方案按标书要求密封或隐盖编制单位和扉页。)

(2)设计文件目录

（3）效果图

（4）设计说明书

（5）设计图纸

（6）技术分析图

（7）工程造价估算

三、设计说明书

设计说明书包括设计总说明、总平面设计说明、各专业设计说明以及投资估算等内容。各专业设计说明即建筑设计说明、建筑消防及防灾分析说明、环境保护设计说明、建筑节能设计说明、结构设计说明、建筑电气设计说明、给水排水设计说明、采暖通风与空气调节设计说明、热能动力设计说明等，由各专业设计人员分别编制。根据项目的实际情况和招标文件的要求，某些专业的设计说明在方案阶段可以略去不写。

1. 设计总说明

设计总说明的内容主要包括设计依据、设计要求和主要技术经济指标。

（1）列出与工程设计有关的依据性文件的名称和文号，如选址及环境评价报告、地形图、项目的可行性研究报告、政府有关主管部门对立项报告的批文、设计任务书或协议书等；

（2）设计所采用的主要法规和标准；

（3）设计基础资料，如气象、地形地貌、水文地质、地震、区域位置等；

（4）简述建设方和政府有关主管部门对项目设计的要求，如对总平面布置、建筑立面造型等，当城市规划对建筑高度有限制时，应说明建筑、构筑物的控制高度（包括最高和最低高度限值）；

（5）委托设计的内容和范围，包括功能项目和设备设施的配套情况；

（6）工程规模（如总建筑面积、总投资、容纳人数等）和设计标准（包括工程等级、结构的设计使用年限、耐火等级、装修标准等）；

（7）列出主要技术经济指标。

2. 总平面设计说明

在总平面设计说明中，要说明场地现状特点和周边环境情况，详尽阐述总体方案的构思意图和布局特点，以及在竖向设计、交通组织、景观绿化、环境保护等方面所采取的具体措施。如存在分期建设、原有建筑和古树名木保留的，也要加以说明。

3. 建筑设计说明

建筑设计说明的重点在于建筑方案的设计构思和特点。

（1）建筑的平面和竖向构成，包括建筑群体和单体的空间处理、立面造型和环境营造、环境分析（如日照、通风、采光）等；

（2）建筑的功能布局和各种出入口、垂直交通运输设施（包括楼梯、电梯、自动扶梯）的布置；

（3）建筑内部交通组织、防火设计和安全疏散设计；

（4）关于无障碍、节能和智能化设计方面的简要说明；

（5）在建筑声学、热工、建筑防护、电磁波屏蔽以及人防地下室等方面有特殊要求时，应做相应说明。

4. 建筑消防及防灾分析说明

概述建筑消防设计和防灾技术措施要点。

5. 环境保护设计说明

概述建筑环境影响分析及环境保护措施。

6. 建筑节能设计说明

概述建筑节能设计要点及技术措施。

7. 结构设计说明

结构设计说明主要由设计依据、采用的主要法规和标准、场地的自然条件(包括风荷载、雪荷载、地震基本情况及有条件时概述工程地质简况等)、该工程的结构设计方案(包括安全等级、设计使用年限、抗震设防、主要结构材料、结构选型、基础选型、人防等)等相关内容组成。

8. 建筑电气设计说明

建筑电气设计说明包括强电说明和弱电说明两部分,主要由设计依据、负荷计算、变配电系统、应急电源系统、照明、防雷、接地、智能建筑设计等相关内容组成。

9. 给水排水设计说明

给水排水设计说明包括给水和排水两部分。

给水设计包括水源情况简述、用水量估算、给水系统、消防系统、热水系统、中水系统、饮用净水系统及节水节能措施等。

排水设计包括污废水排水量估算、雨水量及重现期参数、污废水及雨水的排水系统、污废水的处理方法等。

10. 采暖通风与空气调节设计说明

暖通设计说明要涉及暖通设计参数及设计标准、冷热负荷估算、空气调节的冷源热源选择、采暖及空气调节的系统形式、防烟排烟系统以及节能环保措施等。

11. 热能动力设计说明

当项目为城市区域供热或区域煤气调压站时,设计说明中应包含热能动力设计说明。

12. 投资估算编制说明及投资估算表

投资估算表应以一个单项工程为编制单元,由土建、给排水、电气、暖通、空调、动力等单位工程的投资估算和土石方、道路、广场、围墙、大门、室外管线、绿化等室外工程的投资估算两大部分内容组成。

四、设计图纸

在建筑工程方案设计阶段,设计图纸是设计文件中最重要的组成内容,主要包括总平面设计图纸、建筑平面图、立面图、剖面图、各种分析图、表现图(透视图或鸟瞰图)和建筑模型等。

1. 总平面设计图纸应表示的主要内容

(1)场地的区域位置;

（2）场地的范围（用地和建筑物各角点的座标或定位尺寸、道路红线）；

（3）场地内及四邻环境的反映（四邻原有及规划的城市道路和建筑物,场地内需保留的建筑物、古树名木、历史文化遗存、现有地形与标高、水体、不良地质情况等）；

（4）场地内拟建道路、停车场、广场、绿地及建筑物的布置,并表示出主要建筑物与用地界线（或道路红线、建筑红线）及相邻建筑物之间的距离；

（5）拟建主要建筑物的名称、出入口位置、层数与设计标高,以及地形复杂时主要道路、广场的控制标高；

（6）指北针或风玫瑰图、比例；

（7）根据需要绘制功能分区、空间组合及景观分析、交通分析（人流及车流的组织、停车场的布置及停车泊位数量等）、地形分析、绿地布置、日照分析、分期建设等反映方案特性的分析图。

2. 建筑平面图应表示的主要内容

（1）平面的总尺寸、开间进深尺寸或柱网尺寸（也可用比例尺表示）；

（2）结构受力体系中的柱网、承重墙位置,标出主要门窗位置；

（3）要求注明的主要使用房间的名称、面积等；

（4）各楼层地面标高、屋面标高；

（5）室内停车库的停车位和行车线路；

（6）底层平面图应标明剖切线位置和编号,并应标示指北针；

（7）必要时绘制主要用房的放大平面和室内布置；

（8）大型公共建筑可根据招标文件要求绘制消防分区及人员疏散示意图；

（9）图纸名称、比例或比例尺。

3. 建筑立面图应表示的主要内容

（1）体现建筑造型的特点,选择绘制一、二个有代表性的立面；

（2）各主要部位和最高点的标高或主体建筑的总高度；

（3）当与相邻建筑（或原有建筑）有直接关系时,应绘制相邻或原有建筑的局部立面图；

（4）图纸名称、比例或比例尺。

4. 建筑剖面图应表示的主要内容

（1）剖面应剖在高度和层数不同、空间关系比较复杂的部位；

（2）各层标高及室外地面标高,室外地面至建筑檐口（女儿墙）的总高度；

（3）若遇有高度控制时,还应标明最高点的标高；

（4）剖面编号、比例或比例尺。

5. 表现图（透视图或鸟瞰图）、建筑模型及建筑动画

方案设计应根据合同约定提供能够如实反映建筑环境、建筑形态及空间关系的建筑透视图、鸟瞰图及建筑模型,有条件的情况下可以制作建筑三维动画。

需要说明的是在设计方案阶段,一般工程可不提供结构、暖通、给排水、电气、动力等专业图纸,招标文件如有要求可绘制指定专业图纸,如采用特殊、巨型或异形结构,应增加主要受力体系布置图纸。

第五节　建筑工程施工图设计文件审查制度

建筑工程施工图作为民用建筑设计最后一个阶段的成果,是与工程施工、建筑材料和设备的采购制作安装等直接相关的,对保证建设工程的质量有着至关重要的作用,而建设工程质量与社会公共利益和广大人民生命财产安全是息息相关的,因此世界上主要发达国家和地区都建立有工程设计施工图审查制度。当前,我国正处于由计划经济向市场经济过渡时期,工程建设项目投资主体多元化,勘察、设计单位的企业化等一系列改革使工程设计质量管理工作面临了新情况,而工程设计质量也出现了一些新问题,一些业主及勘察设计单位片面追求利益的最大化,忽视社会公共利益和国家利益,使得工程设计质量下降,因此在我国建立起施工图审查制度是十分必要的。

施工图设计文件的审查是指国务院建设行政主管部门和省、自治区、直辖市人民政府建设行政主管部门依法认定的设计审查机构,根据国家的法律、法规、技术标准与规范,对施工图涉及公共利益、公众安全和工程建设强制性标准的内容进行的独立审查。它是政府主管部门对建设工程勘察设计质量监督管理的重要环节,是基本建设必不可少的程序,工程建设各方必须认真贯彻执行。

建设部于2004年8月23日颁布施行的《房屋建筑和市政基础设施工程施工图设计文件审查管理办法》,对施工图审查的具体事项做出了相关规定。

一、施工图审查的范围及内容

1. 施工图审查的范围

凡属建筑工程设计等级分级标准中的各类新建、改建、扩建的建设工程项目均需进行施工图审查。各地的具体审查范围,由各省、自治区、直辖市人民政府建设行政主管部门确定。

2. 施工图审查的主要内容

建设单位应当向审查机构提供作为勘察、设计依据的政府有关部门的批准文件和附件、审查合格的岩土工程勘察文件(详勘)、全套施工图(含计算书并注明计算软件的名称及版本)以及审查需要提供的其它资料。

根据《建筑工程施工图设计文件审查要点(试行)》,施工图审查的主要内容包括:① 建筑物的稳定性与安全性,包括地基基础及结构主体的安全;② 是否符合消防、节能、环保、抗震、卫生、人防等有关强制性标准、规范;③ 是否达到规定的施工图设计深度的要求;④ 是否符合作为设计依据的政府有关部门的批准文件要求;⑤ 是否符合公共利益等。

施工图审查的目的是维护社会公共利益、保护社会公众的生命财产安全,因此,施工图审查主要涉及社会公众利益、公众安全方面的问题。建筑功能是否完整、户型是否合理、造型是否美观等只涉及业主利益的问题,属于设计咨询范畴的内容,而不属于施工图审查的范围。当然,在施工图审查中如果发现这方面的问题,也可以提出建议,由业主自行决定是否进行修改。如业主另行委托,也可进行这方面的审查。

二、施工图审查机构

施工图审查是一项专业性和技术性都非常强的工作,它是一般政府公务员难以完成的,所以必须由政府主管部门审定批准的审查机构来承担。省、自治区、直辖市人民政府建设主管部门应当按照国家确定的审查机构条件,并结合本行政区域内的建设规模,认定相应数量的审查机构。建设单位应当将施工图送审查机构审查。建设单位可以自主选择审查机构,但是审查机构不得与所审查项目的建设单位、勘察设计企业有隶属关系或者其他利害关系。

审查机构是不以营利为目的的独立法人,按承接业务范围的不同可分两类,一类机构承接房屋建筑、市政基础设施工程施工图审查业务范围不受限制;二类机构可以承接二级及以下房屋建筑、市政基础设施工程的施工图审查。符合国家规定条件的直辖市、计划单列市、省会城市的设计审查机构,由省、自治区、直辖市建设行政主管部门初审后,报国务院建设行政主管部门审批,并颁发施工图设计审查许可证;其他城市的设计审查机构由省级建设行政主管部门审批,并颁发施工图设计审查许可证。只有取得施工图设计审查许可证的机构,方可承担审查工作。

三、施工图审查的时限

施工图审查原则上不超过下列时限:

(1)一级以上建筑工程、大型市政工程为 15 个工作日,二级及以下建筑工程、中型及以下市政工程为 10 个工作日。

(2)工程勘察文件,甲级项目为 7 个工作日,乙级及以下项目为 5 个工作日。

四、审查结果

审查机构对施工图进行审查后,应向建设行政主管部门提交书面的项目施工图审查报告,报告应经审查人员签字、审查机构盖章。审查机构应及时向建设单位通报审查结果。

(1)审查合格的,审查机构应当向建设单位出具审查合格书,并将经审查机构盖章的全套施工图交还建设单位。审查合格书应当有各专业的审查人员签字,经法定代表人签发,并加盖审查机构公章。审查机构应当在 5 个工作日内将审查情况报工程所在地县级以上地方人民政府建设主管部门备案。

任何单位或者个人不得擅自修改审查合格的施工图。确需修改并修改部分涉及施工图审查规定内容的,建设单位应当将修改后的施工图送原审查机构审查。

(2)审查不合格的,审查机构应当将施工图退建设单位并书面说明不合格原因。同时,应当将审查中发现的建设单位、勘察设计企业和注册执业人员违反法律、法规和工程建设强制性标准的问题,报工程所在地县级以上地方人民政府建设主管部门。

施工图退建设单位后,建设单位应当要求原勘察设计企业进行修改,并将修改后的施工图报原审查机构审查。

建设单位或设计单位对审查机构做出的审查报告有重大分歧意见时,可由建设单位或设计单位向所在省、自治区、直辖市人民政府建设行政主管部门提出复查申请,省、自治区、直辖市人民政府建设行政主管部门组织专家论证并做出复查结果。

施工图审查费属中介服务收费,由施工图审查机构向建设单位收取。

五、施工图审查各方的责任

1. 设计单位与设计人员的责任

设计单位应当就审查合格的施工图设计文件向施工单位做出详细说明。施工图经审查合格后,设计文件的质量问题仍由设计单位及设计人员负责。由于设计文件的质量造成建筑工程质量问题及其他安全问题或者产生经济损失的,设计单位及设计人员必须依据实际情况和相关法律的规定,承担相应的经济责任、行政责任和刑事责任。

2. 审查机构及审查人员的责任

审查机构和审查人员在设计质量问题上的免责并不意味着审查机构和审查人员就不要承担任何责任。建设部规定,设计审查机构对施工图审查工作负责,承担审查责任。

施工图审查机构和审查人员应当依据法律、法规和国家与地方的技术标准认真履行审查职责。若审查机构出具虚假审查合格书,或者施工图经审查合格后,仍有违反法律、法规和工程建设强制性标准的问题,给建设单位造成损失的,审查机构和审查人员必须对自己的失职行为承担直接责任。除承担相应的赔偿责任外,建设主管部门应对审查机构、审查机构的法定代表人和审查人员依法作出处理或者处罚。对玩忽职守、徇私舞弊、贪污受贿的审查人员和机构,由建设行政主管部门依法暂停或吊销其审查资格,并处以相应的经济处罚,构成犯罪的,依法追究其刑事责任。

3. 政府各级建设行政主管部门的责任

依据相关法律规定,政府各级建设行政主管部门在施工图审查中享有行政审批权,主要负责行政监督管理和程序性审批工作。它对设计文件的质量不承担直接责任,但对其审批工作的质量负有不可推卸的责任,这个责任具体表现为行政责任和刑事责任。对此,《房屋建筑和市政基础设施工程施工图设计文件审查管理办法》明确规定:“省、自治区、直辖市人民政府建设主管部门未按照本办法规定认定审查机构的,国务院建设主管部门责令改正。国家机关工作人员在施工图审查监督管理工作中玩忽职守、滥用职权、徇私舞弊,构成犯罪的,依法追究刑事责任;尚不构成犯罪的,依法给予行政处分。”

【案例评析】

案例一

一、基本案情

××塑料制品厂欲新建一车间,分别与市建筑设计院和市建某公司签订设计合同和施工合同。工程竣工后,厂房北侧墙壁发生较大裂缝,属工程质量问题。为此,塑料制品厂向法院起诉市建某公司。经过工程质量鉴定单位勘查,查明裂缝是由于地基不均匀沉降引起,进一步分析的结论是结构设计图纸所依据的地质资料不准,于是塑料制品厂又向法院起诉市建筑设计院。市建筑设计院答辩,设计院是根据塑料制品厂提供的地质资料设计的,不应承担事故责任。经法院查证,该厂提供给设计院的地质资料不是新建车间的地质资料,而是与该车间相邻的某厂的地质资料,事故前设计院也不知该情况。

二、案例分析

本案的焦点问题是:对于地质资料不准的问题,厂方、设计院和施工方等应该如何承担责任?

本案中,设计合同的主体是塑料制品厂和市建筑设计院,施工合同的主体是塑料制品厂和市建某公司。由于设计图纸所依据的资料不准使地基不均匀沉降,是最终导致墙壁裂缝事故的原因,所以事故所涉及的是设计合同中的责权关系,而与施工合同无关,即市建某公司没有责任。在设计合同中,提供准确的资料是委托方的义务之一,而且要对资料的可靠性负责,所以委托方提供假地质资料是事故的根源。委托方××塑料制品厂是事故的主要责任者。市建筑设计院接受对方提供的资料设计似乎没有过错,但是直到事故发生前设计院仍不知道资料虚假,说明在整个设计过程中设计院并未对地质资料认真审查,防患于未然,使假资料滥竽充数,导致事故,所以,设计院也是责任者之一。

由此可知,在此事故中,委托方(××塑料制品厂)为直接责任者、主要责任者,承担方(设计院)为间接责任者、次要责任者。

案例二

一、基本案情

1998 年,陆××等人购买上海市某区"浦江花园"一期 11 幢(以下简称"A 楼")102 室、202 室房屋,并于 2000 年 1 月办理了房屋产权登记手续。

之后,开发商申请在 A 楼西侧建造"浦江花园"二期商住楼(以下简称"B 楼"),A、B 两楼呈"T"型排列,间距 2 米。区规划局同意了开发商的申请,核发了建设工程规划许可证。陆××等认为 B 楼的建设违反了《上海市城市规划条例》、《上海市城市规划管理技术规定》、《建筑设计防火规范》等,将严重影响周围居民的通风、采光等基本民事权利,因此诉至法院,请求撤销该规划许可证。

二、案例分析

本案的焦点问题是:规划局核发建设工程规划许可证的行政行为是否合法?

规划局辩称,其是严格依照法律规定,在对房产公司的申请表及其他文件材料、图纸进行审核后颁发建设工程规划许可证的。A 楼西侧与 B 楼的 2 米空隙并非通道,而是施工便道,施工完毕后应予封闭,现未封闭非其责任。房产公司称陆××等人在购房前已从宣传小册及"浦江花园"门口高达 8 米的效果图中知道该规划,仍购房并装潢入住,且该规划并不存在影响通风、采光的问题,请求维持该规划许可。

根据《上海市城市规划条例》规定,A、B 两幢楼呈"T"形垂直排列,其间距应当适用《上海市城市规划管理技术规定》第二十四条的规定:"居住建筑垂直布置时,东西向的间距应不小于较高建筑高度的 0.8 倍。"A 楼是六层住宅,B 楼是二层建筑,较高的 A 楼建筑高度的0.8 倍远远超过 2 米。因此,被诉规划许可允许 A 楼与 B 楼的间距为 2 米,明显违反了《上海市城市规划管理技术规定》,应确认违法。对于"A 楼与 B 楼原先设计为 T 型垂直相连或相嵌结构,考虑到 A 楼与其相邻的南北两侧 13 幢楼、9 幢楼间已留有足够的通道,而将两幢楼分离,并留出 2 米空隙作为施工便道"的说法,规划局和开发商均未能提供相应的证据和法律依据,法院不予采信。

最终,法院判决区规划局颁发上述《建设工程规划许可证》的具体行政行为违法。

思考题

1. 什么是工程勘察设计?
2. 何谓工程建设标准? 它是如何分类的?
3. 简述建筑工程勘察设计中标准设计的作用。
4. 建筑工程项目设计分几个阶段进行? 各阶段设计文件编制深度的原则是什么?
5. 对设计文件的修改可以由哪些单位进行?
6. 简述民用建筑设计方案阶段的内容和深度。
7. 施工图审查中,对施工图设计文件的审查范围有哪些规定?
8. 论述施工图设计文件审查中的有关各方应承担的责任。

第七章　建设工程发包与承包法规

第一节　建设工程发包与承包

一、工程发包与承包

工程发包与承包是指发包方通过合同委托承包方为其完成某一工程的全部或一部分工作的交易行为。

在计划经济时期，我国的工程建设项目基本采取由行政主管部门分配的方式，改革开放以后，计划经济向市场经济转型，分配工程任务的方式已经与市场经济不适合。从1982年以后，我国逐步确立了建设工程的承包和发包制度，把工程设计和施工任务的分配推向市场，鼓励竞争，防止垄断，有效提高工程质量，严格控制工程造价和工期，对市场经济的建设和发展起到了良好的促进作用。

二、工程发包与承包法规概述

工程的发包与承包是工程建设程序中非常重要的步骤，1998年3月颁布施行的《中华人民共和国建筑法》在第三章中专门涉及建筑工程发包与承包。

《中华人民共和国招标投标法》（以下简称《招标投标法》）于1999年8月30日公布，2000年1月1日正式施行，是工程建设招标投标的法律依据。招标投标法的涉及范围很广，在工程建设、国家采购、产品研发等很多方面规范了招标投标活动。

为了规范工程建设发包与承包活动，建设部等国家各部委陆续制定了一系列部门规章和规范性文件，如《建筑工程设计招标投标管理办法》（2000年10月18日起施行），《建筑工程方案设计招标投标管理办法》（2008年5月1日起施行），《房屋建筑和市政基础设施工程施工招标投标管理办法》（2001年5月31日起施行），《工程建设项目施工招标投标办法》（2003年5月1日起施行）等。

各地方人民政府及建设行政主管部门，结合本地区的实际情况，也颁布了许多地方性法

规和规章,用于对本行政区域内工程建设发包与承包活动进行管理

这些不同法律层次的调整房地产关系的法律法规组合在一起,形成我国工程发包与承包法规体系。

三、建设工程发包与承包的方式

建设工程发包与承包中涉及的两个法律主体分别为发包方和承包方。工程发包方一般为建设单位或工程总承包单位。工程承包方一般为工程勘察设计单位、施工单位、工程设备供应或制造单位等。

建设工程发包与承包有两种方式:直接发包和招标投标。建设工程直接发包指发包方与承包方直接进行协商,以约定工程建设的价格、工期和其他条件的交易方式。建设工程招标与投标指发包方事先标明其拟建工程的内容和要求,由愿意承包的单位递送标书,明确其承包工程的价格、工期、质量等条件,再由发包方从中择优选择工程承包方的交易方式。

显而易见,建设工程招投标较之直接发包要更有利于公平竞争,更符合市场经济规律的要求。所以,我国相关法规都提倡招标投标方式,对直接发包则加以严格的限制。

《建筑法》规定:"建筑工程依法实行招标发包,对不适于招标发包的可以直接发包。"《中华人民共和国招投标法》规定,只有涉及国家安全,国家秘密,抢险救灾,或者属于利用扶贫资金实行以工代赈、需要使用农民工等特殊情况,或者工程项目总投资额不足 3000 万元、勘察设计监理等单项合同估算价小于 50 万元、施工单项合同估算价小于 200 万元、重要设备材料等货物的采购单项合同估算价小于 100 万等规模太小的情况下,才可以不进行招标投标而采用直接发包的方式。任何单位和个人不得将依法必须进行招标的项目化整为零或者以其他任何方式规避招标。

特殊工程项目,我国相关法律、法规也规定,经项目审批部门批准,可不进行招标投标而直接发包,这些工程项目有:

(1)建设项目的勘察、设计要采用特定专利或专有技术的,或其建筑艺术造型有特殊要求的;

(2)工程项目的施工,主要技术要采用特定的专利或专有技术的;

(3)在建工程追加的附属小型工程或主体加层工程,原中标人仍具备承包能力的;

(4)施工企业自建自用且在该施工企业资质等级允许业务范围内的工程。

四、建设工程发包与承包的一般规定

依据《建筑法》及其他有关法规的规定,建设工程发包与承包时必须遵守下述一般规定:

1. 建设工程承包单位必须具有相应资格

承包工程的勘察、设计、施工、监理等单位,都必须是持有营业执照和相应资质等级证书的相关单位。建筑构配件和非标准设备的加工、生产单位,也必须是具有生产许可证或是经有关主管部门依法批准生产的单位。

工程承包单位必须对建设单位负责,禁止承包单位以赢利为目的将其承包的全部建设工程转包给他人。禁止承包单位将其承包的全部建设工程肢解后以分包的名义分别转包给他人。一些附属项目,比如安装工程、环境工程等,如果分包给别的单位,必须得到建设单位的认可,分包单位也必须有相应的资质等级,禁止分包单位再分包或转包。

大型的结构复杂的项目可以有两个或两个以上的承包单位共同承包,当两家单位不是同样的资质等级的时候,按照资质等级较低的单位确定业务许可范围。

2. 建设工程发包与承包合同必须采用书面形式

根据我国法律规定,经济合同既可采用书面合同的形式,也可采用口头合同的形式,但法律另有规定或双方当事人另有约定的除外。建设工程承发包合同一般都有涉及的金额大、合同履行期长、社会影响面广、合同的成果十分重要的特点,从促使当事人慎重行事和避免对社会产生不良后果的目的出发,《建筑法》及其他有关法规都规定建设工程承发包合同必须采用书面形式。也就是说,以口头约定方式所订立的建设工程承发包合同,由于其形式要件不符合法律规定,所以在法律上是无效的。

3. 禁止建设工程承发包双方采用不正当竞争手段

通过索贿行贿等不正当竞争的方式获取工程承包权是危害社会的犯罪行为,它严重扰乱建设市场的正常秩序,违背公平竞争的原则,必须予以禁止。《建筑法》规定:"发包单位及其工作人员在建设工程发包中不得收受贿赂、回扣或者索取其他好处。承包单位及其工作人员不得利用向发包单位及其工作人员行贿、提供回扣或者给予其他好处等不正当手段承揽工程。"

值得注意的是,以单位名义所行使的违法行为,表面上看不是某一个人获得非法利益,没有犯罪主体,但其实质是集体共同犯罪,已构成单位犯罪,我国1997年修订颁布的新《刑法》对此已有明确规定,并规定对单位犯罪采取双罚制,即除对单位判处罚金外,还要对直接负责的主管人员和其他直接责任人员判处相应的刑罚。

4. 承发包双方应当全面履行合同

承发包双方应当根据建设工程承包合同约定的时间地点、方式、内容及标准等要求,全面、准确地履行合同义务。一旦发生不按照合同约定履行义务的事项,违约方将依法承担违约责任。根据《合同法》的规定,违反建设工程承包合同的约定,应以支付违约金、赔偿损失、定金制裁、强制履行或解除合同、修改或完善、修理或返工等方式承担民事责任。

第二节 建设工程的招标投标制度

建设工程招标与投标是发包方事先标明其拟建工程的内容和要求,由愿意承包的单位递送标书,明确其承包工程的价格、工期、质量等条件,再由发包方从中择优选择工程承包方的交易方式。

一、招标与投标

招标人是提出招标项目、进行招标的法人或其他组织。建设工程招标,是指招标人就拟建工程发布通告,以法定方式吸引承包单位参加竞争,从中择优程承包方的法律行为。在我建设工程招标的只能是具备一定条件的建设单位或招标代理机构,任何欲进行工程建设的个人不得自行进行招标。

投标人是指响应投标，参加投标竞争的人。所谓响应投标，是指获得招标信息或者收到投标邀请后，购买投标文件，接受资格审查，编制投标文件等按招标人要求所进行的活动。

根据《中华人民共和国建筑法》规定，建筑工程的发包与承包双方必须依法订立合同，明确双方的权利和义务，双方必须全面地履行合同约定的义务。

二、招标投标活动应遵循的原则

《招标投标法》规定："招标投标活动应当遵循公开、公平、公正和诚实信用的原则"。

所谓"公开"，就是必须具有高度的透明度，招标信息、招标程序、开标过程、中标结果都必须公开，使每一个投标人获得相同的信息。

所谓"公平"，就是要求给予所有的投标人以平等机会，使他们享有的权利和履行的义务都是同等的，不得歧视任何一方。

所谓"公正"，就是要求按事先公布的标准进行评标，公正对待每一个投标人。

"诚实信用"，这是所有民事活动都应遵守的基本原则之一，它要求当事人应以诚实守信的态度行使权利、履行义务，保证彼此都能得到自己应得的利益，同时不得损害第三者和社会的利益，不得有规避招标、串通招标、泄漏标底、骗取中标等违法行为。

《建筑法》也规定："建筑工程发包与承包的招标投标活动，应当遵循公开、公正、平等竞争的原则，择优选择承包单位。"

三、建设工程招标投标的种类

当前，我国实施的建设工程招标投标的种类主要有：

1. 全过程招投标

全过程招投标即对建设工程从项目建议书、可行性研究开始，包括勘察设计、设备材料采购、工程施工、生产准备，直至投产交付使用为止的建设全过程进行招投标，由一个具有相应总承包资质条件的单位对工程建设的全过程向建设单位负责。这样的工程俗称"交钥匙工程"。

2. 工程施工招投标

工程施工招投标即对工程项目的施工活动进行招投标。施工招投标可以采用项目的全部工程招投标、单位工程招投标、特殊专业工程招投标等，但不得对单位工程的分部分项工程进行招标。

3. 工程监理招投标

工程监理招投标即对工程的监理进行招投标。由于建设单位将工程项目建设过程中的监督、协调、管理、控制任务交予监理单位，因此，对监理单位的选择与项目建设的成败有着密切的关系。

4. 勘察设计招投标

勘察设计招投标即对工程的勘察设计进行招投标。建设项目的立项报告批准后，进入实施阶段的第一项工作就是勘察设计任务的发包和承包。勘察设计招投标包括勘察设计总招标和勘察和设计分别招投标两种。

勘察任务可以单独发包给具有相应资质的勘察单位实施,也可以将其工作内容包括在设计招标任务中。由于勘察工作所取得的工程项目建设所需技术基础资料是设计的依据,直接为设计服务,满足设计的需要,因此,可以将勘察任务包括在设计招标的发包范围内,由有相应能力的设计单位来完成,或由它再去选择承担勘察任务的分包单位。勘察设计总承包与分为两个合同分别承包比较,不仅在合同履行过程中,建设单位或招标代理机构可以摆脱两个合同实施过程中可能遇到的协调义务,而且可以使勘察工作直接根据设计需要进行,满足设计对勘察资料精度、内容和进度的要求,必要时还可以进行补充勘察工作。

5. 材料、设备供应招投标

材料、设备供应招投标即对工程建设中所需的材料、构配件和设备进行招投标。项目建设所需的材料、设备等数量较大,品种繁多,性质各异,因此采购的方式应根据标的物的特点来决定。采购类型包括生产、运输、安装、调试各阶段的综合采购和大型复杂设备的"交钥匙"采购,即指完成设计、设备制造、土建施工、安装调试等实施阶段全过程工作的采购。

四、建设工程招标投标的管理与监督

建设工程的招标投标活动由建设单位依法组织实施,并接受有关行政主管部门的监督。

建设部负责全国建设工程招标投标的管理工作,其主要职责是:

(1)贯彻执行国家有关工程建设招标投标的法律、法规和方针、政策,制定施工招标投标的规定和办法;

(2)指导、检查各地区、各部门招标投标工作;

(3)总结、交流招标投标工作的经验,提供服务;

(4)维护国家利益,监督重大工程的招标投标活动;

(5)审批全国范围内的建设工程招投标代理机构。

省、自治区、直辖市人民政府建设行政主管部门,负责管理本行政区域内的建设工程招标投标工作,其主要职责是:

(1)贯彻执行国家有关工程建设招标投标的法规和方针、政策,制定建设工程招标投标实施办法;

(2)监督、检查本行政区域内的有关招标投标活动,总结、交流工作经验;

(3)审批咨询、监理等单位代理施工招标投标业务的资格;

(4)调解招标投标纠纷;

(5)否决违反招标投标规定的定标结果。

省、自治区、直辖市建设行政主管部门可以根据需要,报请同级人民政府批准,确定相应的招标投标办事机构的设置及其经费来源。根据同级人民政府建设行政主管部门的授权,各级招标投标办事机构具体负责本行政区域内招标投标的管理工作。主要职责包括:

(1)审查招标单位的资质;

(2)审查招标申请书和招标文件;

(3)审定标底;

(4)监督开标、评标、定标和议标;

(5)调解招标投标活动中的纠纷;

(6)否决违反招标投标规定的定标结果;

(7)处罚违反招标投标规定的行为；

(8)监督承发包合同的签订、履行。

国务院工业、交通等部门要会同地方建设行政主管部门,做好本部门直接投资和相关投资公司投资的重大建设项目施工招标管理工作。

在招标投标过程中,有下列行为之一的,主管部门或其授权机构根据情节的轻重,给予警告、通报批评、中止招标、取消一定时期的投标权、不准开工、责令停止施工的处罚,并可处以罚款。情节严重的,可以移交司法机关追究其刑事责任。

(1)应招标的工程而未招标的；

(2)招标单位未向招投标管理机构办理报建登记、招标申请等有关手续而自行招标的；

(3)招标单位隐瞒建设规模、建设条件、资金、材料保证等真实情况的；

(4)泄露标底、影响招标投标工作正常进行的；

(5)投标单位不如实填写投标申请书、虚报企业资质等级的；

(6)招标投标单位违反公开竞争的原则,以串通作弊、索贿行贿等非法手段获取工程任务的；

(7)招、投标单位定标后无正当理由拒绝签订合同的。

第三节　建设工程招标投标全过程

根据《中华人民共和国招标投标法》,建设工程招标投标全过程包括招标、投标、开标、评标、中标等五个步骤。

一、招标

招标行为的法律性质是要约邀请,招标人向不特定的人发布招标公告或邀请书,从众多投标人中寻找最佳合作者。

1.招标人

《招标投标法》规定:"招标人是依照本法规定提出招标项目、进行招标的法人或者其他组织。"根据这一规定,在我国进行建设工程招标的只能是具备一定条件的建设单位或其代理机构。招标代理机构是指依法设立、从事招标代理业务并提供相关服务的社会中介组织。具备招标条件的建设单位可以自行招标,不具备招标条件的建设单位必须委托招标代理机构来进行招标。任何欲进行工程建设的个人不得自行进行招标。

招标人在开展招标活动之前,必须具备下列条件:

(1)招标项目必须按照国家的规定,已经履行了项目的相关审批手续,取得了政府的批准；

(2)招标人应当有进行招标项目的相应资金或者资金来源已经落实；

(3)招标人应具有组织招标的能力,包括具有编制招标文件、组织评标的能力,熟悉和掌握招投标相关法律规章,并成立相应的招标机构负责招标事宜；

（4）有招标所需的勘察设计图纸及技术资料等。

招标人不得以任何不合理的条件限制或排斥潜在投标人，不得对潜在投标人实行歧视待遇。

2. 招标方式

《招标投标法》规定："招标分为公开招标和邀请招标。"

（1）公开招标

公开招标又叫做无限竞争性招标，是指招标人以招标公告的方式邀请不特定的法人或者其他组织参与投标。招标公告必须在指定的媒介发布（发布国际招标公告的除外），遵循充分公开的原则，任何单位或个人不得非法限制招标公告的发布地点和发布范围。指定媒介的名单由国家发展计划委员会（2003 年起更名为国家发展和改革委员会）确定。国家发展计划委员会在 2000 年 7 月 1 日制定的《招标公告发布暂行办法》规范了招标公告的发布活动。

（2）邀请招标

邀请招标是指招标人以投标邀请书的方式邀请特定的法人或者组织参与投标。由于招标项目的技术新而且复杂或专业性很强，只能从有限范围的供应商或承包商中选择承包人；或者由于招标项目投资的限制，招标人只能通过限制投标人数来达到节约和提高效率的目的，在这种情况下，招标人可以采用邀请招标的方式，向具备承担招标项目的能力、资信良好的特定的法人或者其他组织发出投标邀请书。邀请投标单位以 5～10 家为宜，不能少于3 家。

（3）公开招标和邀请招标的主要区别

① 发布信息的方式不同

公开招标是在指定媒介发布招标公告，邀请招标是向特定的投标人递送投标邀请书。

② 选择承包人的范围不同

公开投标是面向全社会的，可以提供所有的潜在的投标人一个平等的竞争机会，业主有较大的选择余地，有利于降低工程造价，提高工程质量。而邀请招标所针对的对象是事先已了解的法人或其他经济组织，投标人的数目有限，其竞争性是不完全充分的，招标人的选择范围相对较小，可能漏掉在技术上或报价上更具有竞争力的承包商或供应商。

③ 公开的程度不同

公开招标中，所有的活动都必须严格按照预先指定并为大家所知的程序及标准公开进行，其作弊的可能性大大减小。邀请招标的公开程度就相对逊色一些，招标人有可能故意邀请一些不符合条件的法人或其他组织作为其内定中标人的陪衬，搞假招标。为了防止这种现象的发生，招标任应当向三个以上具备承担招标项目的能力、资信良好的特定的法人或其它组织发出投标邀请书，并报管理部门备案。

④ 时间和费用不同

由于公开招标程序比较复杂，招标人的数量没有限定，可能导致招标人对资格审查和评标的工作量加大，支出增加，也使投标人中标几率减少，从而增加投标前期风险。邀请招标只在有限的投标人中进行。由于限制了竞争范围，不仅可以节约招标费用，缩短招标时间，而且提高了每个投标者的中标几率，对双方都有利。

（4）议标

在我国以前的法规中,还规定过招标的另一种形式:议标。议标是指通过与特定的法人或其他经济组织进行协商来确定承包人。议标和直接发包的性质是相同的。2000年正式实施的《招标投标法》已将议标排斥在外,明确规定招标只分为公开招标和邀请招标,从法律层面上,对议标这一概念进行了澄清。

3. 招标程序

建设工程招标是工程建设程序的一个重要环节,根据建设程序的要求,勘察设计项目招投标之前,必须完成审批立项的批文、选址意见书等,而施工招投标的活动则是在项目报建、施工场地完成四通一平,拿到规划许可证,拿到达到施工要求的设计文件以后才可以进行。

招标的一般程序为:

（1）成立招标组织,由建设单位自行招标或委托招标;

（2）编制招标文件;

（3）发布招标公告或发出投标邀请书;

（4）对投标单位进行资质审查,并将审查结果通知各申请投标者;

（5）向资质审查合格的单位发售招标文件,收取投标保证金;

（6）组织单位勘察现场,并对招标文件进行答疑;

（7）建立评标组,确定评标办法;

（8）召开评标会议,审查投标书;

（9）确定中标单位,发放中标通知书;

（10）签订合同。

4. 招标文件的内容

招标人应当根据招标项目的特点和需要编制招标文件。招标文件应当包括招标项目的技术要求、对投标人资格审查的标准、投标报价要求和评标标准等所有实质性要求和条件以及拟签订合同的主要条款。

国家对招标项目的技术、标准有规定的,招标人应当按照规定在招标文件中提出相应的要求。招标人应当对建设资金的来源和落实情况在招标文件中如实载明。招标项目需要划分标段、确定工期的,招标任应当合理划分标段、确定工期,并在招标文件中载明。

招标文件应设置合理有效的招投标时间(提出各项活动在时间上的约定,比如现场勘察、开标等时间),为保证投标人编制标书的合理时间。招标人对招标文件有解释权、澄清和修改权,但解释、澄清和修改必须建立在有必要有需求的基础上,必须满足公开公平,诚实信用的原则,不能对某一个投标人有利。《招标投标法》规定,招标人规定的投标截止日期距招标文件开始发出之日,不得少于20日,而招标人对已发出的招标文件进行必要的修改与澄清,最晚也必须在投标截止日期15日之前,以书面形式通知招标文件的收受人。修改后的招标文件应同时报建设行政主管部门备案,该澄清和修改的内容为招标文件的组成部分。投标单位收到澄清或修改通知书后,应书面予以确认。

二、投标

投标行为的法律性质是一种要约,它符合要约的所有条件:首先,投标行为具有缔结合同的主观目的,投标人投标就是为了和招标人签订合同;其次,投标文件中包含将来订立合同的具体条款,投标人根据招标人的条件提出自己订立合同的具体条件,只要招标人承诺(发出中标通知书)就可签订合同;再次,作为要约的投标行为具有法律约束力,表现在投标是一次性的,同一投标人不能就同一招标活动进行一次以上的投标;还有,各个投标人对自己的投标文件内容负责,在投标文件发出后的投标有效期内,投标人不得随意修改投标文件的内容和撤回投标文件,一旦中标,投标人将受投标书的约束。

招标人发布招标通知或投标邀请书的直接目的在于邀请投标人投标,而不是直接与受邀请人签订合同。如果招标人不同意投标人的条件,可以拒绝该投标人,而不用承担法律责任。

1. 投标人

招标是招标人发出的一个邀约,投标就是对这个邀约的响应。投标人就是响应邀约、参加投标竞争的法人或其他组织。《招标投标法》规定,除依法允许个人参加投标的科研项目外,其它项目的投标人必须是法人或其他经济组织,自然人不能成为建设工程的投标人。

投标人应具备下列条件:

(1)具有承担招标项目的能力

(2)满足国家规定的资质条件

为保证建设工程的顺利进行,《招标投标法》规定:"国家有关规定对投标人资格条件或者招标文件对投标人资格条件有规定的,投标人应当具备规定的资格条件。"

(3)满足招标文件规定的资格条件

在招标文件中除了要求了国家所规定的资质条件外,往往还会对投标人提出针对该项目的一些特殊的要求,如要求投标人具有同类项目的工程建设经验等。

投标人向招标人提出投标申请时,应附带有关投标资格的资料,以供招标人审查,这些资料应表明单位的营业执照、资质等级、技术与装备水平、资金与财务状况、近期经营状况及以前所完成的与招标工程项目有关的业绩等。

某些项目由于规模庞大工程复杂,往往不是一个投标人所能够完成的,所以法律允许几个投标单位组成投标联合体,共同参与投标。当两个或以上的单位组成投标联合体进行投标活动时,联合体的资质以等级低的单位资质为准。在工程实践中,尤其是在国际工程承包中,联合投标是实现不同投标人之间优势互补,跨越地区和国家市场屏蔽的有效方式。

2. 投标时间要求

《招标投标法》规定,投标文件应在招标文件规定的截止日期前送达投标地点,在截止时间后送达的投标文件,招标人应拒收。

标书一般由投标人派专人送至招标地点,如果以邮寄方式送交投递文件的,投标人应留出足够的邮寄时间,以保证投标文件在截止日期前送达,如发生地点方面的错送、误送,其后果皆由投标人自行承担。投标人对投标文件的补充、修改、撤回,也必须在规定的投标文件的截止时间前送达规定地点。对投标时间的要求,体现了招标投标"公开、公平、公正和公平竞争"的原则。

3. 投标人数量的要求

《招标投标法》规定:"投标人少于三个的,招标人应当依照本法重新招标"。

流标是指招投标活动中,由于有效投标人不足三家或对招标文件实质性响应的不足三家,而不得不重新组织招标的现象。流标实际上是一种招标失败。当投标人少于三个时,就会缺乏有效竞争,投标人可能会提高承包条件,损害招标人利益,从而与招标目的相违背,所以必须重新组织招标,这也是国际上的通行做法。

4. 投标文件的内容

投标文件必须对招标文件提出的实质性要求和条件做出有效的响应。

实质性要求和条件是指招标文件中的价格、项目进度计划、技术规范、合同等主要条款等,投标人必须对之做出响应,不得遗漏、回避,更不能对招标文件进行修改或提出任何附带条件。对于建设工程施工招标,投标文件还应包括拟派出的项目负责人和主要技术人员的简历、业绩和拟用于完成工程项目的机械设备等内容。投标人拟在中标后将中标项目的部分非主体、非关键性工作进行分包的,也应在投标文件中载明。

根据契约自由原则,我国法律也规定,投标文件送交后,在开标之前,投标人可以进行补充、修改或撤回,但必须以书面的形式通知招标人,补充和修改的内容亦为投标文件的组成部分。

5. 投标行为的要求

(1)保密要求

由于投标是一次性的竞争行为,为保证其公正性,就必须对当事人各方提出严格的保密要求,投标文件及其修改、补充的内容都必须以密封的形式送达,招标人签收后必须原样保存,不得开启。对于标底和潜在投标人的名称、数量以及可能影响公平竞争的其他有关招投标的情况,招标人都必须保密,不得向他人透露。

(2)合理报价

《招标投标法》规定:投标人不得以低于成本的价格报价、竞标。投标人以低于成本的价格报价,是一种不正当的竞争行为,一旦中标,意味着投标人必然会采取偷工减料、以次充好等非法手段来避免亏损,以求得生存。但投标人从长远利益出发,放弃近期利益,不要利润,仅以成本价投标,这是合法的竞争手段,法律是予以保护的。

(3)诚实信用

从诚实信用的原则出发,《招标投标法》规定:投标人之间不得相互串通投标;不得与招标人串通投标,损害国家利益、社会公共利益和他人合法利益;不得向招标人和评标委员会成员行贿以谋取中标;同时也不得以其他人名义投标或以其他方式弄虚作假骗取中标。

三、开标

开标是指投标截止后,招标人按照招标文件所规定的时间和地点,开启投标人提交的投标文件,公开宣布投标人的名称、投标价格及投标文件中其他内容的活动。招投标活动经过了招标和投标阶段之后,便进入了开标阶段。

1. 参加人

《招标投标法》规定:"开标由招标人主持,邀请所有投标人参加"。邀请所有投标人参加,是为了保证招投标的公正,使他们了解开标的过程和其他投标人的投标情况,从而对评标结果是否合理做出判断,对招标人也可起到一定的监督作用。开标可以邀请招标主管部门、评标委员会、监察部门的有关部门人员参加,也可以委托公证部门对整个开标过程依法进行公证。

2. 开标的时间地点

《招标投标法》规定:"开标应当在招标文件规定的提交投标文件截止时间的同一时间公开进行;开标地点应当为招标文件中预先确定的地点。"

根据这一规定,招标文件截止时间即是开标时间,它一般都精确至某年某月某时某分,之所以这样规定,是避免开标与投标截止时间之间存在时间间隔,从而防止泄露投标内容等一些违法行为的发生。

开标地点事先在招标文件中明确规定,有利于投标人准时参加开标,从而更好地维护了其合法利益。

3. 标书密封的现场认定

开标时,由投标人或其推选的代表检查投标文件的密封情况,也可以由招标人委托的公证机构检查并公证。经确认无误后,方可当众开封,宣读投标文件内容。如果投标文件没有密封,或有被开启的痕迹,应被认定为投标无效,内容不予宣读。

4. 当众宣读、记录备查

投标截止日期前收到的所有投标文件,在确认密封无误后,都应当众拆封、公开宣读。同时还应将开标的整个过程记录在案,由主持人和其他工作人员签字确认后,存档备查。投标文件不响应招标文件的实质性要求和条件的,招标人应当拒绝,不得允许投标人通过修改或撤销不符合要求的部分,使之成为有效的投标文件而参加评标。这样规定的目的,就是要增加开标的透明度,接受投标人和其他相关部门的监察,以确保招标的公平公正。

四、评标

评标就是依据招标文件的规定和要求,对投标文件所进行的审查、评审和比较。评标由招标人组建的评标委员会负责。

1. 评标委员会

《招标投标法》规定,评标委员会由招标人的代表和有关部门技术、经济、法律等方面的专家组成,人数应在 5 人以上并为单数,其中技术、经济、法律等方面的专家不得少于成员总数的 2/3。

为保证评标的质量,参加评标的专家必须是具有较高专业水平,丰富的实际工作经验,对相关业务相当熟悉的专业技术人员。《招标投标法》规定,参加评标委员会的专家应当满足从事相关领域工作满八年并具有高级职称或具有同等专业水平的条件。

为防止招标人选定评标专家的主观随意性,《招标投标法》规定,评标专家由招标人从国务院或省、自治区、直辖市人民政府有关部门提供的专家名册或招标代理机构的专家库中确定。一般招标项目可采取随机抽取方式,特殊招标项目因有特殊要求或技术特别复杂,只有少数专家能够胜任,所以可由招标人直接确定,但与投标人有利害关系的人不得进入评标委员会,已经进入的也应更换。

评标委员会成员的名单在中标结果确定前应当保密。

2. 评标要求

评标时,应严格按照招标文件确定的评标标准和方法,对投标文件进行评审和比较,设有标底的,应参考标底,这是保证评标公正公平的关键。

评标委员会可以要求投标人对投标文件中含义不明确的内容作必要的澄清或者说明,但是澄清或者说明不得超出投标文件的范围或者改变投标文件的实质性内容。澄清的要求和答复的内容均应采取书面形式,并作为投标文件的组成部分。

招标人应当采取必要的措施,保证评标在严格保密的情况下进行。任何单位和个人不得非法干预、影响评标的过程和结果。评标委员会和参与评标的相关工作人员在确定中标人前不得透漏对投标文件的评审比较、评标结果及其他与评标有关的情况,评标委员会成员不得私下接触投标人,不得收受投标人的财物或者其他好处。评标委员会成员应客观公正地履行职务,遵守职业道德,对所提出的评审意见承担个人责任。

3. 废标

投标文件存在下列问题时,评标委员会按照废标处理:

(1)投标文件未经密封的;

(2)投标人不符合资质条件,投标文件未签字或未加盖投标人的企业公章和企业法人印章的;

(3)建筑工程设计投标文件中,没有相应资格的注册建筑师签章,或签字注册建筑师受聘单位与投标人不符的;

(4)以虚假方式谋取中标,比如贿赂、以他人名义投标,串通投标等;

(5)投标文件与招标文件存在重大偏差的,包括明显不符合技术标准要求的、附有招标人不能接受的条件的,项目完成的期限超过招标文件规定的期限的;

(6)同一投标人递交两份或多份内容不同的投标文件,或在一份投标文件中对同一投标项目报有两个或多个报价并未申明哪一个有效的(按照招标文件规定递送备选方案的除外)。

4. 评标结果

评标结束后,评标委员会应向招标人提交书面评标报告,并就中标人提出意见。根据不同情况,可有三种不同意见:

(1)推荐中标候选人

评标委员会可在评标报告中推荐 1～3 个中标候选人,由招标人确定。

(2)直接确定中标人

在得到招标人的授权的情况下,评标委员会可在评标报告中直接确定中标人。

(3)否决所有投标人

经评审,评标委员会认为所有投标文件都不符合招标文件的要求时,它可否决所有投标人。这时强制招标的项目应重新进行招标。

五、中标

最终确定的中标人的投标应当符合下列条件之一:

(1)能够最大限度地满足招标文件中规定的各项综合评价标准;

（2）能够满足招标文件的实质性要求，并且经评审的投标价格最低，但是投标价格低于成本的除外。

中标人确定后，招标人应当向中标人发出中标通知书，并同时将中标结果通知所有未中标的投标人。

1. 发出中标通知书

中标通知书，是指招标人在确定中标人后，向中标人发出的通知其中标的书面凭证。

招投标过程就是订立合同的过程，投标是投标人向招标人发出的要约，而招标人向中标的投标人发出中标通知书的行为则是对中标人做出的承诺。招标人一旦宣布确定中标人并向其发出中标通知书，就是招标人同意接受中标投标人的投标条件，即接受该投标人的要约的意思表示。

中标通知书对招标人和中标人具有法律效力。中标通知书发出以后招标人和中标人各自都有权利要求对方签订合同，也有义务与对方签订合同。若招标人改变中标结果，或者中标人放弃中标项目的，均应当依法承担法律责任。

2. 签订承包合同

中标通知书的另一个法律后果是，招标人和中标人应当在规定的时限内订立书面合同。《招标投标法》规定："招标人和中标人应当自中标通知书发出的 30 日内，按照招标文件和投标文件订立书面合同。"招标人和中标人不得再行订立背离合同内容的其他协议，如签了这样的协议，其在法律上也将是无效的。

依法必须进行招标的项目，招标人应当自确定中标人之日起 15 日内，向有关行政监督部门提交招标投标情况的书面报告。这是国家对招投标活动所进行的监督活动之一。

第四节　建筑工程设计的招标投标

为规范建筑工程设计市场，优化建筑工程设计，促进设计质量的提高，根据《中华人民共和国招标投标法》，建设部 2000 年 10 月 18 日颁布施行了《建筑工程设计招标投标管理办法》，对建筑工程设计的招标投标活动做出了规范。

国务院建设行政主管部门负责全国建筑工程设计招标投标的监督管理。县级以上地方人民政府建设行政主管部门负责本行政区域内建筑工程设计招标投标的监督管理。

一、建筑工程设计招标人应具备的条件

建筑工程设计招标人具备下列条件的，可以自行组织招标：

（1）有与招标项目工程规模及复杂程度相适应的工程技术、工程造价、财务和工程管理人员，具备组织编写招标文件的能力；

（2）有组织评标的能力。

招标人不具备上述规定条件的，应当委托具有相应资格的招标代理机构进行招标。

招标代理机构应当依法取得国务院建设主管部门或者省、自治区、直辖市人民政府建设主管部门认定的工程招标代理机构资格,并在其资格许可的范围内从事相应的工程招标代理业务。它必须有从事招标代理业务的营业场所和相应资金,具有编制招标文件和组织评标的专业力量,同时,招标代理机构应有符合法律要求,可以作为评标委员会成员人选的技术、经济等方面的专家库。

二、工程设计招标前应具备的条件

按照国家颁布的有关法律法规的规定,实行设计招标的工程必须具备以下的条件:

(1)要有经过审批机关批转的可行性研究报告或设计任务书,即建设项目已经经过立项批准;

(2)已具备开展设计必需的可靠基础资料,如选址意见书;

(3)成立专门的招标小组或招标办公室,并有专人开展工作。

三、设计招标方式

民用建筑工程一般分为方案设计、初步设计和施工图设计三个阶段。建设单位可以将某一个阶段的设计任务单独招标,也可以将几个阶段的设计任务合并,统一招标。

设计招标方式可以采用公开招标和邀请招标两种方式。

对于一般的民用建筑,采用的是设计单位都了解的通行规范设计,为了提高设计水平,可以采用打破地区和部门界限的公开招标方式选择设计单位。对于专业性较强的工业建筑设计、古建筑设计或有特殊造型要求的建筑工程等,限于生产工艺流程的要求、专业特点和对国内外先进水平等情况的了解,则只能通过邀请招标的方式选择设计单位。对于规模偏小投资有限的项目,也通常采用邀请投标的方式。当工程项目总投资额不足3000万元、设计合同估算价小于50万元的项目,也可以直接委托设计。

在实践中,某些建筑工程,特别是大型建筑或标志性的重要建筑,经常采取设计方案竞赛的方式选择设计单位。通常的做法是建设单位(或委托咨询机构代办)先提出竞赛的具体要求和评选条件,提供方案设计所需的技术经济资料,以公告或者邀请的方式吸引若干家设计机构参加竞赛,设计单位在规定的期限内向竞赛主办单位提交参赛设计方案。竞赛主办单位聘请专家组成评审委员会对参赛方案进行审核,就能否满足设计目的的要求,是否符合规划管理的有关规定,以及建造和使用过程的经济性等方面作出评价意见,确定候选名单,最后由建设单位负责人作出评选决策,并与入选方案的设计单位商签设计合同,对未入选的方案的设计单位,可付给有限的补偿。

不论是公开招标、邀请招标或是设计竞赛,参与投标或参加竞赛的设计单位均不得少于三个。

四、招标投标的程序

建筑工程设计招投标的一般程序如下:

1. 招标单位编制招标文件

根据《建筑工程设计招标投标管理办法》的要求,工程设计招标文件应包括如下内容:

(1)工程名称、地址、占地面积、建筑面积等;

(2)已批准的项目建议书或者可行性研究报告；

(3)工程经济技术要求；

(4)城市规划管理部门确定的规划控制条件和用地红线图；

(5)可供参考的工程地质、水文地质、工程测量等建设场地勘察成果报告；

(6)供水、供电、供气、供热、环保、市政道路等方面的基础资料；

(7)招标文件答疑、踏勘现场的时间和地点；

(8)投标文件编制要求及评标原则；

(9)投标文件送达的截止时间和开标地点；

(10)拟签订合同的主要条款；

(11)未中标方案的补偿办法。

招标文件一经发出，招标人不得随意变更。确需进行必要的澄清或者修改，应当在提交投标文件截止日期 15 日前，书面通知所有招标文件收受人。招标文件及其修改或澄清的内容应报建设行政主管部门备案。

为了保证设计质量，设计单位需要有必要的设计时间进行思考和设计，在招标文件中，招标人应对交标时限予以保证。一般特级和一级建筑工程不少于 45 日；二级以下建筑工程不少于 30 日；进行概念设计招标的，不少于 20 日。

2．招标单位发布招标公告或者递送招标邀请书

3．投标单位购买或领取招标文件

4．投标单位报送申请书，同时提供资格审查所需要的资料

资格审查所需要的资料包括单位营业执照、单位的工程设计资质证书、注册建筑师的资格证书、拟派出的项目负责人和主要技术人员的简历和业绩等。

5．招标单位对投标单位进行资格审查，必要的情况下可进行预审

投标人应当具有与招标项目相适应的工程设计资质，境外设计单位参加国内建筑工程设计投标的，应当经省、自治区、直辖市人民政府建设行政主管部门批准。

6．招标单位组织投标单位踏勘工程现场，解答招标文件中的问题

7．投标单位按规定时间地点报送标书

投标人应当按照招标文件、建筑方案设计文件编制深度规定的要求编制投标文件，进行概念设计招标的，应当按照招标文件要求编制投标文件。

投标文件的内容一般包括：

(1)法定代表人的资格证明；

(2)具有相应资格的注册建筑师签章，并加盖单位公章；

(3)项目负责人、工程管理人员、工程设计人员简历；

(4)总平面、平立剖、效果图、工程概算、设计费报价以及招标文件要求的其他设计内容。

投标文件一般分为正本和副本两种，正本包含上述的所有内容，为了匿名评标的需要，副本则不包含与设计者和设计单位相关的信息。

8．招标单位当众开标、组织评标

评标机构应根据设计方案的优劣(技术是否先进、工艺是否合理、功能是否满足使用要求、建筑艺术水平高低等),经济效益的好坏,设计进度的快慢,设计费报价的高低,设计资历和社会信誉等条件,提出综合的评标报告,推荐或确定中标单位。

9. 确定中标单位、发出中标通知书

开标后,应在一定的时间内确定中标单位,我国规定一般不超过一个月。决标的结果由招标单位根据评标报告,在自己的职权范围内自主地做出抉择,除重大项目的中标单位须经上级主管部门批准外,一般情况下,其他单位或个人不应对招标单位决策进行干预。招标单位在决标前,还要与备选中标人进行决标前谈判,谈判的主要内容可能涉及探讨改正或补充原投标方案的可行性,以及将其他投标人的某些设计特点融于该设计方案之中的可能性等有关事项。但为了保护非中标单位的权益,如果使用非中标单位的技术成果时,需首先征得他方的同意后实行有偿转让。

确定中标单位后,招标单位应立即向中标单位发出中标通知书,同时将中标结果通知所有未中标的投标人。

10. 签订建设工程勘察、设计合同

建筑工程设计合同,是指委托方与承包方为了完成特定的设计任务,明确相互的权利与义务关系而签订的协议。勘察、设计合同必须采用书面形式,并参照国家推荐使用的示范文本签订。

建设工程勘察设计合同的主要条款包括:

(1)建设工程的名称、规模、投资额、建设地点;

(2)委托方提供的资料内容,技术要求及期限;承包方勘察范围、进度与质量、设计阶段的进度、质量和设计文件的份数;

(3)勘察、设计取费的依据,收费标准及拨付办法;

(4)违约责任;

(5)其它约定条款。

依据委托设计的建设项目规模不同以及招投标方式不同,各建设项目招标程序的繁简程度也不尽相同,可根据具体情况适当变更或斟减。

五、工程设计收费标准

工程设计收费是指设计人根据发包人的委托,提供编制建设项目初步设计文件、施工图设计文件、非标准设备设计文件、施工图预算文件、竣工图文件等服务所收取的费用。2002年3月1日,建设部和物价局联合发布施行了《工程勘察设计收费管理规定》,包含《工程勘察收费标准》和《工程设计收费标准》。

根据规定,工程设计收费根据建设项目投资额的不同情况,分别实行政府指导价和市场调节价。建设项目总投资估算额500万元及以上的工程设计收费实行政府指导价;建设项目总投资估算额500万元以下的工程设计收费实行市场调节价。

实行政府指导价的工程设计收费,发包人和设计人应当根据建设项目的实际情况在规定的浮动幅度内协商确定收费额。实行市场调节价的,由发包人和设计人协商确定收费额。

工程设计费的金额以及支付方式,由发包人和设计人在《工程设计合同》中约定。

【案例评析】

案例一

一、基本案情

1998 年 4 月 3 日,浙江省某县矿产资源管理局对县矿山公司所属的某氟矿采矿权出让进行招投标。经审查确定有武义县的徐××、周××、洪××、张××及义乌市的陈××、付××等 6 人参加竞标。徐××虽认为 80 万元标底太高,无意竞标,却在投标数日前与周××、洪××等人商议让义乌人陈××中标,其余人向中标者拿所谓的"香烟钱"。投标当日,徐××打电话与陈××取得联系,数人商定由陈××中标,由陈分给每个参加投标的人 3 万元。下午,陈××以 81.088 万元中标。随后,陈××将 15 万元现金送到徐××办公室,徐××等 5 人各分得 3 万元。

二、案例分析

《中华人民共和国招标投标法》第三十二条规定:"投标人不得相互串通投标报价,不得排挤其他投标人的公平竞争,损害招标人或者其他投标人的合法权益。投标人不得与招标人串通投标,损害国家利益、社会公共利益或者他人的合法权益。"《中华人民共和国刑法》第二百二十三条规定:"投标人相互串通投标报价,损害招标人或者其他投标人利益,情节严重的,处三年以下有期徒刑或者拘役,并处或者单处罚金。"本案中的六名投标人违反国家投标市场管理法规,在投标过程中相互串通投标报价,损害了招标人和其他投标人的利益,其行为完全具备了串通投标罪的犯罪构成要件,已构成串通投标罪。

案例二

一、基本案情

2005 年 7 月 26 日,××环境景观工程有限公司应宏光房产公司邀请,参加宏光房产公司所开发工程的景观及绿化工程投标,并交纳了 5 万元投标保证金。根据投标文件的要求,××环境景观工程有限公司委托某园林绿化中心制作了景观效果图,支付了 35000 元制作费,将效果图和投标文件提交给了宏光公司。

宏光公司原定于 2005 年 9 月 5 日对参加竞标的景观工程进行开标,可开标并未如期进行,××环境景观工程公司多次询问均无结果。2005 年 10 月 9 日,宏光公司以书面形式通知投标各方,因该工程不完全具备施工条件、部分景观工程要提前做出来、工期要求比较长等因素影响,该景观及绿化工程没有确定投标单位中标,而改为由被告自己组织施工。随后,宏光公司退回了××环境景观工程公司之前交纳的投标保证金 50000 元。

××环境景观工程公司不服,起诉至法院要求宏光公司承担赔偿责任。

二、案例分析

本案的焦点问题是:宏光公司自行终止招标过程的行为是否违法?

在招标人发布招标公告、发出投标邀请书、售出招标文件或资格预审文件后,招标人不得擅自终止招标。《工程建设项目施工招标投标办法》第七十二条规定:"无正当理由终止招标的,除由有关行政监督部门提出警告和罚款外,给潜在的投标人或投标人造成损失的,应当赔偿损失。"

法院认为,宏光公司并未按照招标邀请书的约定进行开标、评标和确定中标人的程序,而是自行进行施工,其行为违背了诚实信用的原则,造成了××环境景观工程有限公司信誉和利益的损失,宏光公司应对此承担民事赔偿责任,赔偿范围包括××环境景观工程有限公司编制投标文件成本费、委托第三方制作效果图的费用和人员差旅费等全部经济损失。

宏光公司的违法行为被建设主管部门记入当地招标投标市场诚信档案,并依法予以行政处罚。

思考题

1. 建设工程招投标种类主要有哪些?
2. 公开招标和邀请招标有何区别?
3. 成立招标代理机构需要哪些必要的条件?
4. 对评标委员会成员有哪些要求?
5. 列举废标的几种情况。
6. 投标人应当具备什么条件?
7. 何谓投标联合体? 联合体的资格和责任方面都有哪些规定?
8. 何谓转包、分包、肢解分包?
9. 哪些建设工程的发包可以不进行招投标而采用直接发包的方式?

第八章 工程建设执业资格法规

工程建设执业资格制度是指事先依法取得相应资质或资格的单位和个人,允许其在法律所规定的范围内从事一定建筑活动的制度。

工程建设对社会生活和经济建设的重要性是不言而喻的,而随着技术的进步和生活质量的提高,社会对建设工程的技术水准和质量要求越来越高,使得工程建设过程日趋复杂,已远非一般人员所能胜任,而只能由掌握一定的工程建设专业知识和具有一定工程建设实践经验的技术人员及其所组成的单位来承担。正因为如此,世界上绝大多数的国家都对从事建筑活动的主体资格做了严格的规定。

我国在很早的就实施了严格的单位执业资格认证制度,对各种建筑企事业单位的资质等级标准和容许执业的范围做出了明确的规定。但是随着时代的发展,单纯的实行执业单位资质管理的不足日益显现出来:

(1)只管住了单位的资质,对于内部具体的执业人员没有要求,就会出现高资质单位承接任务而由低水平的人员来完成;

(2)高水平的专业人员,由于所在单位资质的限制,难以发挥作用;

(3)工程建设的相应责任,只能落实到单位,对具体的执业人员难以追究责任;

(4)大多数发达国家和地区都实施了个人的执业资格制度,这已经是建筑行业的国际惯例,要进入国际市场,就必须与国际接轨。

对此,《中华人民共和国建筑法》明确规定,"从事建筑活动的专业技术人员,应当依法取得相应的执业资格证书,并在执业资格证书许可的范围内从事建筑活动。"

现阶段,我国的工程建设执业资格制度是"单位执业资格"和"个人执业资格"并存的模式。

目前我国颁行了大量行政法规、部门规章及规范性文件,使工程建设执业单位资质管理和执业人员资格管理进入了法制的轨道,尤其是 2005 年以来,按照我国加入 WTO 承诺,建设部完善了对从事建筑活动的企业资质和个人执业资格的管理制度,起草和修订完成了勘察设计、建筑施工、建设监理、招标代理机构,以及注册监理工程师、注册建造师等企业及个人执业资质(资格)管理规定。主要部门规章包括《中华人民共和国注册建筑师条例》(1995 年 9 月23 日起施行)、《中华人民共和国注册建筑师条例实施细则》(2008 年 3 月 15 日起施行)、《房地产开发企业资质管理规定》(2000 年 3 月 29 日起施行)、《建设工程勘察设计资质管理规定》(2007 年 9 月 1 日起施行)、《建筑业企业资质管理规定》(2007 年 9 月 1 日起施行)等。

第一节　工程建设单位资质管理

一、我国工程建设单位分类和资质管理

按照不同类型企业的业务开展范围和特点,我国工程建设单位分为很多种类,包括房地产开发企业、建筑业企业、工程勘察设计企业、工程监理企业,物业服务企业、工程造价咨询企业等。

1. 房地产开发企业

房地产开发企业是指在城市及村镇从事土地开发、房屋及基础设施和配套设备开发经营业务,具有企业法人资格的经济实体。

根据《房地产开发企业资质管理规定》,房地产开发企业按照企业条件分为一、二、三、四四个资质等级。一级资质的房地产开发企业承担房地产项目的建设规模不受限制,可以在全国范围承揽房地产开发项目。二级资质及二级资质以下的房地产开发企业可以承担建筑面积25万平方米以下的开发建设项目,承担业务的具体范围由省、自治区、直辖市人民政府建设行政主管部门确定。各资质等级企业应当在规定的业务范围内从事房地产开发经营业务,不得越级承担任务。

2. 建筑业企业

这里的建筑业企业,是指从事土木工程、建筑工程、线路管道设备安装工程、装修工程的新建、扩建、改建等活动的企业。

根据《建筑业企业资质管理规定》,建筑业企业资质分为施工总承包、专业承包和劳务分包三个序列。取得施工总承包资质的企业,可以承接施工总承包工程。施工总承包企业可以对所承接的施工总承包工程内各专业工程全部自行施工,也可以将专业工程或劳务作业依法分包给具有相应资质的专业承包企业或劳务分包企业。取得专业承包资质的企业,可以承接施工总承包企业分包的专业工程和建设单位依法发包的专业工程。专业承包企业可以对所承接的专业工程全部自行施工,也可以将劳务作业依法分包给具有相应资质的劳务分包企业。取得劳务分包资质的企业,可以承接施工总承包企业或专业承包企业分包的劳务作业。

施工总承包资质、专业承包资质、劳务分包资质序列按照工程性质和技术特点分别划分为若干资质类别。各资质类别按照规定的条件划分为若干资质等级。

建筑业企业资质等级标准和各类别等级资质企业承担工程的具体范围,由国务院建设主管部门会同国务院有关部门制定。

3. 工程勘察设计企业

工程勘察设计单位是指依法取得资格,从事工程勘察、工程设计活动的单位。

根据《建设工程勘察设计资质管理规定》,工程勘察资质分为工程勘察综合资质、工程勘

察专业资质、工程勘察劳务资质。工程勘察综合资质只设甲级;工程勘察专业资质设甲级、乙级,根据工程性质和技术特点,部分专业可以设丙级;工程勘察劳务资质不分等级。

工程设计资质分为工程设计综合资质、工程设计行业资质、工程设计专业资质和工程设计专项资质。工程设计综合资质只设甲级;工程设计行业资质、工程设计专业资质、工程设计专项资质设甲级、乙级。根据工程性质和技术特点,个别行业、专业、专项资质可以设丙级,建筑工程专业资质可以设丁级。

取得工程设计综合资质的企业,可以承接各行业、各等级的建设工程设计业务;取得工程设计行业资质的企业,可以承接相应行业相应等级的工程设计业务及本行业范围内同级别的相应专业、专项(设计施工一体化资质除外)工程设计业务;取得工程设计专业资质的企业,可以承接本专业相应等级的专业工程设计业务及同级别的相应专项工程设计业务(设计施工一体化资质除外);取得工程设计专项资质的企业,可以承接本专项相应等级的专项工程设计业务。

4. 工程监理企业

工程监理单位,是指取得监理资质证书,具有法人资格的单位。

监理单位的形式有监理公司,监理事务所,兼营监理业务的工程设计、科学研究及工程建设咨询单位。

根据《工程监理企业资质管理规定》,工程监理企业资质分为综合资质、专业资质和事务所资质。其中,专业资质按照工程性质和技术特点划分为若干工程类别。综合资质、事务所资质不分级别。专业资质分为甲级、乙级;其中,房屋建筑、水利水电、公路和市政公用专业资质可设立丙级。从事建设工程监理活动的企业,应当按规定取得工程监理企业资质,并在工程监理企业资质证书许可的范围内从事工程监理活动。

5. 物业服务企业

物业管理企业,是指依法设立、具有独立法人资格,从事物业管理服务活动的企业。在2007年11月26日发布的《建设部关于修改〈物业管理企业资质管理办法〉的决定》中,将"物业管理企业"修改为"物业服务企业"。根据《物业管理企业资质管理办法》的规定,根据企业的注册资本、专业人员配置、服务质量等,将物业服务企业资质等级分为一、二、三级。

6. 工程造价咨询企业

工程造价咨询企业,是指接受委托,对建设项目投资、工程造价的确定与控制提供专业咨询服务的企业。根据《工程造价咨询企业管理办法》规定,工程造价咨询企业资质等级分为甲级、乙级。

二、在我国从事建筑活动的外国建筑企业的资质管理

随着市场经济的发展和国内市场的逐步开放,国外工程建设企业越来越多地进入到国内的建筑市场,在我国境内设立外商投资的建筑业企业、建筑设计企业、建设工程监理企业、工程招标代理和工程造价咨询企业等,从事各种建筑活动,在一定程度上促进了我国工程建设企业的发展。

为进一步扩大对外开放,我国制定了一系列的法规加强对在我国从事建筑活动的外国建筑企业的管理,如《外商投资建筑业企业管理规定》(2002年12月1日起施行)、《外商投

资建设工程设计企业管理规定》(2002年12月1日起施行),《关于外国企业在中华人民共和国境内从事建设工程设计活动的管理暂行规定》(2004年5月10日起施行),《外商投资建设工程服务企业管理规定》(2007年3月26日起施行)等。

根据规定,外商在国内投资建筑业企业,应当依法取得对外贸易经济行政主管部门颁发的外商投资企业批准证书,在国家工商行政管理总局或者其授权的地方工商行政管理局注册登记,并取得建设行政主管部门颁发的建筑业企业资质证书。外商投资建筑业企业在中华人民共和国境内从事建筑活动,应当遵守中国的法律、法规、规章。外商投资建筑业企业在中华人民共和国境内的合法经营活动及合法权益受中国法律、法规、规章的保护。

外国企业承担中华人民共和国境内建设工程设计,必须选择至少一家持有建设行政主管部门颁发的建设工程设计资质的中方设计企业进行中外合作设计,且在所选择的中方设计企业资质许可的范围内承接设计业务。合作设计项目的工程设计合同,应当由合作设计的中方设计企业或者中外双方设计企业共同与建设单位签订,合同应明确各方的权利、义务。外国设计企业在中国境内承接建设工程设计,还必须符合中国政府颁布的工程建设强制性标准和工程设计文件编制规定的要求。保密工程、抢险救灾工程和我国未承诺对外开放的其他工程,禁止外国企业参与设计。

第二节　建筑工程设计企业的资质管理

一、建筑工程设计企业的资质等级划分标准

工程建设从业单位的资质等级划分标准均由相应的法规做出了具体的规定,原则上是从其拥有的注册资本、专业技术人员数量和等级、技术装备和工程业绩等方面来区分的,建筑工程设计企业也不例外。

建筑工程设计是指民用建筑和一般工业建筑的总平面设计与单体设计,即建筑用地红线范围内的室外工程设计、建筑物构筑物设计、结合城市建设与民用建筑修建的地下工程设计及住宅小区、工厂厂前区、工厂生活区设计等,以及上述建筑工程所包含的所有相关专业的设计内容,如总平面布置、竖向设计、各类管网管线设计、园林绿化设计、室内外环境设计与装修、动力、煤气、道路、消防、保安、通信、防雷、建筑智能化设施等设计内容。

根据《中华人民共和国建筑法》和建设部1997年12月23日颁布的《建设工程勘察和设计单位资质管理规定》,结合建筑工程设计实际情况,建设部制定了《建筑工程设计资质分级标准》(1999年2月1日起施行)。建筑工程设计资质分为甲、乙、丙三个级别,边远地区及经济不发达地区如确有必要设置丁级设计资质,需经省、自治区、直辖市建设行政主管部门报建设部同意后方可批准设置。

1. 甲级

(1)从事建筑设计业务6年以上,独立承担过不少于5项工程等级为一级或特级的工程项目设计并已建成,无设计质量事故;

（2）单位有较好的社会信誉并有相适应的经济实力,工商注册资本不少于100万元;

（3）单位专职技术骨干中建筑、结构和其他专业人员各不少于8人、8人、10人;其中一级注册建筑师和一级注册结构工程师均不少于3人;

（4）获得过近四届省级建设行政主管部门评优及以上级别评优的建筑设计三等奖及以上奖项不少于3项,参加过国家或地方建筑工程设计标准、规范及标准设计图集的编制工作或行业的业务建设工作;

（5）推行全面质量管理,有完善的质量保证体系,技术、经营、人事、财务、档案等管理制度健全;

（6）达到国家建设行政主管部门规定的技术装备及应用水平考核标准;

（7）有固定的工作场所,建筑面积不少于专职技术骨干每人15平方米。

2. 乙级

（1）从事建筑设计业务4年以上,独立承担过不少于3项工程等级为二级及以上的工程项目设计并已建成,无设计质量事故;

（2）单位有社会信誉以及相适应的经济实力,工商注册资本不少于50万元;

（3）单位专职技术骨干中建筑、结构和其他专业人员各不少于6人、6人、8人;其中一级注册建筑师和一级注册结构工程师均不少于1人;

（4）曾获得过市级建设行政主管部门评优及以上级别评优的优秀建筑设计三等奖及以上奖项不少于2项;

（5）有健全的技术、质量、经营、人事、财务、档案管理等制度;

（6）达到国家建设行政主管部门规定的技术装备及应用水平考核标准;

（7）有固定的工作场所,建筑面积不少于专职技术骨干每人15平方米。

3. 丙级

（1）从事建筑设计业务3年以上,独立承担过不少于3项工程等级为三级及以上的工程项目设计并已建成,无设计质量事故;

（2）单位有社会信誉以及必要的经营资本,工商注册资本不少于20万元;

（3）单位专职技术骨干人数不少于10人;其中二级注册建筑师不少于3人(或一级注册建筑师不少于1人),二级注册结构工程师不少于3人(或一级注册结构工程师不少于1人);

（4）有必要的技术、质量、经营、人事、财务、档案等管理制度;

（5）计算机数量达到专职技术骨干人均0.8台,计算机施工图出图率不低于75%;

（6）有固定的工作场所,建成面积不少于专职技术骨干每人15平方米。

上述的"专职技术骨干"系指下列人员之一:① 与分级标准要求相对应的注册师;② 取得高级职称的技术人员;③ 从事本专业设计实践10年以上并取得中级职称的技术人员。

二、不同资质的建筑工程设计企业承担任务的范围

1. 民用建筑工程等级分类

建筑工程设计企业承担的设计任务包括民用建筑工程设计和工业建筑及构筑物工程设计。

根据民用建筑的类型和特征等因素,民用建筑分为特、一、二、三级四个等级,划分民用建筑工程等级的类型及特征详见表5-1。

5-1 民用建筑工程设计等级分类表

		特级	一级	二级	三级
一般公共建筑	单体建筑面积	8万m²以上	2万m²以上至8万m²	5千m²以上至2万m²	5千m²及以下
	立项投资	2亿元以上	4千万元以上至2亿元	1千万元以上至4千万元	1千万元及以下
	建筑高度	100m以上	50m以上至100m	24m以上至50m	24米及以下(其中砌体建筑不得超过抗震规范高度限值要求)
住宅、宿舍	层数		20层以上	12层以上至20层	12层及以下(其中砌体建筑不得超过抗震规范层数限值要求)
居位区、工厂生活区	总建筑面积		10万m²以上	10万m²及以下	
地下工程	地下空间(总建筑面积)	5万m²以上	1万m²以上至5万m²	1万m²及以下	
	附建式人防(防护等级)		四级及以上	五级及以上	
特殊公共建筑	超限高层建筑抗震要求	抗震设防区特殊超限高层建筑	抗震设防区建筑高度100m及以下的一般超限高层建筑		
	技术复杂、有声、光、热、振动、视线等特殊要求	技术特别复杂	技术比较复杂		
	重要性	国家级经济、文化、历史、涉外等重点工作项目	省级经济、文化、历史、涉外等重点工程项目		

注:符合某工程等级特征之一的项目即可确认为该工程等级项目。

工业建筑及构筑物的等级分类和特征在各级别资质承担任务范围中表述。

2. 各级别设计单位承担的任务范围

甲级建筑工程设计单位承担建筑工程设计项目的范围不受限制。

乙级建筑工程设计单位的设计范围包括:

(1)民用建筑:承担工程等级为二级及以下的民用建筑设计项目。

(2)工业建筑:跨度不超过30米、吊车吨位不超过30吨的单层厂房和仓库,跨度不超过12米、6层及以下的多层厂房和仓库。

(3)构筑物:高度低于 45 米的烟囱,容量小于 100 立方米的水塔,容量小于 2000 立方米的水池,直径小于 13 米或边长小于 9 米的料仓。

丙级建筑工程设计单位的设计范围包括:

(1)民用建筑:承担工程等级为三级的民用建筑设计项目。

(2)工业建筑:跨度不超过 24 米、吊车吨位不超过 10 吨的单层厂房和仓库、跨度不超过 6 米、楼盖无动荷载的 3 层及以下的多层厂房和仓库。

(3)构筑物:高度低于 30 米烟囱,容量小于 80 立方米的水塔,容量小于 500 立方米的水池,直径小于 9 米或边长小于 6 米的料仓。

三、建筑工程设计企业资质管理办法

工程建设从业单位资质的审批需要工程建设从业单位提交规定的证明文件,向资质主管部门提出申请,经审查合格后,可获相应资质,并核发资质等级证书。《建设工程勘察设计资质管理规定》中规定了工程勘察设计单位资质审批管理的办法。

申请工程勘察甲级资质、工程设计甲级资质,以及涉及铁路、交通、水利、信息产业、民航等方面的工程设计乙级资质的,应当向企业工商注册所在地的省、自治区、直辖市人民政府建设主管部门提出申请,在对其申请资料和相关条件进行审查核实后,将初审意见和申请材料报国务院建设主管部门审批。

申请工程勘察乙级及以下资质、劳务资质、工程设计乙级(涉及铁路、交通、水利、信息产业、民航等方面的工程设计乙级资质除外)及以下资质的,应当向企业工商注册所在地的县级以上人民政府建设主管部门提出申请,由省、自治区、直辖市人民政府建设主管部门审批,并报国务院建设主管部门备案。具体实施程序由省、自治区、直辖市人民政府建设主管部门依法确定。

企业在取得相应的资质后,资质管理部门要定期对其进行检查,并按有关规定对其资质进行升级、降级的动态管理。

企业首次申请、增项申请工程勘察、工程设计资质,其申请资质等级最高不超过乙级,且不考核企业工程勘察、工程设计业绩。工程勘察、工程设计资质证书有效期为 5 年。资质有效期届满后,如企业在资质有效期内遵守有关法律、法规、规章、技术标准,信用档案中无不良行为记录,且专业技术人员满足资质标准要求的企业,经资质许可机关同意,有效期延续 5 年。在符合条件的情况下,企业可以申请资质升级、企业增项申请工程勘察、工程设计资质、资质证书变更等。企业因改制、分立或者合并而组成新的工程勘察设计企业时,其资质等级将根据实际条件而定。

企业对通过欺骗、贿赂等非法手段违规取得资质的,资质许可机关或者其上级机关,根据利害关系人的请求或者依据职权,可以撤销工程勘察、工程设计资质。取得工程勘察、设计资质后,不再符合相应资质条件的,建设主管部门、有关部门根据利害关系人的请求或者依据职权,可以责令其限期改正;逾期不改的,资质许可机关可以撤回其资质。

所有建设项目的勘察、设计都必须纳入程序化、规范化管理。承担勘察、设计的单位必须具有相应的资质和能力。不准转让图签、图章,不准无证设计,不准挂靠设计,不准越级设计,不准无地质勘察报告进行设计。国务院建设主管部门对全国的建设工程勘察、设计资质实施统一的监督管理。

从事建设工程勘察、设计活动的企业如有下列情形之一的,资质许可机关可以采取不予批准企业的资质升级申请和增项申请、责令其改正、停业整顿、降低资质等级、施以罚款等惩罚措施,有违法所得的予以没收,情节严重的可以吊销其资质证书,造成重大安全事故,构成犯罪的,对直接责任人依法追究刑事责任:

(1)无工程勘察、工程设计资质或者超越资质等级范围承揽工程勘察、工程设计业务的;

(2)将承揽的工程勘察、工程设计业务转包或违法分包的;

(3)涂改、倒卖、出租、出借或者以其他形式非法转让资质证书的;

(4)允许其他单位、个人以本单位名义承揽建设工程勘察、设计业务的;

(5)企业相互串通投标或者与招标人串通投标承揽工程勘察、工程设计业务的;

(6)注册执业人员未按照规定在勘察设计文件上签字的;

(7)设计单位未根据勘察成果文件进行工程设计的;

(8)违反国家工程建设强制性标准的;

(9)勘察设计成果不符合国家规定的设计深度要求的;

(10)因勘察设计原因造成过重大生产安全事故的;

(11)设计单位违反规定指定建筑材料、建筑构配件的生产厂、供应商的;

(12)其他违反法律、法规行为的。

第三节 工程建设专业技术人员执业资格管理

一般来说,当某人具有从事某行业工作的能力时,就具备了相应的职业资格。职业资格包括从业资格和执业资格两种。从业资格是指从事某一专业所需学识、技术和能力的起点标准,这种资格认定是单纯技能型的,不具有强制性;执业资格是指政府对某些责任重大、社会通用性强、关系公共利益的专业实行准入控制,是依法独立开业或从事某一特定专业学识、技术和能力的必备标准,不允许没有资格的人从事规定的职业,具有强制性。

专业技术人员执业资格管理制度是对具有一定的学历、资历的从事建筑活动的专业技术人员,通过考试和注册,取得执业资格证书,具有相应的"文件签字权"的制度,获得执业资格的建筑师应在执业资格证书许可的范围内从事建筑活动。

自20世界80年代中期开始,我国先后在律师、会计、教师、医生等行业开始实行执业资格制度。工程建设专业技术人员执业资格制度始于90年代,逐步实行了注册结构工程师、注册监理工程师、注册建造师、注册城市规划师、注册建筑师、注册土木工程师、注册造价师、注册物业管理师、注册勘察设计师、注册咨询工程师、注册风景园林师、注册电气工程师、注册设备工程师等十余种注册资格制度。

注册结构工程师指取得中华人民共和国注册结构工程师执业资格证书和注册证书,从事房屋结构、桥梁结构及塔架结构等工程设计及相关业务的专业技术人员。注册结构工程师分为一级注册结构工程师和二级注册结构工程师。注册结构工程师有权以注册结构工程师的名义执行注册结构工程师业务。建设部、人事部和省、自治区、直辖市人民政府建设行政主管部门、人事行政主管部门依照相关法规对注册结构工程师的考试、注册和执业实施指导、监督和管理。

注册监理工程师指经考试取得中华人民共和国监理工程师资格证书,并按照相关规定注册,取得中华人民共和国注册监理工程师注册执业证书和执业印章,从事工程监理及相关业务活动的专业技术人员。注册监理工程师可以从事工程监理、工程经济与技术咨询、工程招标与采购咨询、工程项目管理服务以及国务院有关部门规定的其他业务。

注册建造师指通过考核认定或考试合格取得中华人民共和国建造师资格证书,并按照相关规定注册,取得中华人民共和国建造师注册证书和执业印章,担任施工单位项目负责人及从事相关活动的专业技术人员。注册建造师分为一级注册建造师和二级注册建造师。注册建造师可以从事建设工程项目总承包管理或施工管理,建设工程项目管理服务,建设工程技术经济咨询,以及法律、行政法规和国务院建设主管部门规定的其他业务。

注册城市规划师是指通过全国统一考试,取得注册城市规划师执业资格证书,并经注册登记后从事城市规划业务工作的专业技术人员。

第四节　注册建筑师执业资格管理

一、现代职业建筑师的起源和发展过程

现代意义的职业化的"建筑师"形成于 18 世纪末至 19 世纪初的英国。

英国被公认为现代职业建筑师发祥地。早在 1563 年,John Shot 自称为"建筑师"第一次使用了这个词汇。1791 年,第一个建筑师俱乐部在英国成立。随后,德国建筑师 1799 年在柏林成立俱乐部。1834 年,英国皇家建筑师协会 RIBA 在伦敦成立。1840 年,法国成立法兰西建筑师协会。1857 年,美国建筑师协会 AIA 成立。制订建筑师职业标准和维护建筑师利益的建筑师协会的出现标志着职业建筑师的正式出现。随着整个世界经济的发展,率先走向规范化、现代化的欧美职业建筑师制度也逐渐地为其他的国家和地区所接受。

1900 年 RIBA 公开出版了最初的职业行为道德纲领。RIBA 正是利用入会资格标准、职业行为道德纲领和建筑师的垄断命名来确保建筑师的能力、诚信和尊严。

1900 年国际建筑师会议 ICA(international congress of architects)在巴黎成立,以职业化的注册资格的社会承认和推广作为目标。1911 年在罗马大会上通过了要求各国制定建筑师注册法规的决议。1925 年英国的职业建筑师注册制度公布。1927 年英建筑师注册法(建筑师资格,考试与注册,建筑教育等)获得通过,并于 1938 年修改完成。

1948 年 6 月 28 日国际建筑师协会(UIA)在瑞士洛桑成立。当时有 27 个国家组织建筑师代表参加。其宗旨是联合全世界的建筑师,建立起相互了解、彼此尊重的关系,交换学术思想和观点,在国际社会代表建筑行业,促进建筑和城市规划不断发展,并确定建筑师的职能和执业范围,积极支持各国的建筑师组织维护建筑师的权利和地位。

1966 年在国际建筑师协会巴塞罗那会议上全票通过了《国际建协推荐的建筑实践事业

制度国际标准的协定》，明确规定了建筑师的职业制度原则，同时，职业制度的原则通过法律、道德准则、限定职业行为的方式建立，即职业制度的标志是"严格的准入，公开的、标准化的资格认证，道德行为准则的公开化和政策化。"

在中国，现代意义的建筑和建造体系的导入是在随着近代西方文化的"炮舰外交"传入和中国留学生的学成归国后逐步展开的。1923年从美国留学回国的庄俊在上海开设"庄俊建筑师事务所"；1923年，从日本留学回国的柳士英等创办苏州工业专科学校建筑学；1927年"上海市建筑学会"成立并于第二年更名为"中国建筑师学会"，并出版会刊《中国建筑》。这样，中国建筑师通过学习和移植，在中国建立了以"洋学"为主、自由职业为体制的西方现代意义的建筑师职业、教育和行业组织，并在西化崇洋的风气中（早期会员中70%以上为留学回国者）迅速确立了社会地位和职业领域。20世纪50年代北京成立了代表国家意志的建筑师的行业组织"建筑学会"。

二、国外注册建筑师制度简介

1. 以美国为代表的北美模式

美国是西方国家实行建筑师职业制度最完善的国家之一，它的注册建筑师制度分为两部分，一个是全国建筑教育评估体系，一个是注册建筑师考试制度，统一由美国建筑师协会（AIA）管理。

美国实行注册人员的个人市场准入管理制度，对单位不实行准入管理，即只有经过注册并取得注册建筑师、注册工程师执业资格证书后，方可作为注册执业人员执业，并作为注册师在图纸上签字。专业人员符合注册建筑师或注册工程师条件并取得全国资格证书后，即可申请注册。美国的执业资格确认和注册管理是在各州的注册委员会，不存在全国通行的注册许可证。美国允许个人承接任务，成立一个公司后，即使1人也可以设计，承接任务范围没有限制。美国允许外国建筑师以个人身份在美国承接任务，要求同本国建筑师一样，外国建筑师首先应取得美国全国委员会资格证书，再到各州注册，注册时，还要根据各州的规定，通过本州的特定考试，取得由州颁发的注册许可后，才可承接任务。

2. 以英国为代表的英联邦模式

英国皇家建筑师协会（RIBA）是用英国管理建筑师注册制度的机构。与美国不同的是它是一个相对"民间"的组织，是行会性质的，不属于官方。作为以培养职业建筑师为目标的英国建筑教育体系与英国的注册建筑师的考试体系之间有一定的对应关系。在英国要想取得注册建筑师资格，必须逐级通过英国皇家建筑师协会（RIBA）的三级考试，即 Part1，Patr2 和 Part3。通过 Part3 的考试，即可取得注册建筑师的资格。

3. 日本模式

日本实行的是"建筑士"制度。日本建筑士分为一级建筑士、二级建筑士和木结构建筑士。在日本，房屋建筑设计和房屋结构设计均由建筑士来承担，也就是说，日本建筑士既可以从事房屋建筑设计，也可以从事房屋结构设计，这与我国房屋建筑设计由注册建筑师承担、房屋结构设计由注册结构工程师承担的情况有很大不同。

4. 国外执业资格制度特点和做法

由于各国的法律与工程管理体制不同，因此在采用执业资格和进行注册管理上存在着

不同的做法。但是,目前许多国家在执业资格标准方面基本形成共识,大致有以下几方面的特点和做法:

(1)重视专业学历教育,并以教育标准为申请执业资格的先决条件;

(2)重视实践培训的要求,从学校毕业到参加资格考试都要经过一定时间的实践训练,美国规定三年的实践训练期,英国规定要有两年的实践训练,并完成训练记录册要求;

(3)资格一般采取考试的办法取得,如全美建筑师资格考试、全美职业工程师资格考试和英国皇家建筑师协会第三部分考试等,申请在注册机构进行注册还要满足注册机构的其他要求(如补充测试等);

(4)由注册机构实施注册管理,受理注册申请,收取注册费,建立并公布在册人员的注册簿,办理延续注册、变更注册,制定继续教育要求,对违反职业道德和违纪行为等进行查处,并根据规定进行注销注册;

(5)通过法律手段对注册人员的执业进行保护。

三、我国注册建筑师制度

我国在充分考察、论证、比较了美国、英国、日本、新加坡等国注册建筑师制度模式的基础上,选择了美国为参照系,并结合我国国情,建立了中国的注册建筑师制度。

为了提高工程设计质量,强化建筑师的法律责任,保障公众生命和财产安全,为用人单位提供一个衡量能力的统一标准,并逐步实现与发达国家工程设计管理体制接轨,经建设部、人事部研究决定,我国于 1995 年秋天实行注册建筑师考试制度,注册建筑师的执业工作于 1997 年 1 月 1 日实施。截止到 2008 年底,全国已有一级注册建筑师 17569 人。

1. 特许和认定办法

在注册制度实施的初期,我国设计行业中有一大批具有丰富设计经验,为我国建设事业做出过贡献的具有中、高级技术职称的建筑师、工程师。实施注册制度要妥善解决好新老体制、办法的衔接,尽量做到平稳过渡。为此,在注册建筑师、工程师制度全面推开之前,采用"特许注册师办法"使一批有名望、有丰富实践经验的建筑师、工程师成为首批注册师。对其它具有中、高级技术职称的现有设计人员,根据不同的职称、学历和从业年限,分别采取培训考核、部分免考或统一考试的办法实现了注册。

2. 注册建筑师分级制度

我国的注册建筑师制度选择美国为参照系,同时兼顾国情,分为两级,设立了一级和二级注册建筑师。一级注册建筑师注册标准严格与国际接轨,便于今后国际相互承认注册建筑师资格和我国建筑师走向世界;二级注册建筑师则立足国内建筑市场。

我国建筑专业设计人员的现有水平不一,在相当长时期内难以普遍取得一级建筑师注册资格,且现在我国建筑设计人才资源相对匮乏,一般民用建筑设计、小城镇住宅设计及部分村镇建筑设计急需大量的中、初级设计人员。为此,需要设置相对低一些的档次,来确认一批能承担相应责任的二级建筑师。此外,两级考试、两级注册的制度,为不具有本科学历的从事建筑设计的人员(包括自学成才者)的进取提供了可能。

一级注册建筑师由全国注册建筑师管理委员会统一管理,全国注册建筑师管理委员会应当将准予注册的一级注册建筑师名单报国务院建设行政主管部门备案。二级注册建筑师的考试与注册都下放的省一级,由省、自治区、直辖市的注册建筑师管理委员会管理,由省一级注册建筑师管理委员会将准予注册的二级注册建筑师名单报省、自治区、直辖市人民政府建设行政主管部门备案。

3.考试

考试是取得建筑行业执业资格的主要方式。满足一定学历和实践要求的人员可报名参加全国统一组织的执业资格考试,考试合格者通过注册取得执业资格证书。

注册建筑师考试分为一级注册建筑师考试和二级注册建筑师考试。注册建筑师考试实行全国统一考试,原则上每年进行一次,由全国注册建筑师管理委员会统一部署,省、自治区、直辖市注册建筑师管理委员会组织实施。

(1)考试资格

符合下列条件之一的,可以申请参加一级注册建筑师考试:

① 取得建筑学硕士以上学位或者相近专业工学博士学位,并从事建筑设计或者相关业务2年以上的;

② 取得建筑学学士学位或者相近专业工学硕士学位,并从事建筑设计或者相关业务3年以上的;

③ 具有建筑学专业大学本科毕业学历并从事建筑设计或者相关业务5年以上的,或者具有建筑学相近专业大学本科毕业学历并从事建筑设计或者相关业务7年以上的;

④ 取得高级工程师技术职称并从事建筑设计或者相关业务3年以上的,或者取得工程师技术职称并从事建筑设计或者相关业务5年以上的;

⑤ 不具有前四项规定的条件,但设计成绩突出,经全国注册建筑师管理委员会认定达到前四项规定的专业水平的。

符合下列条件之一的,可以申请参加二级注册建筑师考试:

① 具有建筑学或者相近专业大学本科毕业以上学历,从事建筑设计或者相关业务2年以上的;

② 具有建筑设计技术专业或者相近专业大专毕业以上学历,并从事建筑设计或者相关业务3年以上的;

③ 具有建筑设计技术专业4年制中专毕业学历,并从事建筑设计或者相关业务5年以上的;

④ 具有建筑设计技术相近专业中专毕业学历,并从事建筑设计或者相关业务7年以上的;

⑤ 取得助理工程师以上技术职称,并从事建筑设计或者相关业务3年以上的。

考试每年举行一次,原则上只在省会城市设立考点。参加注册建筑师考试者,由本人提出申请,经所在建筑设计单位审查同意后,统一向省、自治区、直辖市注册建筑师管理委员会报名。经省、自治区、直辖市注册建筑师管理委员会审查后方可准予参加考试。

(2)考试科目

一级注册建筑师考试内容包括:《设计前期与场地设计》、《建筑结构》、《建筑物理与建筑设备》、《建筑材料与构造》、《建筑经济、施工与设计业务管理》、《建筑技术设计(作图)》《场地设计(作图)》、《建筑方案设计(作图)》等9门,科目考试合格有效期为8年,参加全部科目考试的人员须在一个考试周期内通过全部科目的考试。

二级注册建筑师考试内容包括:《建筑结构与设备》、《法律、法规、经济与施工》、《场地与建筑设计(作图)》、《建筑构造与详图(作图)》等4门,科目考试合格有效期为4年。

全部科目在有效期内考试合格后,由全国注册建筑师管理委员会或省、自治区、直辖市注册建筑师管理委员会核发《中华人民共和国一级注册建筑师执业资格考试合格证书》或《中华人民共和国二级注册建筑师执业资格考试合格证书》。持有效的注册建筑师执业资格考试合格证书者,即具有申请注册建筑师注册的资格,但是未经注册,还不能称为注册建筑师,不得执行注册建筑师业务。自该证书签发之日起,五年内未经注册,且未达到继续教育标准的,其证书失效。

4. 注册

注册执业是建筑行业执业资格制度的中心内容。已经取得执业资格的人员,符合注册执业条件的可向注册机关申请注册执业。

我国建筑师注册不是以个人的名义进行的,必须以设计单位的名义集体申请。同时,我国也不允许注册建筑师个人单独执业,注册建筑师必须加入设计单位后才能执业,并由单位统一接受设计业务和统一收费。

注册建筑师资格不是终身制,其注册有效期为两年。建筑师在取得注册资格后每两年需要办理继续注册。如果建筑师在注册期间有下列情形之一的,国家有权不予注册:

①不具有完全民事行为能力的;

②因受刑事处罚,自刑罚执行完毕之日起至申请注册之日止不满5年的;

③因在建筑设计或者相关业务中犯有错误受行政处罚或者撤职以上行政处分,自处罚、处分决定之日起至申请注册之日止不满2年的;

④受吊销注册建筑师证书的行政处罚,自处罚决定之日起至申请注册之日止不满5年的;

⑤有国务院规定不予注册的其他情形的。

准予注册的申请人,分别由全国注册建筑师管理委员会和省、自治区、直辖市注册建筑师管理委员会核发由国务院建设行政主管部门统一制作的一级注册建筑师证书或者二级注册建筑师证书。

注册建筑师只能受聘于一个建筑设计单位执行业务。建筑设计单位聘用注册建筑师必须依据有关法律、法规签订聘任合同。注册建筑师因工作单位变更或撤销注册等原因,间断在原注册时所在的建筑设计单位执业后,如被其他建筑设计单位聘用,需重新办理注册手续。

已取得注册建筑师证书的人员,注册后有下列情形之一的,由准予注册的全国注册建筑师管理委员会或者省、自治区、直辖市注册建筑师管理委员会撤销注册,收回注册建筑师证书:

①完全丧失民事行为能力的;

②受刑事处罚的;

③因在建筑设计或者相关业务中犯有错误,受到行政处罚或者撤职以上行政处分的;

④自行停止注册建筑师业务满2年的。

被撤销注册的人员可以依照本条例的规定重新注册。

注册建筑师等注册执业人员因过错违反《建设工程质量管理条例》造成严重事故的,责令停止执业 1 年,造成重大质量事故的,应吊销其执业资格证书,5 年以内不予注册;情节特别恶劣的,终身不予注册。当执业人员因调动工作、退休等原因离开该单位后,被发现在该单位工作期间违反国家有关建设工程质量管理规定,造成重大质量事故的,仍应当依法追究法律责任。

5. 执业

注册建筑师的执业范围包括:

①建筑设计;

②建筑设计技术咨询;

③建筑物调查与鉴定;

④对本人主持设计的项目进行施工指导和监督;

⑤国务院建设行政主管部门规定的其他业务。

一二级注册建筑师的建筑设计范围是不同的。一级注册建筑师的执业范围不受建筑规模和工程复杂程度的限制,也可进入国际市场承揽设计业务;二级注册建筑师的执业范围只限于承担建设项目设计规模划分表中规定的小型规模的项目。

注册建筑师在执业的过程中应当履行下列义务:

①遵守法律、法规和职业道德,维护社会公共利益;

②保证建筑设计的质量,并在其负责的设计图纸上签字;

③保守在执业中知悉的单位和个人的秘密;

④不得同时受聘于二个以上建筑设计单位执行业务;

⑤不得准许他人以本人名义执行业务。

除极少数因特殊原因无法征求注册建筑师本人意见的情况除外,任何单位和个人修改注册建筑师的设计图纸,应当征得该注册建筑师同意。

6. 继续教育制度

执业人员接受继续教育的情况是其能否继续注册执业的重要依据,对于不断提高执业人员的专业技术水平具有重要意义。

7. 教育评估制度

教育评估制度作为执业资格制度的重要组成部分,是国际上的成功经验。建设行业执业资格制度实施教育评估制度以来,有力地推动了高校的专业建设,促进了办学水平和人才培养质量的提高,较好地实现了高校培养人才和社会使用人才之间的相互衔接和相互促进。目前,我国已有近 40 所大学通过了建筑学、土木工程、城市规划、工程管理、建筑环境与设备工程等专业的教育评估。

8. 执业资格国际互认

执业资格制度是国际上经济发达国家对专业技术人员依法进行管理的通行做法。我国建设行业要参与国际竞争,特别是我国加入 WTO 以后,迫切需要建立和完善符合国际通行做法的专业技术人员执业资格制度。目前,我们的注册建筑师、注册结构工程师、房地产估价师等专业分别与美国、英国开展了试点互认工作,在国际上得到了广泛的认可。

为了加强我国在工程设计领域的国际交流,在对等的条件下走出去、请进来,1999 年,中国全国注册建筑师委员会(NABAR)与美国全国注册建筑师委员会(NCARB)签订双边认同书,其实质内容是"中美两国的注册建筑师可以在有对方国家建筑师合作的前提下到另一国从事建筑设计"。这是双方相互承认注册资格的第一步,但事实上,由于在部分专业领域我国科技人员的执业资格得不到国际承认,在我国承建的外国工程项目中,曾出现由中国工程技术人员设计的工程图纸,只能花高价请没做任何工作的外国技术人员签字的情况。因此,我国应逐步放开建筑市场,尽快启动加入工程师国际互认体系的相关工作,实现注册建筑师国际的相互认同。

【案例评析】

一、基本案情

1999年,我国某甲级设计研究院深圳分院,在承担"山水居"项目设计时,应甲方要求,未按照其申报规划设计方案的建筑面积设计,实际施工图设计的建筑面积严重超标;擅自修改经批准的规划设计方案,为业主违规将葡萄架屋顶改为实屋顶和改变一层原设计审批方案(违反规定将原审批方案一层改为二层)提供了施工图设计文件,被相关部门予以查处。

二、案例分析

该设计单位的设计行为违反了《中华人民共和国建筑法》和《中华人民共和国城市规划法》的有关规定,根据《建设工程勘察设计市场管理规定》的有关规定,建设部对该设计研究院管理其分院不严造成的严重后果给予全国通报批评,予以罚款,并将违规情况记录在案,在资质年检中由当地建设行政主管部门作出相应处理。

根据《中华人民共和国注册建筑师条例》第三十一条规定:"因建筑设计质量不合格发生重大责任事故,造成重大损失的,对该建筑设计负有直接责任的注册建筑师,由县级以上人民政府建设行政主管部门责令停止执行业务;情节严重的,由全国注册建筑师管理委员会或者省、自治区、直辖市注册建筑师管理委员会吊销注册建筑师证书。"建设部决定给予"山水居"项目设计负责人、一级注册建筑师王××停止执业三年的处罚,由其所属的注册建筑师管理委员会收回其执业专用章。

思考题

1. 目前我国工程建设执业资格制度的模式是什么?

2. 要达到建筑工程设计院甲级,需要满足哪些条件?

3. 甲级、乙级和丙级建筑设计单位的业务范围有何不同?

4. 注册建筑师在执业的过程中拥有哪些权利?应当履行哪些义务?

5. 简述一、二级注册建筑师的不同之处。

6. 简述注册建筑师考试的考试内容。

7. 什么是教育评估制度?

第九章　建筑工程设计行业知识产权法规

建筑工程勘察设计是富有创造性的智力劳动。工程技术人员利用工程勘察设计理论、技术与实践经验所完成的每项工程勘察设计成果都凝结着他们的心血、智慧和创新精神。对这种原创或创新性智力劳动成果的保护，是对工程技术人员创新与发展的鼓励，有助于工程勘察设计行业的技术进步，同时也符合建设单位（业主）和公众的利益。我国已经加入世界贸易组织（WTO）。作为WTO的三大支柱之一，知识产权保护问题越来越突出。面对日益激烈的市场竞争，我国勘察设计业迫切需要增强自身知识产权保护意识，增强自主创新能力和市场竞争力，同时承认并尊重他人的知识产权及合法权益。

1991年6月1日起施行的《中华人民共和国著作权法》在2001年进行了修订，将建筑作品列为著作权保护的标的之一，终于以法律的形式，提出了建筑界内的著作权保护问题，迈出了可喜的第一步。2003年10月22日建设部和国家知识产权局发布《工程勘察设计咨询业知识产权保护与管理导则》，作为指导全行业知识产权保护的指导性文件，提高了业内对知识产权的保护意识，使建筑作品著作权的保护工作进入了崭新的阶段。

涉及知识产权的法律法规还包括《中华人民共和国专利法》、《中华人民共和国商标法》、《中华人民共和国反不正当竞争法》、《中华人民共和国合同法》、《中华人民共和国促进科技成果转化法》、《计算机软件保护条例》、《建设工程勘察设计管理条例》等。

我们在提高自身设计水平的同时，还应该加强对相关知识产权法律规章的学习，增强企业自主知识产权的保护意识，积极地了解先进国家的设计政策和法规，有效地提高国内外建筑市场上的竞争力。

第一节　知识产权概述

知识产权是一种无形财产权，是指公民或法人依据法律的规定，对其在科技、文化、艺术等领域从事智力创作或创新活动所产生的智力成果依法享有的专有权利，又称为"智力成果权"。

知识产权包括如下的内容：

（1）著作权及与著作权有关的权利（后者以下简称邻接权）

著作权又称版权，是指文学、艺术和科学作品的作者及其他著作权主体依据著作权法对其作品享有的权利。著作权有广义和狭义之分。狭义的著作权是指作者依法享有的权利，包括著作人身权和财产权，即发表权、署名权、修改权、保护作品完整权、复制权、发行权、信息网络传播权等。广义的著作权不仅包括上述狭义著作权的内容，还包括著作邻接权，即作品传播者依法享有的权利，主要指表演者的权利、录音录像制品制作者的权利、广播电视组织的权利、图书出版者的权利。

（2）专利权

专利权是指一项发明创造（包括发明、实用新型或外观设计）向国务院专利行政部门提出专利申请，经依法审查合格后，国务院专利行政部门向专利申请人授予的，在规定时间内对该项发明创造享有的专有权。

（3）专有技术（又称技术秘密）权

专有技术，即通常所称的技术秘密或技术诀窍，是指不为公众所知悉，具有实用性，能为权利人带来经济利益，并经权利人采取保密措施的非专利技术、经验和技能，其中包括工艺流程、公式、配方、技术规范、管理和销售的技巧与经验等。

（4）商业秘密权

根据《中华人民共和国反不正当竞争法》规定，商业秘密是指不为公众所知悉，能为权利人带来经济利益，具有实用性，并经权利人采用保密措施的技术信息和经营情息。商业秘密包括技术秘密（即专有技术）和经营秘密两类。

（5）商标专用权及相关识别性标志权利

商标权是指商品生产经营者或服务的提供者，依法对其经国务院工商行政部门商标局核准的注册商标享有的专用权。

（6）依照国家法律、法规规定，或者由合同约定由企业享有的其他知识产权

第二节　建筑工程勘察设计咨询业的知识产权

勘察设计咨询企业应当建立健全知识产权保护与管理的规章制度，制定本企业著作权、专利和专有技术、商标及商业秘密管理办法。企业的生产经营、科技开发、档案管理、保密管理等规章制度中应有知识产权保护和管理方面的内容。

一、建筑工程勘察设计咨询业的知识产权范围

1. 勘察设计咨询业的著作权

勘察设计咨询业的著作权主要包括勘察设计咨询活动和科研活动中形成的，以各种载体所表现的文字作品、图形作品、模型作品、建筑作品等勘察设计咨询作品的著作权。勘察设计咨询作品包括以下内容：

（1）工程勘察投标方案、专业工程设计投标方案、建筑工程设计投标方案（包括创意或概

念性投标方案)、工程咨询投标方案等;

(2)工程勘察和工程设计阶段的原始资料、计算书、工程设计图及说明书、技术文件和工程总结报告等;

(3)工程咨询的项目建议书、可行性研究报告、专业性评价报告、工程评估书、监理大纲等;

(4)科研活动的原始数据、设计图及说明书、技术总结和科研报告等;

(5)企业自行编制的计算机软件、企业标准、导则、手册、标准设计等。

2. 勘察设计咨询业的专利权

勘察设计咨询业的专利权系指获得授权并有效的发明专利权、实用新型专利权和外观设计专利权,包括各种具有新颖性、创造性和实用性的新工艺、新设备、新材料、新结构等新技术和新设计,以及对原有技术的新改进、新组合等的专利权。

3. 勘察设计咨询业的专有技术权

勘察设计咨询业的专有技术权系指对没有申请专利,具有实用性,能为企业带来利益,并采取了保密措施,不为公众所知悉的技术享有的权利,包括各种新工艺、新设备、新材料、新结构、新技术、产品配方、各种技术诀窍及方法等。

4. 勘察设计咨询业技术秘密以外的其他商业秘密

勘察设计咨询业技术秘密以外的其他商业秘密系指具有实用性,能为企业带来利益,并采取了保密措施,不为公众所知悉的经营信息,包括生产经营、企业管理、科技档案、客户名单、财务账册、统计报表等。

5. 勘察设计咨询业的商标权及相关识别性标志权

勘察设计咨询业的商标权及相关识别性标志权系指企业名称、商品商标、服务标志,以及依照法定程序取得的各种资质证明等依法享有的权利。

二、知识产权的归属

1. 勘察设计咨询业著作权及邻接权的归属的认定原则

勘察设计咨询业著作权及邻接权的归属一般按以下原则认定:

(1)执行勘察设计咨询企业的任务或主要利用企业的物质技术条件完成的、并由企业承担责任的工程勘察设计、咨询的投标方案和各类文件等职务作品,其著作权及邻接权归企业所有。直接参加投标方案和文件编制的自然人享有署名权。

建设单位(业主)按照国家规定支付勘察、设计、咨询费后所获取的工程勘察、设计、咨询的投标方案或各类文件,仅获得在特定建设项目上的一次性使用权,其著作权仍属于勘察设计咨询企业所有。

(2)勘察设计咨询企业自行组织编制的计算机软件、企业标准、导则、手册、标准设计等是职务作品,其著作权及邻接权归企业所有。直接参加编制的自然人享有署名权。

(3)执行勘察设计咨询企业的任务或主要利用企业的物质技术系统完成的、并由企业承担责任的科技论文、技术报告等职务作品,其著作权及邻接权归企业所有,直接参加编制的自然人享有署名权。

(4)勘察设计咨询企业职工的非职务作品的著作权及邻接权归个人所有。

2. 勘察设计咨询业专利权和专有技术权的归属的认定原则

勘察设计咨询业专利权和专有技术权的归属,一般按以下原则认定:

(1)执行勘察设计咨询企业的任务,或主要利用本企业的物质技术条件所完成的发明创造或技术成果,属于职务发明创造或职务技术成果,其专利申请权和专利的所有权、专有技术的所有权,以及专利和专有技术的使用权、转让权归企业所有。直接参加专利或专有技术开发、研制等工作的自然人依法享有署名权。

(2)勘察设计咨询企业职工的非职务专利或专有技术权归个人所有。

(3)勘察设计咨询企业在科研、生产、经营、管理等工作中所形成的,能为企业带来经济利益的,采取了保密措施,不为公众所知悉的技术、经营、管理信息等商业秘密属于企业所有。

(4)勘察设计咨询企业的名称、商品商标、服务标志,以及依法定程序取得的各种资质证明等的权利为企业所有。

(5)勘察设计咨询企业与其他企事业单位合作所形成的著作权及邻接权、专利权、专有技术权等知识产权,为合作各方所共有;合同另有规定的按照约定规定其权属。

(6)勘察设计咨询企业接受国家、企业、事业单位的委托,或者委托其他企事业单位所形成的著作权及邻接权、专利权、专有技术权统知识产权,按照合同确定其权属。没有合同约定的其权属归完成方所有。

(7)勘察设计咨询企业的人员,在离开企业期间形成的知识产权的归属,一般按以下原则认定:

① 企业派遣出国开展合作设计、访问进修、留学等,或者派遣到其他企事业单位短期工作的人员,在企业尚未完成的勘察、设计、咨询、科研等项目,在国外或其他单位完成而可能获得知识产权的,企业应当与派遣人员和接受派遣人员的单位共同签订协议,明确其知识产权的归属;

② 企业的离休、退休、停薪留职、调离、辞退等人员,在离开企业一年内形成的,且与其在原企业承担的工作或任务有关的各类知识产权归原企业所有;

③ 勘察设计咨询企业接收的培训、进修、借用或临时聘用等人员,在接收企业工作或学习期间形成的职务成果的知识产权,按照接收企业与派出方的协议确定归属,没有协议的,其权利归于接收企业。

三、勘察设计咨询企业知识产权保护与管理

1. 建立知识产权管理部门

勘察设计咨询企业应当重视知识产权保护与管理工作,建立健全知识产权保护与管理的规章制度,制定本企业著作权、专利和专有技术、商标及商业秘密管理办法,明确归口管理部门,配备专职或兼职的工作人员,负责知识产权保护与管理工作。知识产权归口管理部门的主要职责是:

(1)结合本企业的实际情况,拟定知识产权保护与管理工作的规章制度并监督执行;

(2)负责知识产权信息的收集、分析、跟踪与利用,加强知识产权战略研究,提出企业知

识产权工作规划并组织实施；

(3)负责组织本企业知识产权的鉴定、申请、登记、注册、评估、维持等工作；

(4)负责审核本企业的知识产权开发、使用和转让合同；

(5)负责技术进出口中的知识产权工作，参与谈判及合同拟定工作；

(6)负责组织企业职工知识产权法律法规的宣传教育和培训，提高企业知识产权保护与管理意识；

(7)负责协调解决知识产权方面的争议和纠纷，依法维护本企业的利益，并防止侵犯他人的知识产权；

(8)其他在知识产权保护与管理工作中应当履行的职责。

2. 企业在知识产权保护与管理工作中的责任

勘察设计咨询企业在勘察设计咨询工作中要做好以下知识产权保护与管理工作：

(1)勘察设计咨询企业应当在投标文件中书面提出保护企业知识产权的要求，除招标文件中有特别约定外，企业应当及时索回未中标的投标方案，整理归档，防止企业知识产权流失；

(2)勘察设计咨询项目执行过程中，项目负责人对该项目知识产权的保护与管理负责，落实企业知识产权管理制度，杜绝企业知识产权的流失，同时防止侵犯他人的知识产权；

(3)勘察设计咨询项目完成后，项目负责人负责将该工程项目的勘察设计文件、设计图及其说明书、计算书、原始记录、修改通知单、工程总结报告等收集、整理，交档案管理部门归档。

3. 企业职工在知识产权保护与管理中的权利与义务

企业职工在知识产权保护与管理中的权利和义务包括：

(1)职工对本企业的知识产权保护与管理工作有监督权和建议权；

(2)职工对自己直接参加工作形成的职务发明创造、职务技术成果、职务作品等企业知识产权，依法享有署名权；

(3)职工在开发和保护知识产权工作中作出贡献的，有获得报酬和奖励的权利；

(4)职工有遵守国家知识产权法律、法规、遵守企业知识产权保护与管理的规章制度，保护本企业知识产权的义务；

(5)根据企业有关规定，职工有与企业签订知识产权保护决议书、保密协议、竞业限制协议的义务。

勘察设计咨询企业可根据实际情况，与本企业职工签署知识产权保护协议书，或者在与职工签署的劳动合同(聘用合同)中增加知识产权保护的内容。勘察设计咨询企业应与关键岗位的专业技术人员和经营管理人员，以及对本企业的技术、经济权益有重要影响的人员签订竞业限制协议，明确竞业限制的具体范围、期限及违约责任等。

四、侵权与处理

1. 侵犯著作权的行为

著作权及邻接权的权利人依法享有著作人身权和财产权，即发表权、署名权、修改权、保护作品完整权、复制权、发行权、改编权、信息网络传播权等。他人未经著作权人同意，不得发表、修改和使用其作品。

发生以下行为或情况的为侵犯或者侵占他人的著作权：

（1）勘察设计咨询企业或工程技术人员不遵守行业道德和从业公约，抄袭、剽窃他人的勘察、设计、咨询文件（设计图）及作品的；

（2）勘察设计咨询企业的职工，未经许可擅自将本企业的勘察设计文件（设计图）、工程技术资料、科研资料等复制、摘录、转让给其他单位或个人的；

（3）勘察设计咨询企业的职工，将职务作品或计算机软件作为非职务成果进行登记注册或转让的；

（4）勘察设计咨询企业的职工未经审查许可，擅自发表、出版本企业业务范围内的科技论文、作品，或许可他人发表的；

（5）任何单位或个人，来经著作权人同意或超出勘察设计咨询合同的规定，擅自复制、超范围使用、重复使用、转让他人的工程勘察、设计、咨询文件（设计图）及其他作品的。

2. 侵犯专利权与专有技术权的行为

专利权人对其发明创造享有独占权。任何单位或个人未经专利权人许可不得为生产经营目的制造、使用、许诺销售、销售和进口其专利产品，或者未经专利权人许可为生产经营目的使用其专利方法，以及使用、许诺销售、销售和进口依照其专利方法直接获得的产品。专有技术是受国家法律保护的具备法定条件的技术秘密，任何单位或个人不得以不正当手段获取、使用他人的技术秘密，不得以任何形式披露、转让他人的技术秘密。

发生以下行为或情况的为侵犯或者侵占他人的专利权与专有技术权：

（1）勘察设计咨询企业的职工违反规定，在工程项目或科研工作完成后，不按时将有关勘察设计文件、设计图、技术资料等归档、私自保留、据为己有的；

（2）勘察设计咨询企业的职工违反规定，将应属于单位的职务发明创造和科技成果申请为非职务专利，或者将其据为己有的；

（3）勘察设计咨询企业的职工，擅自转让本企业或他人的专利或专有技术的；

（4）勘察设计咨询企业或工程技术人员，未经权利人允许，擅自在工程勘察设计中使用他人具有专利权或专有技术权的新工艺、新设备新技术的；

（5）任何单位或个人，采用盗窃利诱、胁迫或者其他不正当手段获取、使用或者披露他人含有专有技术标识的文件、设计图及说明的；

（6）任何单位或个人，违反双方保密约定将含有专有技术标识的文件、设计图及说明转让给第三方，以及第三方明知是他人的保密文件、设计图及说明仍擅自使用的。

3. 侵犯商标权与相关识别性标志的行为

商标权的所有人对其注册商标依法享有专用权。他人未经商标权人的同意，不得在经营活动中擅自使用。

发生以下行为或情况的为侵犯他人的商标及相关识别性标志权：

（1）勘察设计咨询企业擅自在其勘察设计咨询文件上使用其他勘察设计咨询企业的名称、注册商标、资质证明、图签、出图专用章等企业标识的；

（2）任何单位或个人，未经勘察设计咨询企业授权，以勘察设计咨询企业的名义进行生产经营活动或其他活动的。

4. 侵犯他人商业秘密的行为

国家依法保护公民和法人的商业秘密。发生以下行为或情况的为侵犯他人的商业秘密:

(1)勘察设计咨询企业的职工,私自将与本企业签有正式业务合同的客户介绍给其他企业,给企业造成损失的;

(2)勘察设计咨询企业的职工,违反企业保守商业秘密的要求,泄露或私自许可他人使用其所掌握商业秘密的;

(3)第三人明知或应知有前述的违法行为,仍获取、使用或者披露他人的商业秘密的。

5. 其他侵犯知识产权的行为

(1)勘察设计咨询企业的离休、退休、离职、停薪留职人员将离开企业一年内形成的,而与其在原企业承担的工作或任务有关的知识产权视为已有或转让给他人的,均为侵犯了企业的知识产权;

(2)勘察设计咨询企业的离休、退休离职、停薪留职人员泄露在职期间知悉的企业商业秘密的,均为侵犯了企业的商业秘密权。

发生侵犯或侵占知识产权行为的,权利人在获得确切的证据后,可以直接向侵权者发出信函,要求其停止用权,并说明侵权的后果。双方当事人可就赔偿等问题进行协商,达成协议的按照协议解决,达不成协议的,可以采取调解、仲裁或诉讼等方式解决。

第三节 建筑作品的著作权

一、建筑作品

1886 年 9 月 9 日在瑞士伯尔尼举行的第三次大会上通过了《保护文学和艺术作品伯尔尼公约》,这就是世界上第一个国际版权公约,所有参加这一公约的国家组成一个联盟,称伯尔尼联盟。此公约在随后近一百年的时间里做过多次的修订,将包括建筑(与地理、地形、建筑或科学有关的设计图、草图及造型作品)、书籍、音乐、美术、电影等在内的"文学艺术作品"纳入到著作权保护的范畴,成为目前普遍遵守的国际版权保护公约。截止 2002 年 7 月 15 日,包括中国在内的 149 个国家批准或承认这个公约的不同文本,参加了这个联盟。

世界知识产权组织和联合国教科文组织对建筑作品作出过统一界定:"建筑作品通常包括设计图、草图和模型以及已完成的建筑物或其他建筑结构"。该组织对《保护文学和艺术作品伯尔尼公约》所称的"建筑作品"解释为:以立体造型表达出的作品,既包括建筑物本身,也包括建筑模型。因此对建筑作品做如下归纳:① 它是一个现实存在或曾经存在过的建筑形体,富于美感和独创性,创作完成即发表。② 可以被称为建筑作品的建筑形体具有复制的艺术价值,与其他立体造型艺术作品的复制一样,不仅包括按一定比例仿造原物,也包括再现原作视觉形象的一切复制品。③ 建筑画、设计图纸(含文字说明)、普通建筑模型是建筑作品创作过程的阶段性产物,它们又是可以单独使用的作品。

《中华人民共和国著作权法实施条例》将建筑作品定义为:"以建筑物或者构筑物形式表现的有审美意义的作品"。

现行的我国著作权法明确了对建筑作品进行保护,但建筑设计的各个阶段(草图、建筑设计方案、施工图、建筑物)中,哪些应受到保护,我国的法律并不明确。实际上,建筑草图、建筑方案、建筑施工图、建筑物都应作为建筑作品进行保护,这一点在伯尔尼公约以及许多国家对建筑作品著作权保护的相关法规中已得到确认。

草图是建筑设计的最初阶段,体现了设计者对建筑设计各方面因素的综合考虑,指导着最终设计的完成;建筑设计方案大致包括总平面图、平面图、立面图、剖面图等几个部分,一般还辅以彩色表现图和建筑模型,这些都是建筑设计者个人或者群体智慧和创意的结晶;建筑施工图直接面对建造施工,也凝聚着设计者的创造性劳动,是建筑物建设的直接依据;建筑物是设计活动最后一个阶段的成果,建筑物不仅是设计活动的物质载体,也是设计最终的表达方式。这些都应该作为建筑作品予以保护。

二、建筑作品的特征

建筑作品自身的特征决定了建筑作品著作权相对特殊的制度。通过比较,可以归纳出建筑作品的以下特征:

1. 艺术性

艺术性是建筑作品的必要属性。这一特性直接导致了建筑作品有别于工程图作品的特点:个性化。建筑作品需要艺术的创作手法和思考方法。在同等建设条件下,一百个建筑师可能创作出一百个各不相同的作品;同一个建筑师面对同一设计项目,在不同的时间和心境下创作出的作品也会不同。建筑作品的创作是个性化很强的工作。

2. 实用性

实用性是建筑作品与其他纯艺术作品的区别所在。进入近现代以来,科学技术使得普遍建造大规模的建筑成为可能,建筑的实用性就表现得更加明显,与其他艺术作品的区分就更加分明。表现在著作权制度上,有以下特点.

(1)创作手法的有限性

建筑设计必然要考虑使用的要求。使用功能的内涵使建筑创作相对有限——绝大多数建筑的墙、柱、板等都是横平竖直,在功能分布上都遵循特定的规律,甚至在某些处理中还套用标准图集。

(2)物质消耗性

建筑是物质消耗极大的活动。建筑设计人员对建筑作品的著作权与物主对建筑的所有权常发生冲突。

3. 公共性

建筑是公共的艺术,是为多数人观察、使用的。这就决定了建筑作品被抄袭侵权的相对容易和权利保护的相对复杂。

建筑作品自身的特征决定了对建筑作品的著作权保护存在相对特殊的判断方法和管理制度。建筑作品是艺术性与实用性的统一体,两者缺一不可。艺术性是建筑作品的必要属性,需要建筑师进行独立思考和创新,从而使一个建筑作品得以区别于其他作品。但是一方面,由于建筑设计人员必须尊重使用者的使用要求,以及建筑作品受使用功能和场地条件的限制,即便是恶意的模仿,也不会做到两件作品完全相同;另一方面,由于受到诸多法律法规的约束,甚至在某些建筑细节的处理中需要大量套用标准图集,使得建筑作品的创作必须遵循特定的规律,在一定的框架内进行,风格上功能上的相似有时难以避免。另外,建筑物通常处于公开的场所,为多数人观察、使用的。这些都决定了建筑作品被抄袭侵权的相对容易和权利保护的相对复杂。

三、建筑作品的著作权性

《中华人民共和国著作权法实施条例》规定:"著作权法所称作品,是指文学、艺术和科学领域内具有独创性并能以某种有形形式复制的智力成果。"建筑作品要获得著作权法的保护,必须符合某些实质性要求,人们将这种实质性的要求称为"著作权性"。

1. 独创性

独创性是建筑作品取得著作权的重要条件,也是著作权作品的本质属性。

独创性的界定应该与创作活动相联系。因为作品是创作行为的结果,所以作品的独创性与作者的创作之间存在密不可分的关系。建筑设计者或者是设计团队应通过自己的独立构思,运用自己的技能、技巧和聪明才智,独立完成建筑作品的设计工作,而不是抄袭、剽窃或仿冒他人作品。同时,能够得到著作权保护的建筑作品,必须是具有一定的创造性的。在现实中,由于设计规范和设计标准等的限制,很多建筑作品仅有一部分含有独创的设计成分,那么受著作权保护的就只是这一部分。

2. 可复制性

著作权保护的是"构思"的表达形式,也就是创作者将无形的、抽象的思想,以文字、声音、色彩、图画、符号等方式表现在外部,使人能够通过听觉、视觉或触觉等感官反应察觉其存在。独创性的作品必须通过一定的客观形式(如书、画、图等)表现出来,才能够为他人感知,若仅存在于大脑中,则只是一种构思(Idea)。一般认为思维、构思、理念或概念本身是不受著作权保护的。正因为有了这种物质表达性,人们才能够据此去操作、复制,作品才可以通过复制进行传播。

建筑设计实质也是一种对设计条件、设计要素等信息的组合、安排,这些组合与安排必须要通过设计图纸、建筑模型或建筑物本身作为载体表现出来,这些载体是可以复制的,仅仅在一个设计师头脑中的未通过任何方式表达出来的设计思想是无法复制的,这样即使是再好的设计理念也不能够成为著作权保护的对象。建筑设计的构思和创意只有物化为各阶段的设计图纸、效果图、建筑模型或建筑物(构筑物)等具体的表达形式,才有被著作权保护的可能。

3. 具有审美意义

我国著作权法实施条例将建筑作品定义为以建筑物或者构筑物形式表现的有审美意义的作品。这就要求该建筑作品是具有艺术美感的,那些仅仅能满足人们生产生活需求,仅有门有窗有墙有顶而没有任何艺术美感的房子不能称之为建筑作品,不受著作权法保护。

四、建筑作品著作权的内容

《中华人民共和国著作权法》规定著作权包括人身权（又称精神权利）和财产权两大类。人身权包括发表权、署名权、修改权、保护作品完整权，财产权包括复制权、发行权、出租权、展览权、表演权、放映权、广播权、信息网络传播权、摄制权、改编权、翻译权、汇编权和应当由著作权人享有的其他权利。

建筑作品涉及的著作权主要包括以下内容：

1. 发表权

发表权即决定作品是否公之于众的权利。著作权人有权决定自己创作的作品是否发表、何时发表，以及以什么方式在什么地方发表。

建筑作品的发表存在多种方式，以图纸文字等形式发表在公开刊物或书籍上，或以公开展示模型、效果图等方式出现在某个展览场所等，但在更多的情况下，建筑作品的发表可以理解为建筑物的最终落成，以三维立体的方式向公众展示。在实际工程中，建筑设计师往往因收取设计费才进行建筑设计，设计费的收取可以认为建筑设计师已经将建筑作品的部分发表权让渡给开发商。

2. 署名权

署名权即表明作者身份，在作品上署名的权利。

建筑设计图纸、模型等有设计单位和注册建筑师和参与设计者的签名栏，这可以认为是建筑作品署名权的一种表现。

在建筑物上铭刻建筑作品著作权人的名称也是署名权的一种重要表现，在国际上这已经形成了一种惯例，不过目前在国内是不常见的。联合国教科文组织及世界知识产权组织在一份文件中建议：各国在保护建筑作品作者的精神权利时，应强调"署名权应善意行使"，也就是要对这项权利的行使加以一定的限制。因此，建筑物作品署名权要求作者以正常的方式，在不影响建筑物外观的前提下正当的行使。

设计单位被视为著作权人时，设计人虽不享有著作权的其他权利，但享有署名权。

3. 修改权与保护作品完整权

修改权即修改或者授权他人修改作品的权利；保护作品完整权即保护作品不受歪曲、篡改的权利。

当建筑作品表现为设计图纸、效果图或模型等形式时，对建筑作品的修改需由建筑设计师本人进行或者受到著作权人的授权修改。《中华人民共和国注册建筑师条例》规定："任何单位和个人修改注册建筑师的设计图纸，应当征得该注册建筑师同意；但是，因特殊情况不能征得该注册建筑师同意的除外。"这是对建筑设计者著作权保证，也是对建筑设计质量的一种保证。

当建筑作品表现为建筑物时，建筑作品作者的修改权和保护作品完整权是受限制的。对建筑物有权改动有两种人，第一种是建筑物的业主，基于对建筑物的所有权而对建筑物进行的装修、修葺、损毁。建筑物所有人可以不经设计师允许而对建筑物进行修改甚至毁坏，建筑作品的作者不能以保护作品完整权对抗。美国版权法规定："建筑物的改动或毁坏，体现建筑作品的建筑物的所有人可以不经该建筑作品的版权所有人或作者同意而改动或授权他人改动该建筑物、毁坏或授权他人毁坏该建筑物"。第二种是建筑作品的作者,基于著作权而对建筑作品进行改动或限制改动。建筑作品的著作权人不经建筑物所有人的允许,不能对建筑物进行修改。

但是建筑设计活动是以形象创造为目的,建筑物是设计者用以向社会传达其艺术构思的一种手段,与设计者的人身有紧密的联系。建筑物本身的完整性体现设计的人身利益,应予保护。因此有些国家规定,如果进行了与作者建筑风格不同的、对其声誉有影响的修改,则不得再把该建筑师的姓名标志在建筑物上。

4.复制权

复制权,即以印刷、复印、拓印、录音、录像、翻录、翻拍等方式将作品制作一份或者多份的权利。复制权是作者一项重要的经济权利。

建筑作品的形式有阶段性的特征。无论复制哪个阶段性的成果,都构成对复制权的侵害。在对建筑作品复制的方式上,主要有以下几种:

(1)对建筑作品独创性的复制

对设计图纸、效果图、模型、建筑物等建筑作品独创性的复制,即通常说的抄袭。在建筑设计实践中,由于条件的限制,全盘照抄往往是不可能的,大量出现的是所谓局部抄袭,即仅就建筑物的某些部分或特色进行的,而这些特色可能是建筑物艺术表现的精华所在,此种情形应当是建筑物复制权保护的重点。

在文字作品中,辨别抄袭的方法就是查看文字的对应性,这是抽象作品抄袭的辨别方法。建筑作品是形象作品(而且是立体作品),其构成因素很多,辨别的方法也复杂得多。

(2)对建筑物的摄影、临摹等

美国版权法规定:"假如体现该作品的建筑物位于公共场所或位于通常从公共场所可看到的地点,已建成的建筑作品的版权不包括禁止制作、发行或公开展出该作品的图画、油画、照片或其他表现形式"。我国著作权法也规定:"对设置或者陈列在室外公共场所的艺术品进行临摹、绘画、摄影、录像可以不经著作权人许可,不向其支付报酬"。这一条对建筑作品也是适用的,即利用绘画、摄影等方式展现建筑作品是允许的。这种情形下,要对作者的著作权进行限制。

(3)业主对图纸的重复使用

业主支付了设计费,就拥有了对建筑作品的使用权。但是这种使用权是一次性的,业主只能在事先约定的特定建设项目上使用该设计图纸,未经著作权人的同意,不得在不同的地点多次重复使用同一建筑设计作品。

5.改编权

改编权,即改变作品,创作出具有独创性的新作品的权利。

对建筑作品改编的常见情况是按一定比例仿造建筑作品,包括微缩景观和各类雕塑等。这些作品保持了原作品的基本内容,使人一看便知其原型,同时这些作品又不是原建筑作品的简单再现,微缩景观融于环境当中,雕塑作品经过了艺术加工,都较原作品有了创造性的改变。上述改编行为如果未经著作权人同意将构成对建筑作品改编权的侵犯。

五、建筑作品著作权的归属

著作权法的一个根本原则就是保护设计创作者的权利。确定作者的身份也就成为著作权制度的基础。

《中华人民共和国注册建筑师条例》规定:著作权属于作者,创作作品的公民是作者,由法人或者其他组织主持,代表法人或者其他组织意志创作,并由法人或者其他组织承担责任的作品,法人或者其他组织视为作者。

当作品是利用法人或者其他组织的物质技术条件创作,并由法人或者其他组织承担责任的工程设计图、产品设计图、地图、计算机软件等职务作品时,作者享有署名权,著作权的其他权利由法人或者其他组织享有,法人或者其他组织可以给予作者奖励。

建筑作品,尤其是大型工程的设计一般均是在设计单位的主持和组织下,由勘察、规划、建筑、结构、设备等许多工种共同协作完成的,同时《建设工程质量管理条例》规定:"建筑工程设计单位对其设计的质量负责,注册建筑师、注册结构工程师等注册执业人员应当在设计文件上签字,对设计文件负责",所以说建筑作品既是建筑设计人员个人的创意与构思的结晶,也是建筑设计者的一种职务作品,其著作权一般归属建筑设计单位所有,直接参加投标方案和其他设计文件编制的建筑设计人员拥有署名权。

当设计合同对设计成果著作权有其他的约定时,著作权的归属按合同的约定执行。

六、建筑作品著作权的期限

著作权法规定,著作权自作品创作完成之日起,不需要申请而自动产生。

作者的人身权,如署名权、修改权、保护作品完整权等,保护期不受限制。作者是公民的,其发表权、著作财产权的保护期为作者终生及其死亡后50年;作者是法人或者其他组织的,著作权(署名权除外)由法人或者其他组织享有的职务作品,其发表权、著作财产权为首次发表后的50年。

建筑设计作品著作权一般均由设计单位享有,因此,其著作权保护期一般是在该建筑建成后50年。在保护期届满后,该作品的著作权丧失,进入公有领域,任何人都可以自由利用,既不再需要征得原著作权人的同意,也不再需要向原著作权人支付报酬。

总之,建筑作品成为著作权保护的对象是时代的进步,有利于我国建筑业的创新与发展,但是目前建筑业内对建筑作品著作权的保护意识尚不强烈,保护建筑作品著作权的机制也不完善,所有的一切需要我们在实践中继续探索。

【案例评析】

案例一

一、基本案情

某市人防建筑设计院具有建筑行业人防工程甲级工程设计资质,曾为多家房地产公司设计地下人防工程图纸。在一次偶然的机会中,人防设计院发现,市城建设计院在与××房地产开发有限公司签订"凤凰福邸"地下人防工程(总面积8302.9平方米)设计合同后,通过非法手段复制、剽窃了人防设计院的工程设计图纸,并以自己的名义向××房地产开发有限公司提供。人防设计院认为市城建院侵犯了它的著作权,因此诉至法院。

二、案例分析

本案的焦点问题是:某市人防建筑设计院是否享有涉案工程设计图纸的著作权及市城

建设计院是否侵犯了人防设计院的著作权。

按照《中华人民共和国著作权法实施条例》第二条的规定,《著作权法》所称的作品指文学、艺术、科学领域内具有独创性并能以某种有形形式复制的智力成果。因此,要成为《著作权法》保护的作品,其前提之一是要具有独创性。市城建院在庭审中辩称,其设计的"凤凰福邸"地下人防工程全套图纸,包括"建施"、"结施"、"水施"、"电施"、"人防风施"五大部分共111份,均系该院设计人员根据开发商提供的技术资料,依据实际地形、地面建筑的构成,按国家标准,并参考已有的公开的标准图设计而成,是独立创作的结果,个别图纸的设计(包括说明)等若与原告设计的图纸相同,只是因为引用了相同的标准图纸并因技术规范上的要求而造成,并非是侵权。市城建院为"凤凰福邸"地下室人防工程设计的图纸,来源于《××市建筑标准设计人防工程标准图集》(简称《标准图集》),人防设计院的涉案图纸也来源于该标准图集,缺乏创作这一智力活动的独创性特征。因此,人防设计院不享有上述图纸的著作权。

法院将双方涉案的8组设计图纸与《标准图集》相关图纸,逐一进行比对后确认:在其中2组中,人防设计院的设计图纸与《标准图集》(设备分册)为不相同的两份工程设计图纸,因此应认定该图纸具有独创性,为著作权法上的作品,因该图纸上署名的设计人为人防设计院,在市城建院无相反证据的情况下,应确认人防设计院为上述工程设计图纸的著作权人;市城建的设计图纸与人防设计院的上述图纸在图形、指示符号、文字、数据、随机填充物及两段说明文字上完全相同,且与《标准图集》上的图纸完全不同,故可以认定市城建院的上述图纸系复制人防设计院的图纸而来,其行为已构成侵权。其余的6组图纸中,人防设计院的设计图纸与《标准图集》相比,仅有一两处细微差别,且该差别不构成工程设计图实质上的不同;人防设计院设计图纸的创作时间晚于《标准图集》,因此,法院认定人防设计院的设计图来源于《标准图集》,不具有独创性,不能成为著作权法意义上的作品,不受著作权法的保护。所以,市城建院的图纸虽然与人防设计院的设计图基本一致,但因人防设计院的上述设计图非著作权法意义上的作品,故市城建院复制人防设计院图纸的行为不构成著作权侵权。

最终法院判令市城建院其立即停止著作权侵权行为,不得将涉案的侵权图纸使用在下一个工程或交与他人使用,变更侵权图纸的署名为人防建筑设计院,书面赔礼道歉,并赔偿经济损失3万余元。

案例二

一、基本案情

2001年3月28日,东方公司在《解放日报》上刊登第二代东方书报亭设计方案征集广告。徐××根据征集广告中的具体要求,结合第一代东方书报亭的缺陷,于2001年4月20日将完成的设计图纸按时交于东方公司,并应东方公司要求,于4月24日将书报亭模型送至被告东方公司。

同年8月,东方公司宣布采用优迪公司的设计方案,同时徐××收到了此次活动的领奖通知书,获得了"符合要求来稿奖"。同年12月,徐××发现新启用的东方书报亭从平面布置、前后立面、屋面形式(包括灯箱广告位)、遮阳板等设计,与他的设计方案完全一致。徐××为此与东方公司交涉,但东方公司坚持其未采用徐××告的设计方案。因此徐××诉至法院,因东方公司和优迪公司未经许可抄袭了他的作品,侵犯了其依法享有的著作权,要求两被告立即停止侵权行为,公开登报赔礼道歉、消除影响,并共同赔偿原告经济损失 2.5 万元。

二、案例分析

这起案件是在《著作权法》经修订增加了对建筑作品、模型作品权利保护后,该院受理的首例该类作品著作权侵权纠纷案件。该案件的焦点问题是:徐××的著作权是否被侵犯。

东方公司辩称东方书报亭系优迪公司设计,并与徐××所设计的书报亭作品并不相同,并未侵犯徐××的任何权利。优迪公司则称其参与书报亭征集活动是独立的,没有与徐××及其作品有过接触,在征稿结束获得中标后,公司以自行设计的"六角亭"为原型,采用了自己原有作品的设计元素,并根据东方公司的修改要求独立设计、制作了"BANYAN 亭"模型,修改期间未接触徐××及其作品。另外,由于书报亭系实用性很强的小型作品,因此受实用性的限制,作品之间的设计雷同亦是不可避免的。

法院认为,著作权法所保护的作品是指文学、艺术和科学领域内,具有独创性并能以某种有形形式复制的智力成果。作品的独创性是指作品必须由自己创作,并非由他人的作品中抄袭;著作权法的独创性并不排斥他人就同一主题再创作同样的作品及各自独立创作作品之间的雷同。

经法院比对,徐××的模型作品与优迪公司设计的"BANYAN 亭"之间的相似点在于均采用了八边形、一坡一平双顶的形状,但两者所采用的上层屋顶坡度、八边形长宽比、书报亭下层屋顶下方侧立面、前后立面设计、售货形式、雨棚设置的位置、方式、支撑结构均不相同。并且,徐××亦无证据证明被告东方公司在"BANYAN 亭"的设计过程中,将徐××的设计作品及模型作品中的全部或部分要求优迪公司使用。优迪公司在"BANYAN 亭"设计和修改过程中,将"六角亭"修改为八边形设计,是为了增加广告展示位,维护自身经济利益,采用已有设计元素"一坡一平双顶",是为了在减少面积、降低高度的情况下不影响书报亭的美观、实用,方便制造和安装。因此法院认为,"BANYAN 亭"的设计是一个不断修改、优化的过程,且优迪公司对于"BANYAN 亭"设计、修改过程的说明亦符合逻辑、情理及一般的设计规则。

因此,法院有理由相信优迪公司是独立完成"BANYAN 亭"的设计,即使"BANYAN 亭"与徐××作品之间存在部分相似,亦不构成对徐××作品的剽窃,故对徐××的诉讼请求不予支持。

思考题

1. 简述知识产权的主要内容。
2. 论述勘察设计咨询业著作权及邻接权的归属。
3. 哪些行为是属于侵犯勘察设计商标权及相关识别性标志的行为?
4. 哪些行为是属于侵犯勘察设计著作权的行为?
5. 什么是建筑作品,它有哪些著作权性?
6. 建筑作品的著作权包括什么内容?

附　录

附录 1

中华人民共和国建筑法

中华人民共和国主席令

第 91 号

　　《中华人民共和国建筑法》已由中华人民共和国第八届全国人民代表大会常务委员会第二十八次会议于 1997 年 11 月 1 日通过，现予公布，自 1998 年 3 月 1 日起施行。

中华人民共和国主席　江泽民

1997 年 11 月 1 日

第一章　总　则

　　第一条　为了加强对建筑活动的监督管理，维护建筑市场秩序，保证建筑工程的质量和安全，促进建筑业健康发展，制定本法。

　　第二条　在中华人民共和国境内从事建筑活动，实施对建筑活动的监督管理，应当遵守本法。

　　本法所称建筑活动，是指各类房屋建筑及其附属设施的建造和与其配套的线路、管道、设备的安装活动。

　　第三条　建筑活动应当确保建筑工程质量和安全，符合国家的建筑工程安全标准。

　　第四条　国家扶持建筑业的发展，支持建筑科学技术研究，提高房屋建筑设计水平，鼓励节约能源和保护环境，提倡采用先进技术、先进设备、先进工艺、新型建筑材料和现代管理方式。

　　第五条　从事建筑活动应遵守法律、法规，不得损害社会公共利益和他人的合法权益。任何单位和个人都不得妨碍和阻挠依法进行的建筑活动。

第六条 国务院建设政主管部门对全国的建筑活动实施统一监督管理。

第二章 建筑许可

第一节 建筑工程施工许可

第七条 建筑工程开工前,建设单位应当按照国家有关规定向工程所在地县级以上人民政府建设行政主管部门申请领取施工许可证;但是,国务院建设行政主管部门确定的限额以下的小型工程除外。

按照国务院规定的权限和程序批准开工报告的建筑工程,不再领取施工许可证。

第八条 申请领取施工许可证,应当具备下列条件:

(一)已经办理该建筑工程用地批准手续;

(二)在城市规划区的建筑工程,已经取得规划许可证;

(三)需要拆迁的,其拆迁进度符合施工要求;

(四)已经确定建筑施工企业;

(五)有满足施工需要的施工图纸及技术资料;

(六)有保证工程质量和安全的具体措施;

(七)建设资金已经落实;

(八)法律、行政法规规定的其他条件。

建设行政主管部门应当自收到申请之日起十五日内,对符合条件的申请颁发施工许可证。

第九条 建设单位应当自领取施工许可证之日起三个月内开工。因故不能按期开工的,应当向发证机关申请延期;延期以两次为限,每次不超过三个月。既不开工又不申请延期或者超过延期时限的,施工许可证自行废止。

第十条 在建的建筑工程因故中止施工的,建设单位应当自中止施工之日起一个月内,向发证机关报告,并按照规定做好建筑工程的维护管理工作。

建筑工程恢复施工时,应当向发证机关报告;中止施工满一年的工程恢复施工前,建设单位应当报发证机关核验施工许可证。

第十一条 按照国务院有关规定批准开工报告的建筑工程,因故不能按期开工或者中止施工的,应当及时向批准机关报告情况。因故不能按期开工超过六个月的,应当重新办理开工报告的批准手续。

第二节 从业资格

第十二条 从事建筑活动的建筑施工企业、勘察单位、设计单位和工程监理单位,应当具备下列条件:

(一)有符合国家规定的注册资本;

(二)有与其从事的建筑活动相适应的具有法定执业资格的专业技术人员;

(三)有从事相关建筑活动所应有的技术装备;

(四)法律、行政法规规定的其他条件。

第十三条 从事建筑活动的建筑施工企业、勘察单位、设计单位和工程监理单位,按照其拥有的注册资本、专业技术人员、技术装备和已完成的建筑工程业绩等资质条件,划分为不同的资质等级,经资质审查合格,取得相应等级的资质证书后,方可在其资质等级许可的范围内从事建筑活动。

第十四条　从事建筑活动的专业技术人员,应当依法取得相应的执业资格证书,并在执业资格证书许可的范围内从事建筑活动。

第三章　建筑工程发包与承包

第一节　一般规定

第十五条　建筑工程的发包单位与承包单位应当依法订立书面合同,明确双方的权利和义务。

发包单位和承包单位应当全面履行合同约定的义务。不按照合同的约定履行义务的,依法承担违约责任。

第十六条　建筑工程发包与承包的招投标活动,应当遵循公开、公正、平等竞争的原则,择优选择承包单位。

建筑工程的招标投标,本法没有规定的,适用有关招标投标法律的规定。

第十七条　发包单位及其工作人员在建筑工程发包中不得收受贿赂、回扣或者索取其他好处。

承包单位及其工作人员不得利用向发包单位及其工作人员行贿、提供回扣或者给予其他好处等不正当手段承揽工程。

第十八条　建筑工程造价应当按照国家有关规定,由发包单位与承包单位在合同中约定。公开招标发包的,其造价的约定,须遵守招标法律的规定。

发包单位应当按照合同的规定,及时拨付工程款项。

第二节　发　包

第十九条　建筑工程依法实行招标发包,对不适于招标发包的可以直接发包。

第二十条　建筑工程实行公开招标的,发包单位应当依照法定程序和方式,发布招标公告,提供载有招标工程的主要技术要求、主要的合同条款、评标的标准和方法以及开标、评标、定标的程序等内容的招标文件。

开标应当在招标文件规定的时间、地点公开进行。开标后应当按照招标文件规定的评标标准和程序对标书进行评价、比较,在具备相应资质条件的投标者中,择优选定中标者。

第二十一条　建筑工程招标的开标、评标、定标由建设单位依法组织实施,并接受有关行政主管部门的监督。

第二十二条　建筑工程实行招标发包的,发包单位应当将建筑工程发包给依法中标的承包单位。建筑工程实行直接发包的,发包单位应当将建筑工程发包给具有相应资质条件的承包单位。

第二十三条　政府及其所属部门不得滥用行政权力,限定发包单位将招标发包的建筑工程发包给指定的承包单位。

第二十四条　提倡对建筑工程实行总承包,禁止将建筑工程肢解发包。

建筑工程的发包单位可以将建筑工程勘察、设计、施工、设备采购一并发包给一个工程总承包单位,也可以将建筑工程勘察、设计、施工、设备采购的一项或者多项发包给一个工程总承包单位;但是,不得将应当由一个承包单位完成的建筑工程肢解成若干部分发包给几个承包单位。

第二十五条　按照合同约定,建筑材料、建筑构配件和设备由工程承包单位采购的,发包单位不得指定承包单位购入用于工程的建筑材料、建筑构配件和设备或者指定生产厂、供应商。

第三节　承　包

第二十六条　承包建筑工程的单位应当持有依法取得的资质证书,并在其资质等级许可业务范围内承揽工程。

禁止建筑施工企业超越本企业资质等级许可的业务范围或者以任何形式用其他建筑施工企业的名义承揽工程。禁止建筑施工企业以任何形式允许其他单位或者个人使用本企业的资质证书、营业执照,以本企业的名义承揽工程。

第二十七条　大型建筑工程或者结构复杂的建筑工程,可以由两个以上的承包单位联合共同承包。共同承包的各方对承包合同的履行承担连带责任。

两个以上不同资质等级的单位实行联合共同承包的,应当按照资质等级低的单位的业务许可范围承揽工程。

第二十八条　禁止承包单位将其承包的全部建筑工程转包给他人,禁止承包单位将其承包的全部建筑工程肢解以后以分包的名义分别转包给他人。

第二十九条　建筑工程总承包单位可以将承包工程中的部分工程发包给具有相应资质条件的分包单位;但是,除总承包合同中约定的分包外,必须经建设单位认可。施工总承包的,建筑工程主体结构的施工必须由总承包单位自行完成。

建筑工程总承包单位按照总承包合同的约定对建设单位负责;分包单位按照分包合同的约定对总承包单位负责。总承包单位和分包单位就分包工程对建设单位承担连带责任。

禁止总承包单位将工程分包给不具备相应资质条件的单位。禁止分包单位将其承包的工程再分包。

第四章　建筑工程监理

第三十条　国家推行建筑工程监督制度。

国务院可以规定实行强制监理的建筑工程的范围。

第三十一条　实行监督的建筑工程,由建设单位委托具有相应资质条件的工程监督单位监督。建设单位与其委托的工程监理单位监理。建设单位与其委托的工程监理单位应当订立书面委托监理合同。

第三十二条　建筑工程监理应当依照法律、行政法及有关的技术标准、设计文件和建筑工程承包合同,对承包单位在施工质量、建设工期和建设资金使用等方面,代表建设单位实施监督。

工程监理人员认为工程施工不符合工程设计要求、施工技术标准和合同约定的,有权要求建筑施工企业改正。

工程监理人员发现工程设计不符合建筑工程质量标准或者合同约定的质量要求的,应当报告建设单位要求设计单位改正。

第三十三条 实施建筑工程监理前,建设单位应当将委托的工程监理单位、监理的内容及监理权限,书面通知被监理的建筑施工企业。

第三十四条 工程监理单位应当在其资质等级许可的监理范围内,承担工程监理业务。

工程监理单位应当根据建设单位的委托,客观、公正地执行监督任务。

工程监理单位与被监理工程的承包单位以及建筑材料、建筑构配件和设备供应单位不得有隶属关系或者其他利害关系。

工程监理单位不得转让工程监理业务。

第三十五条 工程监理单位不按照委托监理合同的约定履行监理义务,对应当监督检查的项目不检查或者不按规定检查,给建设单位造成损失的,应当承担相应的赔偿责任。

工程监理单位与承包单位串通,为承包单位谋取非法利益,给建设单位造成损失的,应当与承包单位承担连带赔偿责任。

第五章 建筑安全生产管理

第三十六条 建筑工程安全生产管理必须坚持安全第一、预防为主的方针,建立健全安全生产的责任制度和群防群治制度。

第三十七条 建筑工程设计应当符合按照国家规定制定的建设安全规程的技术规范,保证工程的安全性能。

第三十八条 建筑施工企业在编制施工组织设计时,应当根据建筑工程的特点制定相应的安全技术措施,对专业性较强的工程项目,应当编制专项安全施工组织设计,并采取安全技术措施。

第三十九条 建筑施工企业应当在施工现场采取维护安全、防范危险、预防火灾等措施;有条件的,应当对施工现场实行封闭管理。

施工现场对毗邻的建筑物、构筑物和特殊作业环境可能造成损害的,建筑施工企业应当采取安全防护措施。

第四十条 建设单位应当向建筑施工企业提供与施工现场相关的地下管线资料,建筑施工企业应当采取措施加以保护。

第四十一条 建筑施工企业应当遵守有关环境保护和安全生产的法律、法规的规定,采取控制和处理施工现场的各种粉尘、废气、废水、固体废物以及噪声、振动对环境的污染和危害的措施。

第四十二条 有下列情形之一的,建设单位应当按照国家有关规定办理申请批准手续:

(一)需要临时占用规划批准范围以外场地的;

(二)可能损坏道路、管线、电力、邮电通讯等公共设施的;

(三)需要临时停水、停电、中断道路交通的;

(四)需要进行爆破作业的;

(五)法律、法规规定需要办理报批手续的其他情形。

第四十三条 建设行政主管部门负责建筑安全生产的管理,并依法接受劳动行政主管部门对建筑安全生产的指导和监督。

第四十四条 建筑施工企业必须依法加强对建筑安全生产的管理,执行安全生产责任制度,采取有效措施,防止伤亡和其他安全生产事故的发生。

建筑施工企业的法定代表对本企业的安全生产负责。

第四十五条 施工现场安全由建筑施工企业负责。实行施工总承包的,由总承包单位负责。分包单位向总承包单位负责,服从总承包单位对施工现场的安全生产管理。

第四十六条 建筑施工企业应当建立健全劳动安全生产教育培训制度,加强对职工安全生产的教育培训,未经安全生产教育培训的人员,不得上岗作业。

第四十七条 建筑施工企业和作业人员在施工过程中,应当遵守有关安全生产的法律、法规和建筑业务安全规章、规程,不得违章指挥或者违章作业。作业人员有权对影响人身健康的作业程序和作业条件提出改进意见,有权获得安全生产所需的防护用品。作业人员对危及生命安全和人身健康的行为有权提出批评、检举和控告。

第四十八条 建筑施工企业必须为从事危险作业的职工办理意外伤害保险,支付保险费。

第四十九条 涉及建筑主体和承重结构变动的装修工程,建设单位应当在施工前委托原设计单位或者具有相应资质条件的设计单位提出设计方案;没有设计方案的,不得施工。

第五十条 房屋拆除应当具备保证安全条件的建筑施工单位承担,由建筑施工单位负责人对安全负责。

第五十一条 施工中发生事故时,建筑施工企业应当采取紧急措施减少人员伤亡和事故损失,并按照国家有关规定及时向有关部门报告。

第六章 建筑工程质量管理

第五十二条 建筑工程勘察、设计、施工的质量必须符合国家有关建筑工程安全标准的要求,具体管理办法由国务院规定。有关建筑工程安全的国家标准不能适应确保建筑安全的要求时,应当及时修订。

第五十三条 国家对从事建筑活动的单位推行质量体系认证制度。从事建筑活动的单位根据自愿原则可以向国务院产品质量监督管理部门或者国务院产品质量监督管理部门授权的部门认可的认证机构申请质量体系认证。经认证合格的,由认证机构颁发质量体系认证证书。

第五十四条 建设单位不得以任何理由,要求建筑设计单位或者建筑施工企业在工程设计或者施工作业中,违反法律、行政法规和建筑工程质量、安全标准,降低工程质量。

建筑设计单位和建筑施工企业对建设单位违反前款规定提出的降低工程质量的要求,应当予以拒绝。

第五十五条 建筑工程实行总承包的,工程质量由工程总承包单位负责,总承包单位将建筑工程分包给其他单位的,应当对分包工程的质量与分包单位承担连带责任。分包单位应当接受总承包单位的质量管理。

第五十六条 建筑工程的勘察、设计单位必须对其勘察、设计的质量负责。勘察、设计文件应当符合有关法律、行政法规的规定和建筑工程质量、安全标准、建筑工程勘察、设计技术规范以及合同的约定。设计文件选用的建筑材料、建筑构配件和设备,应当注明其规格、型号、性能等技术指标,其质量要求必须符合国家规定的标准。

第五十七条 建筑设计单位对设计文件选用的建筑材料、建筑构配件和设备,不得指定生产厂、供应商。

第五十八条 建筑施工企业对工程的施工质量负责。建筑施工企业必须按照工程设计图纸和施工技术标准施工,不得偷工减料。工程设计的修改由原设计单位负责,建筑施工企业不得擅自修改工程设计。

第五十九条 建筑施工企业必须按照工程设计要求、施工技术标准和合同的约定,对建筑材料、建筑构配件和设备进行检验,不合格的不得使用。

第六十条 建筑物在合理使用寿命内,必须确保地基基础工程和主体结构的质量。建筑工程竣工时,屋顶、墙面不得留有渗漏、开裂等质量缺陷;对已发现的质量缺陷,建筑施工企业应当修复。

第六十一条 交付竣工验收的建筑工程,必须符合规定的建筑工程质量标准,有完整的工程技术经济资料和经签署的工程保修书,并具备国家规定的其他竣工条件。建筑工程竣工经验收合格后,方可交付使用;未经验收或者验收不合格的,不得交付使用。

第六十二条 建筑工程实行质量保修制度。

建筑工程的保修范围应当包括地基基础工程、主体结构工程、屋面防水工程和其他土建工程,以及电气管线、上下水管线的安装工程,供热、供冷系统工程等项目;保修的期限应当按照保证建筑物合理寿命年限内正常使用,维护使用者合法权益的原则确定。具体的保修范围和最低保修期限由国务院规定。

第六十三条 任何单位和个人对建筑工程的质量事故、质量缺陷都有权向建设行政主管部门或者其他有关部门进行检举、控告、投诉。

第七章 法律责任

第六十四条 违反本法规定,未取得施工许可证或者开工报告未经批准擅自施工的,责令改正,对不符合开工条件的责令停止施工,可以处以罚款。

第六十五条 发包单位将工程发包给不具有相应资质条件的承包单位的,或者违反本法规定将建筑工程肢解发包的,责令改正,处以罚款。超越本单位资质等级承揽工程的,责令停止违法行为,处以罚款,可以责令停业整顿,降低资质等级;情节严重的,吊销资质证书;有违法所得的,予以没收。未取得资质证书承揽工程的,予以取缔,并处罚款;有违法所得的,予以没收。以欺骗手段取得资质证书的,吊销资质证书,处以罚款;构成犯罪的,依法追究刑事责任。

第六十六条 建筑施工企业转让、出借资质证书或者以其他方式允许他人以本企业的名义承揽工程的,责令改正,没收违法所得,并处罚款,可以责令停业整顿,降低资质等级;情节严重的,吊销资质证书。对因该项承揽工程不符合规定的质量标准造成的损失,建筑施工企业与使用本企业名义的单位或者个人承担连带赔偿责任。

第六十七条 承包单位将承包的工程转包的,或者违反本法规定进行分包的,责令改正,没收违法所得,并处罚款,可以责令停业整顿,降低资质等级;情节严重的,吊销资质证书。

承包单位有前款规定的违法行为的,对因转包工程或者违法分包的工程不符合规定的质量标准造成的损失,与接受转包或者分包的单位承担连带赔偿责任。

第六十八条　在工程发包与承包中索贿、受贿、行贿,构成犯罪的,依法追究刑事责任;不构成犯罪的,分别处以罚款,没收贿赂的财物,对直接负责的主管人员和其他直接责任人员给予处分。

对在工程承包中行贿的承包单位,除依照前款规定处罚外,可以责令停业整顿,降低资质等级或者吊销资质证书。

第六十九条　工程监理单位与建设单位或者建筑施工企业串通,弄虚作假、降低工程质量的,责令改正,处以罚款,降低资质等级或者吊销资质证书;有违法所得的,予以没收;造成损失的,承担连带赔偿责任;构成犯罪的,依法追究刑事责任。

工程监理单位转让监理业务的,责令改正,没收违法所得,可以责令停业整顿,降低资质等级;情节严重的,吊销资质证书。

第七十条　违反本法规定,涉及建筑主体或者承重结构变动的装修工程擅自施工的,责令改正,处以罚款;造成损失的,承担赔偿责任;构成犯罪的,依法追究刑事责任。

第七十一条　建筑施工企业违反本法规定,对建筑安全事故隐患不采取措施予以消除的,责令改正,可以处以罚款;情节严重的,责令停业整顿,降低资质等级或者吊销资质证书;构成犯罪的,依法追究刑事责任。

建筑施工企业的管理人员违章指挥、强令职工冒险作业,因而发生重大伤亡事故或者造成其他严重后果的,依法追究刑事责任。

第七十二条　建设单位违反本法规定,要求建筑设计单位或者建筑施工企业违反建筑工程质量、安全标准,降低工程质量的,责令改正,可以处以罚款;构成犯罪的,依法追究刑事责任。

第七十三条　建筑设计单位不按照建筑工程质量、安全标准进行设计的,责令改正,处以罚款;造成工程质量事故的,责令停业整顿,降低资质等级或者吊销资质证书,没收违法所得,并处罚款;造成损失的,承担赔偿责任;构成犯罪的,依法追究刑事责任。

第七十四条　建筑施工企业在施工中偷工减料的,使用不合格的建筑材料、建筑构配件和设备的,或者有其他不按照工程设计图纸或者施工技术标准施工的行为的,责令改正,处以罚款;情节严重的,责令停业整顿,降低资质等级或者吊销资质证书;造成建筑工程质量不符合规定的质量标准的,负责返工、修理,并赔偿因此造成的损失;构成犯罪的,依法追究刑事责任。

第七十五条　建筑施工企业违反本法规定,不履行保修义务或者拖延履行保修义务的,责令改正,可以处以罚款,并对在保修期内因屋顶、墙面渗漏、开裂等质量缺陷造成的损失,承担赔偿责任。

第七十六条　本法规定的责令停业整顿、降低资质等级和吊销资质证书的行政处罚,由颁发资质证书的机关决定;其他行政处罚,由建设行政主管部门或者有关部门依照法律和国务院规定的职权范围决定。依照本法规定被吊销资质证书的,由工商行政管理部门吊销其营业执照。

第七十七条　违反本法规定,对不具备相应资质等级条件的单位颁发该等级资质证书的,由其上级机关责令收回所发的资质证书,对直接负责的主管人员和其他直接人员给予行政处分;构成犯罪的,依法追究刑事责任。

第七十八条　政府及其所属部门的工作人员违反本法规定,限定发包单位将招标发包的工程发包给指定的承包单位的,由上级机关责令改正;构成犯罪的,依法追究刑事责任。

第七十九条 负责颁发建筑工程施工许可证的部门及其工作人员对不符合施工条件的建筑工程颁发施工许可证的,负责工程质量监督检查或者竣工验收的部门及其工作人员对不合格的建筑工程出具质量合格文件或者按合格工程验收的,由上级机关责令改正,对责任人员给予行政处分;构成犯罪的,依法追究刑事责任;造成损失的,由该部门承担相应的赔偿责任。

第八十条 在建筑物的合理使用寿命内,因建筑工程质量不合格受到损害的,有权向责任者要求赔偿。

第八章 附 则

第八十一条 本法关于施工许可、建筑施工企业资质审查和建筑工程发包、承包、禁止转包,以及建筑工程监理、建筑工程安全和质量管理的规定,适用于其他专业建筑工程的建筑活动,具体办法由国务院规定。

第八十二条 建设行政主管部门和其他有关部门在对建筑活动实施监督管理中,除按照国务院有关规定收取费用外,不得收取其他费用。

第八十三条 省、自治区、直辖市人民政府确定的小型房屋建筑工程的建筑活动,参照本法执行。

依法核定作为文物保护的纪念建筑物和古建筑等的修缮,依照文物保护的有关法律规定执行。

抢险救灾及其他临时性房屋建筑和农民自建低层住宅的建筑活动,不适用本法。

第八十四条 军用房屋建筑工程建筑活动的具体管理办法,由国务院、中央军事委员会依据本法制定。

第八十五条 本法自 1998 年 3 月 1 日起施行。

附录 2

中华人民共和国城乡规划法

中华人民共和国主席令
第 74 号

《中华人民共和国城乡规划法》已由中华人民共和国第十届全国人民代表大会常务委员会第三十次会议于 2007 年 10 月 28 日通过,现予公布,自 2008 年 1 月 1 日起施行。

中华人民共和国主席　胡锦涛
2007 年 10 月 28 日

第一章　总　则

第一条　为了加强城乡规划管理,协调城乡空间布局,改善人居环境,促进城乡经济社会全面协调可持续发展,制定本法。

第二条　制定和实施城乡规划,在规划区内进行建设活动,必须遵守本法。

本法所称城乡规划,包括城镇体系规划、城市规划、镇规划、乡规划和村庄规划。城市规划、镇规划分为总体规划和详细规划。详细规划分为控制性详细规划和修建性详细规划。

本法所称规划区,是指城市、镇和村庄的建成区以及因城乡建设和发展需要,必须实行规划控制的区域。规划区的具体范围由有关人民政府在组织编制的城市总体规划、镇总体规划、乡规划和村庄规划中,根据城乡经济社会发展水平和统筹城乡发展的需要划定。

第三条　城市和镇应当依照本法制定城市规划和镇规划。城市、镇规划区内的建设活动应当符合规划要求。

县级以上地方人民政府根据本地农村经济社会发展水平,按照因地制宜、切实可行的原则,确定应当制定乡规划、村庄规划的区域。在确定区域内的乡、村庄,应当依照本法制定规划,规划区内的乡、村庄建设应当符合规划要求。

县级以上地方人民政府鼓励、指导前款规定以外的区域的乡、村庄制定和实施乡规划、村庄规划。

第四条　制定和实施城乡规划,应当遵循城乡统筹、合理布局、节约土地、集约发展和先规划后建设的原则,改善生态环境,促进资源、能源节约和综合利用,保护耕地等自然资源和历史文化遗产,保持地方特色、民族特色和传统风貌,防止污染和其他公害,并符合区域人口发展、国防建设、防灾减灾和公共卫生、公共安全的需要。

在规划区内进行建设活动,应当遵守土地管理、自然资源和环境保护等法律、法规的规定。

县级以上地方人民政府应当根据当地经济社会发展的实际,在城市总体规划、镇总体规划中合理确定城市、镇的发展规模、步骤和建设标准。

第五条 城市总体规划、镇总体规划以及乡规划和村庄规划的编制,应当依据国民经济和社会发展规划,并与土地利用总体规划相衔接。

第六条 各级人民政府应当将城乡规划的编制和管理经费纳入本级财政预算。

第七条 经依法批准的城乡规划,是城乡建设和规划管理的依据,未经法定程序不得修改。

第八条 城乡规划组织编制机关应当及时公布经依法批准的城乡规划。但是,法律、行政法规规定不得公开的内容除外。

第九条 任何单位和个人都应当遵守经依法批准并公布的城乡规划,服从规划管理,并有权就涉及其利害关系的建设活动是否符合规划的要求向城乡规划主管部门查询。

任何单位和个人都有权向城乡规划主管部门或者其他有关部门举报或者控告违反城乡规划的行为。城乡规划主管部门或者其他有关部门对举报或者控告,应当及时受理并组织核查、处理。

第十条 国家鼓励采用先进的科学技术,增强城乡规划的科学性,提高城乡规划实施及监督管理的效能。

第十一条 国务院城乡规划主管部门负责全国的城乡规划管理工作。

县级以上地方人民政府城乡规划主管部门负责本行政区域内的城乡规划管理工作。

第二章 城乡规划的制定

第十二条 国务院城乡规划主管部门会同国务院有关部门组织编制全国城镇体系规划,用于指导省域城镇体系规划、城市总体规划的编制。

全国城镇体系规划由国务院城乡规划主管部门报国务院审批。

第十三条 省、自治区人民政府组织编制省域城镇体系规划,报国务院审批。

省域城镇体系规划的内容应当包括:城镇空间布局和规模控制,重大基础设施的布局,为保护生态环境、资源等需要严格控制的区域。

第十四条 城市人民政府组织编制城市总体规划。

直辖市的城市总体规划由直辖市人民政府报国务院审批。省、自治区人民政府所在地的城市以及国务院确定的城市的总体规划,由省、自治区人民政府审查同意后,报国务院审批。其他城市的总体规划,由城市人民政府报省、自治区人民政府审批。

第十五条 县人民政府组织编制县人民政府所在地镇的总体规划,报上一级人民政府审批。其他镇的总体规划由镇人民政府组织编制,报上一级人民政府审批。

第十六条 省、自治区人民政府组织编制的省域城镇体系规划,城市、县人民政府组织编制的总体规划,在报上一级人民政府审批前,应当先经本级人民代表大会常务委员会审议,常务委员会组成人员的审议意见交由本级人民政府研究处理。

镇人民政府组织编制的镇总体规划,在报上一级人民政府审批前,应当先经镇人民代表大会审议,代表的审议意见交由本级人民政府研究处理。

规划的组织编制机关报送审批省域城镇体系规划、城市总体规划或者镇总体规划,应当将本级人民代表大会常务委员会组成人员或者镇人民代表大会代表的审议意见和根据审议意见修改规划的情况一并报送。

第十七条　城市总体规划、镇总体规划的内容应当包括：城市、镇的发展布局，功能分区，用地布局，综合交通体系，禁止、限制和适宜建设的地域范围，各类专项规划等。

规划区范围、规划区内建设用地规模、基础设施和公共服务设施用地、水源地和水系、基本农田和绿化用地、环境保护、自然与历史文化遗产保护以及防灾减灾等内容，应当作为城市总体规划、镇总体规划的强制性内容。

城市总体规划、镇总体规划的规划期限一般为二十年。城市总体规划还应当对城市更长远的发展作出预测性安排。

第十八条　乡规划、村庄规划应当从农村实际出发，尊重村民意愿，体现地方和农村特色。

乡规划、村庄规划的内容应当包括：规划区范围，住宅、道路、供水、排水、供电、垃圾收集、畜禽养殖场所等农村生产、生活服务设施、公益事业等各项建设的用地布局、建设要求，以及对耕地等自然资源和历史文化遗产保护、防灾减灾等的具体安排。乡规划还应当包括本行政区域内的村庄发展布局。

第十九条　城市人民政府城乡规划主管部门根据城市总体规划的要求，组织编制城市的控制性详细规划，经本级人民政府批准后，报本级人民代表大会常务委员会和上一级人民政府备案。

第二十条　镇人民政府根据镇总体规划的要求，组织编制镇的控制性详细规划，报上一级人民政府审批。县人民政府所在地镇的控制性详细规划，由县人民政府城乡规划主管部门根据镇总体规划的要求组织编制，经县人民政府批准后，报本级人民代表大会常务委员会和上一级人民政府备案。

第二十一条　城市、县人民政府城乡规划主管部门和镇人民政府可以组织编制重要地块的修建性详细规划。修建性详细规划应当符合控制性详细规划。

第二十二条　乡、镇人民政府组织编制乡规划、村庄规划，报上一级人民政府审批。村庄规划在报送审批前，应当经村民会议或者村民代表会议讨论同意。

第二十三条　首都的总体规划、详细规划应当统筹考虑中央国家机关用地布局和空间安排的需要。

第二十四条　城乡规划组织编制机关应当委托具有相应资质等级的单位承担城乡规划的具体编制工作。

从事城乡规划编制工作应当具备下列条件，并经国务院城乡规划主管部门或者省、自治区、直辖市人民政府城乡规划主管部门依法审查合格，取得相应等级的资质证书后，方可在资质等级许可的范围内从事城乡规划编制工作：

（一）有法人资格；

（二）有规定数量的经国务院城乡规划主管部门注册的规划师；

（三）有规定数量的相关专业技术人员；

（四）有相应的技术装备；

（五）有健全的技术、质量、财务管理制度。

规划师执业资格管理办法，由国务院城乡规划主管部门会同国务院人事行政部门制定。

编制城乡规划必须遵守国家有关标准。

第二十五条　编制城乡规划,应当具备国家规定的勘察、测绘、气象、地震、水文、环境等基础资料。

县级以上地方人民政府有关主管部门应当根据编制城乡规划的需要,及时提供有关基础资料。

第二十六条　城乡规划报送审批前,组织编制机关应当依法将城乡规划草案予以公告,并采取论证会、听证会或者其他方式征求专家和公众的意见。公告的时间不得少于三十日。

组织编制机关应当充分考虑专家和公众的意见,并在报送审批的材料中附具意见采纳情况及理由。

第二十七条　省域城镇体系规划、城市总体规划、镇总体规划批准前,审批机关应当组织专家和有关部门进行审查。

第三章　城乡规划的实施

第二十八条　地方各级人民政府应当根据当地经济社会发展水平,量力而行,尊重群众意愿,有计划、分步骤地组织实施城乡规划。

第二十九条　城市的建设和发展,应当优先安排基础设施以及公共服务设施的建设,妥善处理新区开发与旧区改建的关系,统筹兼顾进城务工人员生活和周边农村经济社会发展、村民生产与生活的需要。

镇的建设和发展,应当结合农村经济社会发展和产业结构调整,优先安排供水、排水、供电、供气、道路、通信、广播电视等基础设施和学校、卫生院、文化站、幼儿园、福利院等公共服务设施的建设,为周边农村提供服务。

乡、村庄的建设和发展,应当因地制宜、节约用地,发挥村民自治组织的作用,引导村民合理进行建设,改善农村生产、生活条件。

第三十条　城市新区的开发和建设,应当合理确定建设规模和时序,充分利用现有市政基础设施和公共服务设施,严格保护自然资源和生态环境,体现地方特色。

在城市总体规划、镇总体规划确定的建设用地范围以外,不得设立各类开发区和城市新区。

第三十一条　旧城区的改建,应当保护历史文化遗产和传统风貌,合理确定拆迁和建设规模,有计划地对危房集中、基础设施落后等地段进行改建。

历史文化名城、名镇、名村的保护以及受保护建筑物的维护和使用,应当遵守有关法律、行政法规和国务院的规定。

第三十二条　城乡建设和发展,应当依法保护和合理利用风景名胜资源,统筹安排风景名胜区及周边乡、镇、村庄的建设。

风景名胜区的规划、建设和管理,应当遵守有关法律、行政法规和国务院的规定。

第三十三条　城市地下空间的开发和利用,应当与经济和技术发展水平相适应,遵循统筹安排、综合开发、合理利用的原则,充分考虑防灾减灾、人民防空和通信等需要,并符合城市规划,履行规划审批手续。

第三十四条　城市、县、镇人民政府应当根据城市总体规划、镇总体规划、土地利用总体规划和年度计划以及国民经济和社会发展规划,制定近期建设规划,报总体规划审批机关备案。

近期建设规划应当以重要基础设施、公共服务设施和中低收入居民住房建设以及生态环境保护为重点内容,明确近期建设的时序、发展方向和空间布局。近期建设规划的规划期限为五年。

第三十五条　城乡规划确定的铁路、公路、港口、机场、道路、绿地、输配电设施及输电线路走廊、通信设施、广播电视设施、管道设施、河道、水库、水源地、自然保护区、防汛通道、消防通道、核电站、垃圾填埋场及焚烧厂、污水处理厂和公共服务设施的用地以及其他需要依法保护的用地,禁止擅自改变用途。

第三十六条　按照国家规定需要有关部门批准或者核准的建设项目,以划拨方式提供国有土地使用权的,建设单位在报送有关部门批准或者核准前,应当向城乡规划主管部门申请核发选址意见书。

前款规定以外的建设项目不需要申请选址意见书。

第三十七条　在城市、镇规划区内以划拨方式提供国有土地使用权的建设项目,经有关部门批准、核准、备案后,建设单位应当向城市、县人民政府城乡规划主管部门提出建设用地规划许可申请,由城市、县人民政府城乡规划主管部门依据控制性详细规划核定建设用地的位置、面积、允许建设的范围,核发建设用地规划许可证。

建设单位在取得建设用地规划许可证后,方可向县级以上地方人民政府土地主管部门申请用地,经县级以上人民政府审批后,由土地主管部门划拨土地。

第三十八条　在城市、镇规划区内以出让方式提供国有土地使用权的,在国有土地使用权出让前,城市、县人民政府城乡规划主管部门应当依据控制性详细规划,提出出让地块的位置、使用性质、开发强度等规划条件,作为国有土地使用权出让合同的组成部分。未确定规划条件的地块,不得出让国有土地使用权。

以出让方式取得国有土地使用权的建设项目,在签订国有土地使用权出让合同后,建设单位应当持建设项目的批准、核准、备案文件和国有土地使用权出让合同,向城市、县人民政府城乡规划主管部门领取建设用地规划许可证。

城市、县人民政府城乡规划主管部门不得在建设用地规划许可证中,擅自改变作为国有土地使用权出让合同组成部分的规划条件。

第三十九条　规划条件未纳入国有土地使用权出让合同的,该国有土地使用权出让合同无效;对未取得建设用地规划许可证的建设单位批准用地的,由县级以上人民政府撤销有关批准文件;占用土地的,应当及时退回;给当事人造成损失的,应当依法给予赔偿。

第四十条　在城市、镇规划区内进行建筑物、构筑物、道路、管线和其他工程建设的,建设单位或者个人应当向城市、县人民政府城乡规划主管部门或者省、自治区、直辖市人民政府确定的镇人民政府申请办理建设工程规划许可证。

申请办理建设工程规划许可证,应当提交使用土地的有关证明文件、建设工程设计方案等材料。需要建设单位编制修建性详细规划的建设项目,还应当提交修建性详细规划。对符合控制性详细规划和规划条件的,由城市、县人民政府城乡规划主管部门或者省、自治区、直辖市人民政府确定的镇人民政府核发建设工程规划许可证。

城市、县人民政府城乡规划主管部门或者省、自治区、直辖市人民政府确定的镇人民政府应当依法将经审定的修建性详细规划、建设工程设计方案的总平面图予以公布。

第四十一条　在乡、村庄规划区内进行乡镇企业、乡村公共设施和公益事业建设的,建设单位或者个人应当向乡、镇人民政府提出申请,由乡、镇人民政府报城市、县人民政府城乡规划主管部门核发乡村建设规划许可证。

在乡、村庄规划区内使用原有宅基地进行农村村民住宅建设的规划管理办法,由省、自治区、直辖市制定。

在乡、村庄规划区内进行乡镇企业、乡村公共设施和公益事业建设以及农村村民住宅建设,不得占用农用地;确需占用农用地的,应当依照《中华人民共和国土地管理法》有关规定办理农用地转用审批手续后,由城市、县人民政府城乡规划主管部门核发乡村建设规划许可证。

建设单位或者个人在取得乡村建设规划许可证后,方可办理用地审批手续。

第四十二条 城乡规划主管部门不得在城乡规划确定的建设用地范围以外作出规划许可。

第四十三条 建设单位应当按照规划条件进行建设;确需变更的,必须向城市、县人民政府城乡规划主管部门提出申请。变更内容不符合控制性详细规划的,城乡规划主管部门不得批准。城市、县人民政府城乡规划主管部门应当及时将依法变更后的规划条件通报同级土地主管部门并公示。

建设单位应当及时将依法变更后的规划条件报有关人民政府土地主管部门备案。

第四十四条 在城市、镇规划区内进行临时建设的,应当经城市、县人民政府城乡规划主管部门批准。临时建设影响近期建设规划或者控制性详细规划的实施以及交通、市容、安全等的,不得批准。

临时建设应当在批准的使用期限内自行拆除。

临时建设和临时用地规划管理的具体办法,由省、自治区、直辖市人民政府制定。

第四十五条 县级以上地方人民政府城乡规划主管部门按照国务院规定对建设工程是否符合规划条件予以核实。未经核实或者经核实不符合规划条件的,建设单位不得组织竣工验收。

建设单位应当在竣工验收后六个月内向城乡规划主管部门报送有关竣工验收资料。

第四章 城乡规划的修改

第四十六条 省域城镇体系规划、城市总体规划、镇总体规划的组织编制机关,应当组织有关部门和专家定期对规划实施情况进行评估,并采取论证会、听证会或者其他方式征求公众意见。组织编制机关应当向本级人民代表大会常务委员会、镇人民代表大会和原审批机关提出评估报告并附具征求意见的情况。

第四十七条 有下列情形之一的,组织编制机关方可按照规定的权限和程序修改省域城镇体系规划、城市总体规划、镇总体规划:

(一)上级人民政府制定的城乡规划发生变更,提出修改规划要求的;

(二)行政区划调整确需修改规划的;

(三)因国务院批准重大建设工程确需修改规划的;

(四)经评估确需修改规划的;

(五)城乡规划的审批机关认为应当修改规划的其他情形。

修改省域城镇体系规划、城市总体规划、镇总体规划前,组织编制机关应当对原规划的实施情况进行总结,并向原审批机关报告;修改涉及城市总体规划、镇总体规划强制性内容的,应当先向原审批机关提出专题报告,经同意后,方可编制修改方案。

修改后的省域城镇体系规划、城市总体规划、镇总体规划,应当依照本法第十三条、第十四条、第十五条和第十六条规定的审批程序报批。

第四十八条 修改控制性详细规划的,组织编制机关应当对修改的必要性进行论证,征求规划地段内利害关系人的意见,并向原审批机关提出专题报告,经原审批机关同意后,方可编制修改方案。修改后的控制性详细规划,应当依照本法第十九条、第二十条规定的审批程序报批。控制性详细规划修改涉及城市总体规划、镇总体规划的强制性内容的,应当先修改总体规划。

修改乡规划、村庄规划的,应当依照本法第二十二条规定的审批程序报批。

第四十九条 城市、县、镇人民政府修改近期建设规划的,应当将修改后的近期建设规划报总体规划审批机关备案。

第五十条 在选址意见书、建设用地规划许可证、建设工程规划许可证或者乡村建设规划许可证发放后,因依法修改城乡规划给被许可人合法权益造成损失的,应当依法给予补偿。

经依法审定的修建性详细规划、建设工程设计方案的总平面图不得随意修改;确需修改的,城乡规划主管部门应当采取听证会等形式,听取利害关系人的意见;因修改给利害关系人合法权益造成损失的,应当依法给予补偿。

第五章 监督检查

第五十一条 县级以上人民政府及其城乡规划主管部门应当加强对城乡规划编制、审批、实施、修改的监督检查。

第五十二条 地方各级人民政府应当向本级人民代表大会常务委员会或者乡、镇人民代表大会报告城乡规划的实施情况,并接受监督。

第五十三条 县级以上人民政府城乡规划主管部门对城乡规划的实施情况进行监督检查,有权采取以下措施:

(一)要求有关单位和人员提供与监督事项有关的文件、资料,并进行复制;

(二)要求有关单位和人员就监督事项涉及的问题作出解释和说明,并根据需要进入现场进行勘测;

(三)责令有关单位和人员停止违反有关城乡规划的法律、法规的行为。

城乡规划主管部门的工作人员履行前款规定的监督检查职责,应当出示执法证件。被监督检查的单位和人员应当予以配合,不得妨碍和阻挠依法进行的监督检查活动。

第五十四条 监督检查情况和处理结果应当依法公开,供公众查阅和监督。

第五十五条 城乡规划主管部门在查处违反本法规定的行为时,发现国家机关工作人员依法应当给予行政处分的,应当向其任免机关或者监察机关提出处分建议。

第五十六条 依照本法规定应当给予行政处罚,而有关城乡规划主管部门不给予行政处罚的,上级人民政府城乡规划主管部门有权责令其作出行政处罚决定或者建议有关人民政府责令其给予行政处罚。

第五十七条 城乡规划主管部门违反本法规定作出行政许可的,上级人民政府城乡规划主管部门有权责令其撤销或者直接撤销该行政许可。因撤销行政许可给当事人合法权益造成损失的，应当依法给予赔偿。

第六章 法律责任

第五十八条 对依法应当编制城乡规划而未组织编制，或者未按法定程序编制、审批、修改城乡规划的，由上级人民政府责令改正，通报批评；对有关人民政府负责人和其他直接责任人员依法给予处分。

第五十九条 城乡规划组织编制机关委托不具有相应资质等级的单位编制城乡规划的，由上级人民政府责令改正，通报批评；对有关人民政府负责人和其他直接责任人员依法给予处分。

第六十条 镇人民政府或者县级以上人民政府城乡规划主管部门有下列行为之一的，由本级人民政府、上级人民政府城乡规划主管部门或者监察机关依据职权责令改正，通报批评；对直接负责的主管人员和其他直接责任人员依法给予处分：

（一）未依法组织编制城市的控制性详细规划、县人民政府所在地镇的控制性详细规划的；

（二）超越职权或者对不符合法定条件的申请人核发选址意见书、建设用地规划许可证、建设工程规划许可证、乡村建设规划许可证的；

（三）对符合法定条件的申请人未在法定期限内核发选址意见书、建设用地规划许可证、建设工程规划许可证、乡村建设规划许可证的；

（四）未依法对经审定的修建性详细规划、建设工程设计方案的总平面图予以公布的；

（五）同意修改修建性详细规划、建设工程设计方案的总平面图前未采取听证会等形式听取利害关系人的意见的；

（六）发现未依法取得规划许可或者违反规划许可的规定在规划区内进行建设的行为，而不予查处或者接到举报后不依法处理的。

第六十一条 县级以上人民政府有关部门有下列行为之一的，由本级人民政府或者上级人民政府有关部门责令改正，通报批评；对直接负责的主管人员和其他直接责任人员依法给予处分：

（一）对未依法取得选址意见书的建设项目核发建设项目批准文件的；

（二）未依法在国有土地使用权出让合同中确定规划条件或者改变国有土地使用权出让合同中依法确定的规划条件的；

（三）对未依法取得建设用地规划许可证的建设单位划拨国有土地使用权的。

第六十二条 城乡规划编制单位有下列行为之一的，由所在地城市、县人民政府城乡规划主管部门责令限期改正，处合同约定的规划编制费一倍以上二倍以下的罚款；情节严重的，责令停业整顿，由原发证机关降低资质等级或者吊销资质证书；造成损失的，依法承担赔偿责任：

（一）超越资质等级许可的范围承揽城乡规划编制工作的；

（二）违反国家有关标准编制城乡规划的。

未依法取得资质证书承揽城乡规划编制工作的，由县级以上地方人民政府城乡规划主管部门责令停止违法行为，依照前款规定处以罚款；造成损失的，依法承担赔偿责任。

以欺骗手段取得资质证书承揽城乡规划编制工作的,由原发证机关吊销资质证书,依照本条第一款规定处以罚款;造成损失的,依法承担赔偿责任。

第六十三条　城乡规划编制单位取得资质证书后,不再符合相应的资质条件的,由原发证机关责令限期改正;逾期不改正的,降低资质等级或者吊销资质证书。

第六十四条　未取得建设工程规划许可证或者未按照建设工程规划许可证的规定进行建设的,由县级以上地方人民政府城乡规划主管部门责令停止建设;尚可采取改正措施消除对规划实施的影响的,限期改正,处建设工程造价百分之五以上百分之十以下的罚款;无法采取改正措施消除影响的,限期拆除,不能拆除的,没收实物或者违法收入,可以并处建设工程造价百分之十以下的罚款。

第六十五条　在乡、村庄规划区内未依法取得乡村建设规划许可证或者未按照乡村建设规划许可证的规定进行建设的,由乡、镇人民政府责令停止建设、限期改正;逾期不改正的,可以拆除。

第六十六条　建设单位或者个人有下列行为之一的,由所在地城市、县人民政府城乡规划主管部门责令限期拆除,可以并处临时建设工程造价一倍以下的罚款:

(一)未经批准进行临时建设的;

(二)未按照批准内容进行临时建设的;

(三)临时建筑物、构筑物超过批准期限不拆除的。

第六十七条　建设单位未在建设工程竣工验收后六个月内向城乡规划主管部门报送有关竣工验收资料的,由所在地城市、县人民政府城乡规划主管部门责令限期补报;逾期不补报的,处一万元以上五万元以下的罚款。

第六十八条　城乡规划主管部门作出责令停止建设或者限期拆除的决定后,当事人不停止建设或者逾期不拆除的,建设工程所在地县级以上地方人民政府可以责成有关部门采取查封施工现场、强制拆除等措施。

第六十九条　违反本法规定,构成犯罪的,依法追究刑事责任。

第七章　附　则

第七十条　本法自 2008 年 1 月 1 日起施行。《中华人民共和国城市规划法》同时废止。

附录 3

中华人民共和国城市房地产管理法

中华人民共和国主席令

第 29 号

《中华人民共和国城市房地产管理法》已由中华人民共和国第八届全国人民代表大会常务委员会第八次会议于 1994 年 7 月 5 日通过,现予公布,自 1995 年 1 月 1 日起施行。

中华人民共和国主席　江泽民

1994 年 7 月 5 日

（1994 年 7 月 5 日第八届全国人民代表大会常务委员会第八次会议通过,根据 2007 年 8 月 30 日第十届全国人民代表大会常务委员会第二十九次会议《关于修改〈中华人民共和国城市房地产管理法〉的决定》修正。）

第一章　总　则

第一条　为了加强对城市房地产的管理,维护房地产市场秩序,保障房地产权利人的合法权益,促进房地产业的健康发展,制定本法。

第二条　在中华人民共和国城市规划区国有土地（以下简称国有土地）范围内取得房地产开发用地的土地使用权,从事房地产开发、房地产交易,实施房地产管理,应当遵守本法。

本法所称房屋,是指土地上的房屋等建筑物及构筑物。

本法所称房地产开发,是指在依据本法取得国有土地使用权的土地上进行基础设施、房屋建设的行为。

本法所称房地产交易,包括房地产转让、房地产抵押和房屋租赁。

第三条　国家依法实行国有土地有偿、有限期使用制度。但是,国家在本法规定的范围内划拨国有土地使用权的除外。

第四条　国家根据社会、经济发展水平,扶持发展居民住宅建设,逐步改善居民的居住条件。

第五条　房地产权利人应当遵守法律和行政法规,依法纳税。房地产权利人的合法权益受法律保护,任何单位和个人不得侵犯。

第六条　为了公共利益的需要,国家可以征收国有土地上单位和个人的房屋,并依法给予拆迁补偿,维护被征收人的合法权益;征收个人住宅的,还应当保障被征收人的居住条件。具体办法由国务院规定。

第七条　国务院建设行政主管部门、土地管理部门依照国务院规定的职权划分,各司其职,密切配合,管理全国房地产工作。

县级以上地方人民政府房产管理、土地管理部门的机构设置及其职权由省、自治区、直辖市人民政府确定。

第二章　房地产开发用地

第一节　土地使用权出让

第八条　土地使用权出让,是指国家将国有土地使用权(以下简称土地使用权)在一定年限内出让给土地使用者,由土地使用者向国家支付土地使用权出让金的行为。

第九条　城市规划区内的集体所有的土地,经依法征用转为国有土地后,该幅国有土地的使用权方可有偿出让。

第十条　土地使用权出让,必须符合土地利用总体规划、城市规划和年度建设用地计划。

第十一条　县级以上地方人民政府出让土地使用权用于房地产开发的,须根据省级以上人民政府下达的控制指标拟订年度出让土地使用权总面积方案,按照国务院规定,报国务院或者省级人民政府批准。

第十二条　土地使用权出让,由市、县人民政府有计划、有步骤地进行。出让的每幅地块、用途、年限和其他条件,由市、县人民政府土地管理部门会同城市规划、建设、房产管理部门共同拟定方案,按照国务院规定,报经有批准权的人民政府批准后,由市、县人民政府土地管理部门实施。

直辖市的县人民政府及其有关部门行使前款规定的权限,由直辖市人民政府规定。

第十三条　土地使用权出让,可以采取拍卖、招标或者双方协议的方式。

商业、旅游、娱乐和豪华住宅用地,有条件的,必须采取拍卖、招标方式;没有条件,不能采取拍卖、招标方式的,可以采取双方协议的方式。

采取双方协议方式出让土地使用权的出让金不得低于按国家规定所确定的最低价。

第十四条　土地使用权出让最高年限由国务院规定。

第十五条　土地使用权出让,应当签订书面出让合同。

土地使用权出让合同由市、县人民政府土地管理部门与土地使用者签订。

第十六条　土地使用者必须按照出让合同约定,支付土地使用权出让金;未按照出让合同约定支付土地使用权出让金的,土地管理部门有权解除合同,并可以请求违约赔偿。

第十七条　土地使用者按照出让合同约定支付土地使用权出让金的,市、县人民政府土地管理部门必须按照出让合同约定,提供出让的土地;未按照出让合同约定提供出让的土地的,土地使用者有权解除合同,由土地管理部门返还土地使用权出让金,土地使用者并可以请求违约赔偿。

第十八条　土地使用者需要改变土地使用权出让合同约定的土地用途的,必须取得出让方和市、县人民政府城乡规划主管部门的同意,签订土地使用权出让合同变更协议或者重新签订土地使用权出让合同,相应调整土地使用权出让金。

第十九条　土地使用权出让金应当全部上缴财政,列入预算,用于城市基础设施建设和土地开发。土地使用权出让金上缴和使用的具体办法由国务院规定。

第二十条　国家对土地使用者依法取得的土地使用权,在出让合同约定的使用年限届满前不收回;在特殊情况下,根据社会公共利益的需要,可以依照法律程序提前收回,并根据土地使用者使用土地的实际年限和开发土地的实际情况给予相应的补偿。

第二十一条　土地使用权因土地灭失而终止。

第二十二条　土地使用权出让合同约定的使用年限届满,土地使用者需要继续使用土地的,应当至迟于届满前一年申请续期,除根据社会公共利益需要收回该幅土地的,应当予以批准。经批准准予续期的,应当重新签订土地使用权出让合同,依照规定支付土地使用权出让金。

土地使用权出让合同约定的使用年限届满,土地使用者未申请续期或者虽申请续期但依照前款规定未获批准的,土地使用权由国家无偿收回。

第二节　土地使用权划拨

第二十三条　土地使用权划拨,是指县级以上人民政府依法批准,在土地使用者缴纳补偿、安置等费用后将该幅土地交付其使用,或者将土地使用权无偿交付给土地使用者使用的行为。

依照本法规定以划拨方式取得土地使用权的,除法律、行政法规另有规定外,没有使用期限的限制。

第二十四条　下列建设用地的土地使用权,确属必需的,可以由县级以上人民政府依法批准划拨:

(一)国家机关用地和军事用地;

(二)城市基础设施用地和公益事业用地;

(三)国家重点扶持的能源、交通、水利等项目用地;

(四)法律、行政法规规定的其他用地。

第三章　房地产开发

第二十五条　房地产开发必须严格执行城市规划,按照经济效益、社会效益、环境效益相统一的原则,实行全面规划、合理布局、综合开发、配套建设。

第二十六条　以出让方式取得土地使用权进行房地产开发的,必须按照土地使用权出让合同约定的土地用途、动工开发期限开发土地。超过出让合同约定的动工开发日期满一年未动工开发的,可以征收相当于土地使用权出让金百分之二十以下的土地闲置费;满二年未动工开发的,可以无偿收回土地使用权;但是,因不可抗力或者政府、政府有关部门的行为或者动工开发必需的前期工作造成动工开发迟延的除外。

第二十七条　房地产开发项目的设计、施工,必须符合国家的有关标准和规范。

房地产开发项目竣工,经验收合格后,方可交付使用。

第二十八条　依法取得的土地使用权,可以依照本法和有关法律、行政法规的规定,作价入股,合资、合作开发经营房地产。

第二十九条　国家采取税收等方面的优惠措施鼓励和扶持房地产开发企业开发建设居民住宅。

第三十条 房地产开发企业是以营利为目的，从事房地产开发和经营的企业。设立房地产开发企业，应当具备下列条件：

（一）有自己的名称和组织机构；

（二）有固定的经营场所；

（三）有符合国务院规定的注册资本；

（四）有足够的专业技术人员；

（五）法律、行政法规规定的其他条件。

设立房地产开发企业，应当向工商行政管理部门申请设立登记。工商行政管理部门对符合本法规定条件的，应当予以登记，发给营业执照；对不符合本法规定条件的，不予登记。

设立有限责任公司、股份有限公司，从事房地产开发经营的，还应当执行公司法的有关规定。

房地产开发企业在领取营业执照后的一个月内，应当到登记机关所在地的县级以上地方人民政府规定的部门备案。

第三十一条 房地产开发企业的注册资本与投资总额的比例应当符合国家有关规定。

房地产开发企业分期开发房地产的，分期投资额应当与项目规模相适应，并按照土地使用权出让合同的约定，按期投入资金，用于项目建设。

第四章 房地产交易

第一节 一般规定

第三十二条 房地产转让、抵押时，房屋的所有权和该房屋占用范围内的土地使用权同时转让、抵押。

第三十三条 基准地价、标定地价和各类房屋的重置价格应当定期确定并公布。具体办法由国务院规定。

第三十四条 国家实行房地产价格评估制度。

房地产价格评估，应当遵循公正、公平、公开的原则，按照国家规定的技术标准和评估程序，以基准地价、标定地价和各类房屋的重置价格为基础，参照当地的市场价格进行评估。

第三十五条 国家实行房地产成交价格申报制度。

房地产权利人转让房地产，应当向县级以上地方人民政府规定的部门如实申报成交价，不得瞒报或者作不实的申报。

第三十六条 房地产转让、抵押，当事人应当依照本法第五章的规定办理权属登记。

第二节 房地产转让

第三十七条 房地产转让，是指房地产权利人通过买卖、赠与或者其他合法方式将其房地产转移给他人的行为。

第三十八条 下列房地产，不得转让：

（一）以出让方式取得土地使用权的，不符合本法第三十九条规定的条件的；

（二）司法机关和行政机关依法裁定、决定查封或者以其他形式限制房地产权利的；

（三）依法收回土地使用权的；

（四）共有房地产，未经其他共有人书面同意的；

（五）权属有争议的；

（六）未依法登记领取权属证书的；

（七）法律、行政法规规定禁止转让的其他情形。

第三十九条 以出让方式取得土地使用权的，转让房地产时，应当符合下列条件：

（一）按照出让合同约定已经支付全部土地使用权出让金，并取得土地使用权证书；

（二）按照出让合同约定进行投资开发，属于房屋建设工程的，完成开发投资总额的百分之二十五以上，属于成片开发土地的，形成工业用地或者其他建设用地条件。

转让房地产时房屋已经建成的，还应当持有房屋所有权证书。

第四十条 以划拨方式取得土地使用权的，转让房地产时，应当按照国务院规定，报有批准权的人民政府审批。有批准权的人民政府准予转让的，应当由受让方办理土地使用权出让手续，并依照国家有关规定缴纳土地使用权出让金。

以划拨方式取得土地使用权的，转让房地产报批时，有批准权的人民政府按照国务院规定决定可以不办理土地使用权出让手续的，转让方应当按照国务院规定将转让房地产所获收益中的土地收益上缴国家或者作其他处理。

第四十一条 房地产转让，应当签订书面转让合同，合同中应当载明土地使用权取得的方式。

第四十二条 房地产转让时，土地使用权出让合同载明的权利、义务随之转移。

第四十三条 以出让方式取得土地使用权的，转让房地产后，其土地使用权的使用年限为原土地使用权出让合同约定的使用年限减去原土地使用者已经使用年限后的剩余年限。

第四十四条 以出让方式取得土地使用权的，转让房地产后，受让人改变原土地使用权出让合同约定的土地用途的，必须取得原出让方和市、县人民政府城乡规划主管部门的同意，签订土地使用权出让合同变更协议或者重新签订土地使用权出让合同，相应调整土地使用权出让金。

第四十五条 商品房预售，应当符合下列条件：

（一）已交付全部土地使用权出让金，取得土地使用权证书；

（二）持有建设工程规划许可证；

（三）按提供预售的商品房计算，投入开发建设的资金达到工程建设总投资的百分之二十五以上，并已经确定施工进度和竣工交付日期；

（四）向县级以上人民政府房产管理部门办理预售登记，取得商品房预售许可证明。

商品房预售人应当按照国家有关规定将预售合同报县级以上人民政府房产管理部门和土地管理部门登记备案。

商品房预售所得款项，必须用于有关的工程建设。

第四十六条 商品房预售的，商品房预购人将购买的未竣工的预售商品房再行转让的问题，由国务院规定。

第三节 房地产抵押

第四十七条 房地产抵押，是指抵押人以其合法的房地产以不转移占有的方式向抵押权人提供债务履行担保的行为。债务人不履行债务时，抵押权人有权依法以抵押的房地产拍卖所得的价款优先受偿。

第四十八条 依法取得的房屋所有权连同该房屋占用范围内的土地使用权,可以设定抵押权。

以出让方式取得的土地使用权,可以设定抵押权。

第四十九条 房地产抵押,应当凭土地使用权证书、房屋所有权证书办理。

第五十条 房地产抵押,抵押人和抵押权人应当签订书面抵押合同。

第五十一条 设定房地产抵押权的土地使用权是以划拨方式取得的,依法拍卖该房地产后,应当从拍卖所得的价款中缴纳相当于应缴纳的土地使用权出让金的款额后,抵押权人方可优先受偿。

第五十二条 房地产抵押合同签订后,土地上新增的房屋不属于抵押财产。需要拍卖该抵押的房地产时,可以依法将土地上新增的房屋与抵押财产一同拍卖,但对拍卖新增房屋所得,抵押权人无权优先受偿。

第四节 房屋租赁

第五十三条 房屋租赁,是指房屋所有权人作为出租人将其房屋出租给承租人使用,由承租人向出租人支付租金的行为。

第五十四条 房屋租赁,出租人和承租人应当签订书面租赁合同,约定租赁期限、租赁用途、租赁价格、修缮责任等条款,以及双方的其他权利和义务,并向房产管理部门登记备案。

第五十五条 住宅用房的租赁,应当执行国家和房屋所在城市人民政府规定的租赁政策。租用房屋从事生产、经营活动的,由租赁双方协商议定租金和其他租赁条款。

第五十六条 以营利为目的,房屋所有权人将以划拨方式取得使用权的国有土地上建成的房屋出租的,应当将租金中所含土地收益上缴国家。具体办法由国务院规定。

第五节 中介服务机构

第五十七条 房地产中介服务机构包括房地产咨询机构、房地产价格评估机构、房地产经纪机构等。

第五十八条 房地产中介服务机构应当具备下列条件:

(一)有自己的名称和组织机构;

(二)有固定的服务场所;

(三)有必要的财产和经费;

(四)有足够数量的专业人员;

(五)法律、行政法规规定的其他条件。

设立房地产中介服务机构,应当向工商行政管理部门申请设立登记,领取营业执照后,方可开业。

第五十九条 国家实行房地产价格评估人员资格认证制度。

第五章 房地产权属登记管理

第六十条 国家实行土地使用权和房屋所有权登记发证制度。

第六十一条　以出让或者划拨方式取得土地使用权,应当向县级以上地方人民政府土地管理部门申请登记,经县级以上地方人民政府土地管理部门核实,由同级人民政府颁发土地使用权证书。

在依法取得的房地产开发用地上建成房屋的,应当凭土地使用权证书向县级以上地方人民政府房产管理部门申请登记,由县级以上地方人民政府房产管理部门核实并颁发房屋所有权证书。

房地产转让或者变更时,应当向县级以上地方人民政府房产管理部门申请房产变更登记,并凭变更后的房屋所有权证书向同级人民政府土地管理部门申请土地使用权变更登记,经同级人民政府土地管理部门核实,由同级人民政府更换或者更改土地使用权证书。

法律另有规定的,依照有关法律的规定办理。

第六十二条　房地产抵押时,应当向县级以上地方人民政府规定的部门办理抵押登记。

因处分抵押房地产而取得土地使用权和房屋所有权的,应当依照本章规定办理过户登记。

第六十三条　经省、自治区、直辖市人民政府确定,县级以上地方人民政府由一个部门统一负责房产管理和土地管理工作的,可以制作、颁发统一的房地产权证书,依照本法第六十一条的规定,将房屋的所有权和该房屋占用范围内的土地使用权的确认和变更,分别载入房地产权证书。

第六章　法律责任

第六十四条　违反本法第十一条、第十二条的规定,擅自批准出让或者擅自出让土地使用权用于房地产开发的,由上级机关或者所在单位给予有关责任人员行政处分。

第六十五条　违反本法第三十条的规定,未取得营业执照擅自从事房地产开发业务的,由县级以上人民政府工商行政管理部门责令停止房地产开发业务活动,没收违法所得,可以并处罚款。

第六十六条　违反本法第三十九条第一款的规定转让土地使用权的,由县级以上人民政府土地管理部门没收违法所得,可以并处罚款。

第六十七条　违反本法第四十条第一款的规定转让房地产的,由县级以上人民政府土地管理部门责令缴纳土地使用权出让金,没收违法所得,可以并处罚款。

第六十八条　违反本法第四十五条第一款的规定预售商品房的,由县级以上人民政府房产管理部门责令停止预售活动,没收违法所得,可以并处罚款。

第六十九条　违反本法第五十八条的规定,未取得营业执照擅自从事房地产中介服务业务的,由县级以上人民政府工商行政管理部门责令停止房地产中介服务业务活动,没收违法所得,可以并处罚款。

第七十条　没有法律、法规的依据,向房地产开发企业收费的,上级机关应当责令退回所收取的钱款;情节严重的,由上级机关或者所在单位给予直接责任人员行政处分。

第七十一条　房产管理部门、土地管理部门工作人员玩忽职守、滥用职权,构成犯罪的,依法追究刑事责任;不构成犯罪的,给予行政处分。

房产管理部门、土地管理部门工作人员利用职务上的便利,索取他人财物,或者非法收受他人财物为他人谋取利益,构成犯罪的,依照惩治贪污罪贿赂罪的补充规定追究刑事责任;不构成犯罪的,给予行政处分。

第七章 附 则

第七十二条 在城市规划区外的国有土地范围内取得房地产开发用地的土地使用权,从事房地产开发、交易活动以及实施房地产管理,参照本法执行。

第七十三条 本法自 1995 年 1 月 1 日起施行。

附录4

建设工程勘察设计管理条例

中华人民共和国国务院令

第 293 号

《建设工程勘察设计管理条例》已经 2000 年 9 月 20 日国务院第 31 次常务会议通过,现予公布施行。

总理　朱镕基

2000 年 9 月 25 日

第一章　总　则

第一条　为了加强对建设工程勘察、设计活动的管理,保证建设工程勘察、设计质量,保护人民生命和财产安全,制定本条例。

第二条　从事建设工程勘察、设计活动,必须遵守本条例。

本条例所称建设工程勘察,是指根据建设工程的要求,查明、分析、评价建设场地的地质地理环境特征和岩土工程条件,编制建设工程勘察文件的活动。

本条例所称建设工程设计,是指根据建设工程的要求,对建设工程所需的技术、经济、资源、环境等条件进行综合分析、论证,编制建设工程设计文件的活动。

第三条　建设工程勘察、设计应当与社会、经济发展水平相适应,做到经济效益、社会效益和环境效益相统一。

第四条　从事建设工程勘察、设计活动,应当坚持先勘察、后设计、再施工的原则。

第五条　县级以上人民政府建设行政主管部门和交通、水利等有关部门应当依照本条例的规定,加强对建设工程勘察、设计活动的监督管理。

建设工程勘察、设计单位必须依法进行建设工程勘察、设计,严格执行工程建设强制性标准,并对建设工程勘察、设计的质量负责。

第六条　国家鼓励在建设工程勘察、设计活动中采用先进技术、先进工艺、先进设备、新型材料和现代管理方法。

第二章　资质资格管理

第七条　国家对从事建设工程勘察、设计活动的单位,实行资质管理制度。具体办法由国务院建设行政主管部门商国务院有关部门制定。

第八条　建设工程勘察、设计单位应当在其资质等级许可的范围内承揽建设工程勘察、设计业务。

禁止建设工程勘察、设计单位超越其资质等级许可的范围或者以其他建设工程勘察、设计单位的名义承揽建设工程勘察、设计业务。禁止建设工程勘察、设计单位允许其他单位或者个人以本单位的名义承揽建设工程勘察、设计业务。

第九条 国家对从事建设工程勘察、设计活动的专业技术人员,实行执业资格注册管理制度。

未经注册的建设工程勘察、设计人员,不得以注册执业人员的名义从事建设工程勘察、设计活动。

第十条 建设工程勘察、设计注册执业人员和其他专业技术人员只能受聘于一个建设工程勘察、设计单位;未受聘于建设工程勘察、设计单位的,不得从事建设工程的勘察、设计活动。

第十一条 建设工程勘察、设计单位资质证书和执业人员注册证书,由国务院建设行政主管部门统一制作。

第三章 建设工程勘察设计发包与承包

第十二条 建设工程勘察、设计发包依法实行招标发包或者直接发包。

第十三条 建设工程勘察、设计应当依照《中华人民共和国招标投标法》的规定,实行招标发包。

第十四条 建设工程勘察、设计方案评标,应当以投标人的业绩、信誉和勘察、设计人员的能力以及勘察、设计方案的优劣为依据,进行综合评定。

第十五条 建设工程勘察、设计的招标人应当在评标委员会推荐的候选方案中确定中标方案。但是,建设工程勘察、设计的招标人认为评标委员会推荐的候选方案不能最大限度满足招标文件规定的要求的,应当依法重新招标。

第十六条 下列建设工程的勘察、设计,经有关主管部门批准,可以直接发包:

(一)采用特定的专利或者专有技术的;

(二)建筑艺术造型有特殊要求的;

(三)国务院规定的其他建设工程的勘察、设计。

第十七条 发包方不得将建设工程勘察、设计业务发包给不具有相应勘察、设计资质等级的建设工程勘察、设计单位。

第十八条 发包方可以将整个建设工程的勘察、设计发包给一个勘察、设计单位;也可以将建设工程的勘察、设计分别发包给几个勘察、设计单位。

第十九条 除建设工程主体部分的勘察、设计外,经发包方书面同意,承包方可以将建设工程其他部分的勘察、设计再分包给其他具有相应资质等级的建设工程勘察、设计单位。

第二十条 建设工程勘察、设计单位不得将所承揽的建设工程勘察、设计转包。

第二十一条 承包方必须在建设工程勘察、设计资质证书规定的资质等级和业务范围内承揽建设工程的勘察、设计业务。

第二十二条 建设工程勘察、设计的发包方与承包方,应当执行国家规定的建设工程勘察、设计程序。

第二十三条 建设工程勘察、设计的发包方与承包方应当签订建设工程勘察、设计合同。

第二十四条　建设工程勘察、设计发包方与承包方应当执行国家有关建设工程勘察费、设计费的管理规定。

第四章　建设工程勘察设计文件的编制与实施

第二十五条　编制建设工程勘察、设计文件，应当以下列规定为依据：

（一）项目批准文件；

（二）城市规划；

（三）工程建设强制性标准；

（四）国家规定的建设工程勘察、设计深度要求。

铁路、交通、水利等专业建设工程，还应当以专业规划的要求为依据。

第二十六条　编制建设工程勘察文件，应当真实、准确，满足建设工程规划、选址、设计、岩土治理和施工的需要。

编制方案设计文件，应当满足编制初步设计文件和控制概算的需要。

编制初步设计文件，应当满足编制施工招标文件、主要设备材料订货和编制施工图设计文件的需要。

编制施工图设计文件，应当满足设备材料采购、非标准设备制作和施工的需要，并注明建设工程合理使用年限。

第二十七条　设计文件中选用的材料、构配件、设备，应当注明其规格、型号、性能等技术指标，其质量要求必须符合国家规定的标准。

除有特殊要求的建筑材料、专用设备和工艺生产线等外，设计单位不得指定生产厂、供应商。

第二十八条　建设单位、施工单位、监理单位不得修改建设工程勘察、设计文件；确需修改建设工程勘察、设计文件的，应当由原建设工程勘察、设计单位修改。经原建设工程勘察、设计单位书面同意，建设单位也可以委托其他具有相应资质的建设工程勘察、设计单位修改。修改单位对修改的勘察、设计文件承担相应责任。

施工单位、监理单位发现建设工程勘察、设计文件不符合工程建设强制性标准、合同约定的质量要求的，应当报告建设单位，建设单位有权要求建设工程勘察、设计单位对建设工程勘察、设计文件进行补充、修改。

建设工程勘察、设计文件内容需要作重大修改的，建设单位应当报经原审批机关批准后，方可修改。

第二十九条　建设工程勘察、设计文件中规定采用的新技术、新材料，可能影响建设工程质量和安全，又没有国家技术标准的，应当由国家认可的检测机构进行试验、论证，出具检测报告，并经国务院有关部门或省、自治区、直辖市人民政府有关部门组织的建设工程技术专家委员会审定后，方可使用。

第三十条　建设工程勘察、设计单位应当在建设工程施工前，向施工单位和监理单位说明建设工程勘察、设计意图，解释建设工程勘察、设计文件。

建设工程勘察、设计单位应当及时解决施工中出现的勘察、设计问题。

第五章　监督管理

第三十一条　国务院建设行政主管部门对全国的建设工程勘察、设计活动实施统一监督管理。国务院铁路、交通、水利等有关部门按照国务院规定的职责分工,负责对全国的有关专业建设工程勘察、设计活动的监督管理。

县级以上地方人民政府建设行政主管部门对本行政区域内的建设工程勘察、设计活动实施监督管理。县级以上地方人民政府交通、水利等有关部门在各自的职责范围内,负责对本行政区域内的有关专业建设工程勘察、设计活动的监督管理。

第三十二条　建设工程勘察、设计单位在建设工程勘察、设计资质证书规定的业务范围内跨部门、跨地区承揽勘察、设计业务的,有关地方人民政府及其所属部门不得设置障碍,不得违反国家规定收取任何费用。

第三十三条　县级以上人民政府建设行政主管部门或者交通、水利等有关部门应当对施工图设计文件中涉及公共利益、公众安全、工程建设强制性标准的内容进行审查。

施工图设计文件未经审查批准的,不得使用。

第三十四条　任何单位和个人对建设工程勘察、设计活动中的违法行为都有权检举、控告、投诉。

第六章　罚　则

第三十五条　违反本条例第八条规定的,责令停止违法行为,处合同约定的勘察费、设计费 1 倍以上 2 倍以下的罚款,有违法所得的,予以没收;可以责令停业整顿,降低资质等级;情节严重的,吊销资质证书。

未取得资质证书承揽工程的,予以取缔,依照前款规定处以罚款;有违法所得的,予以没收。

以欺骗手段取得资质证书承揽工程的,吊销资质证书,依照本条第一款规定处以罚款;有违法所得的,予以没收。

第三十六条　违反本条例规定,未经注册,擅自以注册建设工程勘察、设计人员的名义从事建设工程勘察、设计活动的,责令停止违法行为,没收违法所得,处违法所得 2 倍以上 5 倍以下罚款;给他人造成损失的,依法承担赔偿责任。

第三十七条　违反本条例规定,建设工程勘察、设计注册执业人员和其他专业技术人员未受聘于一个建设工程勘察、设计单位或者同时受聘于两个以上建设工程勘察、设计单位,从事建设工程勘察、设计活动的,责令停止违法行为,没收违法所得,处违法所得 2 倍以上 5 倍以下的罚款;情节严重的,可以责令停止执行业务或者吊销资格证书;给他人造成损失的,依法承担赔偿责任。

第三十八条　违反本条例规定,发包方将建设工程勘察、设计业务发包给不具有相应资质等级的建设工程勘察、设计单位的,责令改正,处 50 万元以上 100 万元以下的罚款。

第三十九条　违反本条例规定,建设工程勘察、设计单位将所承揽的建设工程勘察、设计转包的,责令改正,没收违法所得,处合同约定的勘察费、设计费 25% 以上 50% 以下的罚款,可以责令停业整顿,降低资质等级;情节严重的,吊销资质证书。

第四十条　违反本条例规定,有下列行为之一的,依照《建设工程质量管理条例》第六十三条的规定给予处罚：

（一）勘察单位未按照工程建设强制性标准进行勘察的；

（二）设计单位未根据勘察成果文件进行工程设计的；

（三）设计单位指定建筑材料、建筑构配件的生产厂、供应商的；

（四）设计单位未按照工程建设强制性标准进行设计的。

第四十一条　本条例规定的责令停业整顿、降低资质等级和吊销资质证书、资格证书的行政处罚，由颁发资质证书、资格证书的机关决定；其他行政处罚，由建设行政主管部门或者其他有关部门依据法定职权范围决定。

依照本条例规定被吊销资质证书的，由工商行政管理部门吊销其营业执照。

第四十二条　国家机关工作人员在建设工程勘察、设计活动的监督管理工作中玩忽职守、滥用职权、徇私舞弊，构成犯罪的，依法追究刑事责任；尚不构成犯罪的，依法给予行政处分。

第七章　附　则

第四十三条　抢险救灾及其他临时性建筑和农民自建两层以下住宅的勘察、设计活动，不适用本条例。

第四十四条　军事建设工程勘察、设计的管理，按照中央军事委员会的有关规定执行。

第四十五条　本条例自公布之日起施行。

附录 5

中华人民共和国招标投标法

中华人民共和国主席令
第 21 号

《中华人民共和国招标投标法》已由中华人民共和国第九届全国人民代表大会常务委员会第十一次会议于 1999 年 8 月 30 日通过，现予公布，自 2000 年 1 月 1 日起施行。

中华人民共和国主席　江泽民
1999 年 8 月 30 日

第一章 总 则

第一条　为了规范招标投标活动,保护国家利益、社会公共利益和招标投标活动当事人的合法权益,提高经济效益,保证项目质量,制定本法。

第二条　在中华人民共和国境内进行招标投标活动,适用本法。

第三条　在中华人民共和国境内进行下列工程建设项目包括项目的勘察、设计、施工、监理以及与工程建设有关的重要设备、材料等的采购,必须进行招标:

(一)大型基础设施、公用事业等关系社会公共利益、公众安全的项目;

(二)全部或者部分使用国有资金投资或者国家融资的项目;

(三)使用国际组织或者外国政府贷款、援助资金的项目。

前款所列项目的具体范围和规模标准,由国务院发展计划部门会同国务院有关部门制订,报国务院批准。

法律或者国务院对必须进行招标的其他项目的范围有规定的,依照其规定。

第四条　任何单位和个人不得将依法必须进行招标的项目化整为零或者以其他任何方式规避招标。

第五条　招标投标活动应当遵循公开、公平、公正和诚实信用的原则。

第六条　依法必须进行招标的项目,其招标投标活动不受地区或者部门的限制。任何单位和个人不得违法限制或者排斥本地区、本系统以外的法人或者其他组织参加投标,不得以任何方式非法干涉招标投标活动。

第七条　招标投标活动及其当事人应当接受依法实施的监督。

有关行政监督部门依法对招标投标活动实施监督,依法查处招标投标活动中的违法行为。

对招标投标活动的行政监督及有关部门的具体职权划分,由国务院规定。

第二章 招 标

第八条 招标人是依照本法规定提出招标项目、进行招标的法人或者其他组织。

第九条 招标项目按照国家有关规定需要履行项目审批手续的,应当先履行审批手续,取得批准。

招标人应当有进行招标项目的相应资金或者资金来源已经落实,并应当在招标文件中如实载明。

招标分为公开招标和邀请招标。

公开招标,是指招标人以招标公告的方式邀请不特定的法人或者其他组织投标。

邀请招标,是指招标人以投标邀请书的方式邀请特定的法人或者其他组织投标。

第十一条 国务院发展计划部门确定的国家重点项目和省、自治区、直辖市人民政府确定的地方重点项目不适宜公开招标的,经国务院发展计划部门或者省、自治区、直辖市人民政府批准,可以进行邀请招标。

第十二条 招标人有权自行选择招标代理机构,委托其办理招标事宜。任何单位和个人不得以任何方式为招标人指定招标代理机构。

招标人具有编制招标文件和组织评标能力的,可以自行办理招标事宜。任何单位和个人不得强制其委托招标代理机构办理招标事宜。

依法必须进行招标的项目,招标人自行办理招标事宜的,应当向有关行政监督部门备案。

第十三条 招标代理机构是依法设立、从事招标代理业务并提供相关服务的社会中介组织。

招标代理机构应当具备下列条件:

(一)有从事招标代理业务的营业场所和相应资金;

(二)有能够编制招标文件和组织评标的相应专业力量;

(三)有符合本法第三十七条第三款规定条件、可以作为评标委员会成员人选的技术、经济等方面的专家库。

第十四条 从事工程建设项目招标代理业务的招标代理机构,其资格由国务院或者省、自治区、直辖市人民政府的建设行政主管部门认定。具体办法由国务院建设行政主管部门会同国务院有关部门制定。从事其他招标代理业务的招标代理机构,其资格认定的主管部门由国务院规定。

招标代理机构与行政机关和其他国家机关不得存在隶属关系或者其他利益关系。

第十五条 招标代理机构应当在招标人委托的范围内办理招标事宜,并遵守本法关于招标人的规定。

第十六条 招标人采用公开招标方式的,应当发布招标公告。依法必须进行招标的项目的招标公告,应当通过国家指定的报刊、信息网络或者其他媒介发布。

招标公告应当载明招标人的名称和地址、招标项目的性质、数量、实施地点和时间以及获取招标文件的办法等事项。

第十七条 招标人采用邀请招标方式的,应当向三个以上具备承担招标项目的能力、资信良好的特定的法人或者其他组织发出投标邀请书。

投标邀请书应当载明本法第十六条第二款规定的事项。

第十八条 招标人可以根据招标项目本身的要求,在招标公告或者投标邀请书中,要求潜在投标人提供有关资质证明文件和业绩情况,并对潜在投标人进行资格审查;国家对投标人的资格条件有规定的,依照其规定。

招标人不得以不合理的条件限制或者排斥潜在投标人,不得对潜在投标人实行歧视待遇。

第十九条 招标人应当根据招标项目的特点和需要编制招标文件。招标文件应当包括招标项目的技术要求、对投标人资格审查的标准、投标报价要求和评标标准等所有实质性要求和条件以及拟签订合同的主要条款。

国家对招标项目的技术、标准有规定的,招标人应当按照其规定在招标文件中提出相应要求。

招标项目需要划分标段、确定工期的,招标人应当合理划分标段、确定工期,并在招标文件中载明。

第二十条 招标文件不得要求或者标明特定的生产供应者以及含有倾向或者排斥潜在投标人的其他内容。

第二十一条 招标人根据招标项目的具体情况,可以组织潜在投标人踏勘项目现场。

第二十二条 招标人不得向他人透露已获取招标文件的潜在投标人的名称、数量以及可能影响公平竞争的有关招标投标的其他情况。

招标人设有标底的,标底必须保密。

第二十三条 招标人对已发出的招标文件进行必要的澄清或者修改的,应当在招标文件要求提交投标文件截止时间至少十五日前,以书面形式通知所有招标文件收受人。该澄清或者修改的内容为招标文件的组成部分。

第二十四条 招标人应当确定投标人编制投标文件所需要的合理时间;但是,依法必须进行招标的项目,自招标文件开始发出之日起至投标人提交投标文件截止之日止,最短不得少于二十日。

第三章 投 标

第二十五条 投标人是响应招标、参加投标竞争的法人或者其他组织。

依法招标的科研项目允许个人参加投标的,投标的个人适用本法有关投标人的规定。

第二十六条 投标人应当具备承担招标项目的能力;国家有关规定对投标人资格条件或者招标文件对投标人资格条件有规定的,投标人应当具备规定的资格条件。

第二十七条 投标人应当按照招标文件的要求编制投标文件。投标文件应当对招标文件提出的实质性要求和条件作出响应。

招标项目属于建设施工的,投标文件的内容应当包括拟派出的项目负责人与主要技术人员的简历、业绩和拟用于完成招标项目的机械设备等。

第二十八条 投标人应当在招标文件要求提交投标文件的截止时间前,将投标文件送达投标地点。招标人收到投标文件后,应当签收保存,不得开启。投标人少于三个的,招标人应当依照本法重新招标。

在招标文件要求提交投标文件的截止时间后送达的投标文件,招标人应当拒收。

第二十九条　投标人在招标文件要求提交投标文件的截止时间前,可以补充、修改或者撤回已提交的投标文件,并书面通知招标人。补充、修改的内容为投标文件的组成部分。

第三十条　投标人根据招标文件载明的项目实际情况,拟在中标后将中标项目的部分非主体、非关键性工作进行分包的,应当在投标文件中载明。

第三十一条　两个以上法人或者其他组织可以组成一个联合体,以一个投标人的身份共同投标。

联合体各方均应当具备承担招标项目的相应能力;国家有关规定或者招标文件对投标人资格条件有规定的,联合体各方均应当具备规定的相应资格条件。由同一专业的单位组成的联合体,按照资质等级较低的单位确定资质等级。

联合体各方应当签订共同投标协议,明确约定各方拟承担的工作和责任,并将共同投标协议连同投标文件一并提交招标人。联合体中标的,联合体各方应当共同与招标人签订合同,就中标项目向招标人承担连带责任。

招标人不得强制投标人组成联合体共同投标,不得限制投标人之间的竞争。

第三十二条　投标人不得相互串通投标报价,不得排挤其他投标人的公平竞争,损害招标人或者其他投标人的合法权益。

投标人不得与招标人串通投标,损害国家利益、社会公共利益或者他人的合法权益。

禁止投标人以向招标人或者评标委员会成员行贿的手段谋取中标。

第三十三条　投标人不得以低于成本的报价竞标,也不得以他人名义投标或者以其他方式弄虚作假,骗取中标。

第四章　开标、评标和中标

第三十四条　开标应当在招标文件确定的提交投标文件截止时间的同一时间公开进行;开标地点应当为招标文件中预先确定的地点。

第三十五条　开标由招标人主持,邀请所有投标人参加。

第三十六条　开标时,由投标人或者其推选的代表检查投标文件的密封情况,也可以由招标人委托的公证机构检查并公证;经确认无误后,由工作人员当众拆封,宣读投标人名称、投标价格和投标文件的其他主要内容。

招标人在招标文件要求提交投标文件的截止时间前收到的所有投标文件,开标时都应当当众予以拆封、宣读。

开标过程应当记录,并存档备查。

第三十七条　评标由招标人依法组建的评标委员会负责。

依法必须进行招标的项目,其评标委员会由招标人的代表和有关技术、经济等方面的专家组成,成员人数为五人以上单数,其中技术、经济等方面的专家不得少于成员总数的三分之二。

前款专家应当从事相关领域工作满八年并具有高级职称或者具有同等专业水平,由招标人从国务院有关部门或者省、自治区、直辖市人民政府有关部门提供的专家名册或者招标代理机构的专家库内的相关专业的专家名单中确定;一般招标项目可以采取随机抽取方式,特殊招标项目可以由招标人直接确定。

与投标人有利害关系的人不得进入相关项目的评标委员会;已经进入的应当更换。

评标委员会成员的名单在中标结果确定前应当保密。

第三十八条　招标人应当采取必要的措施,保证评标在严格保密的情况下进行。

任何单位和个人不得非法干预、影响评标的过程和结果。

第三十九条　评标委员会可以要求投标人对投标文件中含义不明确的内容作必要的澄清或者说明,但是澄清或者说明不得超出投标文件的范围或者改变投标文件的实质性内容。

第四十条　评标委员会应当按照招标文件确定的评标标准和方法,对投标文件进行评审和比较;设有标底的,应当参考标底。评标委员会完成评标后,应当向招标人提出书面评标报告,并推荐合格的中标候选人。

招标人根据评标委员会提出的书面评标报告和推荐的中标候选人确定中标人。招标人也可以授权评标委员会直接确定中标人。

国务院对特定招标项目的评标有特别规定的,从其规定。

第四十一条　中标人的投标应当符合下列条件之一:

(一)能够最大限度地满足招标文件中规定的各项综合评价标准;

(二)能够满足招标文件的实质性要求,并且经评审的投标价格最低;但是投标价格低于成本的除外。

第四十二条　评标委员会经评审,认为所有投标都不符合招标文件要求的,可以否决所有投标。

依法必须进行招标的项目的所有投标被否决的,招标人应当依照本法重新招标。

第四十三条　在确定中标人前,招标人不得与投标人就投标价格、投标方案等实质性内容进行谈判。

第四十四条　评标委员会成员应当客观、公正地履行职务,遵守职业道德,对所提出的评审意见承担个人责任。

评标委员会成员不得私下接触投标人,不得收受投标人的财物或者其他好处。

评标委员会成员和参与评标的有关工作人员不得透露对投标文件的评审和比较、中标候选人的推荐情况以及与评标有关的其他情况。

第四十五条　中标人确定后,招标人应当向中标人发出中标通知书,并同时将中标结果通知所有未中标的投标人。

中标通知书对招标人和中标人具有法律效力。中标通知书发出后,招标人改变中标结果的,或者中标人放弃中标项目的,应当依法承担法律责任。

第四十六条　招标人和中标人应当自中标通知书发出之日起三十日内,按照招标文件和中标人的投标文件订立书面合同。招标人和中标人不得再行订立背离合同实质性内容的其他协议。

招标文件要求中标人提交履约保证金的,中标人应当提交。

第四十七条　依法必须进行招标的项目,招标人应当自确定中标人之日起十五日内,向有关行政监督部门提交招标投标情况的书面报告。

第四十八条　中标人应当按照合同约定履行义务,完成中标项目。中标人不得向他人转让中标项目,也不得将中标项目肢解后分别向他人转让。

中标人按照合同约定或者经招标人同意,可以将中标项目的部分非主体、非关键性工作分包给他人完成。接受分包的人应当具备相应的资格条件,并不得再次分包。

中标人应当就分包项目向招标人负责,接受分包的人就分包项目承担连带责任。

第五章　法律责任

第四十九条　违反本法规定,必须进行招标的项目而不招标的,将必须进行招标的项目化整为零或者以其他任何方式规避招标的,责令限期改正,可以处项目合同金额千分之五以上千分之十以下的罚款;对全部或者部分使用国有资金的项目,可以暂停项目执行或暂停资金拨付;对单位直接负责的主管人员和其他直接责任人员依法给予处分。

第五十条　招标代理机构违反本法规定,泄露应当保密的与招标投标活动有关的情况和资料的,或者与招标人、投标人串通损害国家利益、社会公共利益或者他人合法权益的,处五万元以上二十五万元以下的罚款,对单位直接负责的主管人员和其他直接责任人员处单位罚款数额百分之五以上百分之十以下的罚款;有违法所得的,并处没收违法所得;情节严重的,暂停直至取消招标代理资格;构成犯罪的,依法追究刑事责任。给他人造成损失的,依法承担赔偿责任。

前款所列行为影响中标结果的,中标无效。

第五十一条　招标人以不合理的条件限制或者排斥潜在投标人的,对潜在投标人实行歧视待遇的,强制要求投标人组成联合体共同投标的,或者限制投标人之间竞争的,责令改正,可以处一万元以上五万元以下的罚款。

第五十二条　依法必须进行招标的项目的招标人向他人透露已获取招标文件的潜在投标人的名称、数量或者可能影响公平竞争的有关招标投标的其他情况的,或者泄露标底的,给予警告,可以并处一万元以上十万元以下的罚款;对单位直接负责的主管人员和其他直接责任人员依法给予处分;构成犯罪的,依法追究刑事责任。

前款所列行为影响中标结果的,中标无效。

第五十三条　投标人相互串通投标或者与招标人串通投标的,投标人以向招标人或者评标委员会成员行贿的手段谋取中标的,中标无效,处中标项目金额千分之五以上千分之十以下的罚款,对单位直接负责的主管人员以及其他直接责任人员处单位罚款数额百分之五以上百分之十以下的罚款;有违法所得的,并处没收违法所得;情节严重的,取消其一年至二年内参加依法必须进行招标的项目的投标资格并予以公告,直至由工商行政管理机关吊销营业执照;构成犯罪的,应依法追究刑事责任。给他人造成损失的,依法承担赔偿责任。

第五十四条　投标人以他人名义投标或者以其他方式弄虚作假,骗取中标的,中标无效,给招标人造成损失的,依法承担赔偿责任;构成犯罪的,依法追究刑事责任。

依法必须进行招标的项目的投标人有前款所列行为尚未构成犯罪的,处中标项目金额千分之五以上千分之十以下的罚款,对单位直接负责的主管人员和其他直接责任人员处单位罚款数额百分之五以上百分之十以下的罚款;有违法所得的,并处没收违法所得;情节严重的,取消其一年至三年内参加依法必须进行招标的项目的投标资格并予以公告,直至由工商行政管理机关吊销营业执照。

第五十五条　依法必须进行招标的项目,招标人违反本法规定,与投标人就投标价格、投标方案等实质性内容进行谈判的,给予警告,对单位直接负责的主管人员和其他直接责任人员依法给予处分。

前款所列行为影响中标结果的,中标无效。

第五十六条 评标委员会成员收受投标人的财物或者其他好处的,评标委员会成员或者参加评标的有关工作人员向他人透露对投标文件的评审和比较、中标候选人的推荐以及与评标有关的其他情况的,给予警告,没收收受的财物,可以并处三千元以上五万元以下的罚款,对有所列违法行为的评标委员会成员取消担任评标委员会成员的资格,不得再参加任何依法必须进行招标的项目的评标;构成犯罪的,依法追究刑事责任。

第五十七条 招标人在评标委员会依法推荐的中标候选人以外确定中标人的,依法必须进行招标的项目在所有投标被评标委员会否决后自行确定中标人的,中标无效。责令改正,可以处中标项目金额千分之五以上千分之十以下的罚款;对单位直接负责的主管人员和其他直接责任人员依法给予处分。

第五十八条 中标人将中标项目转让给他人的,将中标项目肢解后分别转让给他人的,违反本法规定将中标项目的部分主体、关键性工作分包给他人的,或者分包人再次分包的,转让、分包无效,处转让、分包项目金额千分之五以上千分之十以下的罚款;有违法所得的,并处没收违法所得;可以责令停业整顿;情节严重的,由工商行政管理机关吊销营业执照。

第五十九条 招标人与中标人不按照招标文件和中标人的投标文件订立合同的,或者招标人、中标人订立背离合同实质性内容的协议的,责令改正;可以处中标项目金额千分之五以上千分之十以下的罚款。

第六十条 中标人不履行与招标人订立的合同的,履约保证金不予退还,给招标人造成的损失超过履约保证金数额的,还应当对超过部分予以赔偿;没有提交履约保证金的,应当对招标人的损失承担赔偿责任。

中标人不按照与招标人订立的合同履行义务,情节严重的,取消其二年至五年内参加依法必须进行招标的项目的投标资格并予以公告,直至由工商行政管理机关吊销营业执照。

因不可抗力不能履行合同的,不适用前两款规定。

第六十一条 本章规定的行政处罚,由国务院规定的有关行政监督部门决定。本法已对实施行政处罚的机关作出规定的除外。

第六十二条 任何单位违反本法规定,限制或者排斥本地区、本系统以外的法人或者其他组织参加投标的,为招标人指定招标代理机构的,强制招标人委托招标代理机构办理招标事宜的,或者以其他方式干涉招标投标活动的,责令改正;对单位直接负责的主管人员和其他直接责任人员依法给予警告、记过、记大过的处分,情节较重的,依法给予降级、撤职、开除的处分。

个人利用职权进行前款违法行为的,依照前款规定追究责任。

第六十三条 对招标投标活动依法负有行政监督职责的国家机关工作人员徇私舞弊、滥用职权或者玩忽职守,构成犯罪的,依法追究刑事责任;不构成犯罪的,依法给予行政处分。

第六十四条 依法必须进行招标的项目违反本法规定,中标无效的,应当依照本法规定的中标条件从其余投标人中重新确定中标人或者依照本法重新进行招标。

第六章 附 则

第六十五条 投标人和其他利害关系人认为招标投标活动不符合本法有关规定的,有权向招标人提出异议或者依法向有关行政监督部门投诉。

第六十六条 涉及国家安全、国家秘密、抢险救灾或者属于利用扶贫资金实行以工代赈、需要使用农民工等特殊情况,不适宜进行招标的项目,按照国家有关规定可以不进行招标。

第六十七条 使用国际组织或者外国政府贷款、援助资金的项目进行招标,贷款方、资金提供方对招标投标的具体条件和程序有不同规定的,可以适用其规定。但违背中华人民共和国的社会公共利益的除外。

第六十八条 本法自 2000 年 1 月 1 日起施行。

附录 6

建筑工程设计招标投标管理办法

中华人民共和国建设部

第 82 号

《建筑工程设计招标投标管理办法》已于 2000 年 10 月 8 日经第 31 次部常务会议通过，现予发布，自发布之日起施行。

部长　俞正声

2000 年 10 月 18 日

第一条　为规范建筑工程设计市场，优化建筑工程设计，促进设计质量的提高，根据《中华人民共和国招标投标法》，制定本办法。

第二条　符合《工程建设项目招标范围和规模标准规定》的各类房屋建筑工程，其设计招标投标适用本办法。

第三条　建筑工程的设计，采用特定专利技术、专有技术，或者建筑艺术造型有特殊要求的，经有关部门批准，可以直接发包。

第四条　国务院建设行政主管部门负责全国建筑工程设计招标投标的监督管理。

县级以上地方人民政府建设行政主管部门负责本行政区域内建筑工程设计招标投标的监督管理。

第五条　建筑工程设计招标依法可以公开招标或者邀请招标。

第六条　招标人具备下列条件的，可以自行组织招标：

（一）有与招标项目工程规模及复杂程度相适应的工程技术、工程造价、财务和工程管理人员，具备组织编写招标文件的能力；

（二）有组织评标的能力。

招标人不具备前款规定条件的，应当委托具有相应资格的招标代理机构进行招标。

第七条　依法必须招标的建筑工程项目，招标人自行组织招标的，应当在发布招标公告或者发出招标邀请书 15 日前，持有关材料到县级以上地方人民政府建设行政主管部门备案；招标人委托招标代理机构进行招标的，招标人应当在委托合同签定后 15 日内，持有关材料到县级以上地方人民政府建设行政主管部门备案。

备案机关应当在接受备案之日起 5 日内进行审核，发现招标人不具备自行招标条件、代理机构无相应资格、招标前期条件不具备、招标公告或者招标邀请书有重大瑕疵的，可以责令招标人暂时停止招标活动。

备案机关逾期未提出异议的，招标人可以实施招标活动。

第八条 公开招标的,招标人应当发布招标公告。邀请招标的,招标人应当向三个以上设计单位发出招标邀请书。

招标公告或者招标邀请书应当载明招标人名称和地址、招标项目的基本要求、投标人的资质要求以及获取招标文件的办法等事项。

第九条 招标文件应当包括以下内容:

(一)工程名称、地址、占地面积、建筑面积等;

(二)已批准的项目建议书或者可行性研究报告;

(三)工程经济技术要求;

(四)城市规划管理部门确定的规划控制条件和用地红线图;

(五)可供参考的工程地质、水文地质、工程测量等建设场地勘察成果报告;

(六)供水、供电、供气、供热、环保、市政道路等方面的基础资料;

(七)招标文件答疑、踏勘现场的时间和地点;

(八)投标文件编制要求及评标原则;

(九)投标文件送达的截止时间;

(十)拟签订合同的主要条款;

(十一)未中标方案的补偿办法。

第十条 招标文件一经发出,招标人不得随意变更。确需进行必要的澄清或者修改,应当在提交投标文件截止日期 15 日前,书面通知所有招标文件收受人。

第十一条 招标人要求投标人提交投标文件的时限为:特级和一级建筑工程不少于 45 日;二级以下建筑工程不少于 30 日;进行概念设计招标的,不少于 20 日。

第十二条 投标人应当具有与招标项目相适应的工程设计资质。

境外设计单位参加国内建筑工程设计投标的,应当经省、自治区、直辖市人民政府建设行政主管部门批准。

第十三条 投标人应当按照招标文件、建筑方案设计文件编制深度规定的要求编制投标文件;进行概念设计招标的,应当按照招标文件要求编制投标文件。

投标文件应当由具有相应资格的注册建筑师签章,加盖单位公章。

第十四条 评标由评标委员会负责。

评标委员会由招标人代表和有关专家组成。评标委员会人数一般为五人以上单数,其中技术方面的专家不得少于成员总数的三分之二。

投标人或者与投标人有利害关系的人员不得参加评标委员会。

第十五条 国务院建设行政主管部门,省、自治区、直辖市人民政府建设行政主管部门应当建立建筑工程设计评标专家库。

第十六条 有下列情形之一的,投标文件作废:

(一)投标文件未经密封的;

(二)无相应资格的注册建筑师签字的;

(三)无投标人公章的;

(四)注册建筑师受聘单位与投标人不符的。

第十七条 评标委员会应当在符合城市规划、消防、节能、环保的前提下,按照招标文件的要求,对投标设计方案的经济、技术、功能和造型等进行比选、评价,确定符合招标文件要求的最优设计方案。

第十八条　评标委员会应当在评标完成后,向招标人提出书面评标报告。

采用公开招标方式的,评标委员会应当向招标人推荐2～3个中标候选方案。

采用邀请招标方式的,评标委员会应当向招标人推荐1～2个中标候选方案。

第十九条　招标人根据评标委员会的书面评标报告和推荐的中标候选方案,结合投标人的技术力量和业绩确定中标方案。

招标人也可以委托评标委员会直接确定中标方案。

招标人认为评标委员会推荐的所有候选方案均不能最大限度满足招标文件规定要求的,应当依法重新招标。

第二十条　招标人应当在中标方案确定之日起7日内,向中标人发出中标通知,并将中标结果通知所有未中标人。

第二十一条　依法必须进行招标的项目,招标人应当在中标方案确定之日起15日内,向县级以上地方人民政府建设行政主管部门提交招标投标情况的书面报告。

第二十二条　对达到招标文件规定要求的未中标方案,公开招标的,招标人应当在招标公告中明确是否给予未中标单位经济补偿及补偿金额;邀请招标的,应当给予未中标单位经济补偿,补偿金额应当在招标邀请书中明确。

第二十三条　招标人应当在中标通知书发出之日起30日内与中标人签订工程设计合同。确需另择设计单位承担施工图设计的,应当在招标公告或招标邀请书中明确。

第二十四条　招标人、中标人使用未中标方案的,应当征得提交方案的投标人同意并付给使用费。

第二十五条　依法必须招标的建筑工程项目,招标人自行组织招标的,未在发布招标公告或招标邀请书15日前到县级以上地方人民政府建设行政主管部门备案,或者委托招标代理机构进行招标的,招标人未在委托合同签订后15日内到县级以上地方人民政府建设行政主管部门备案的,由县级以上地方人民政府建设行政主管部门责令改正,并可处以1万元以上3万元以下罚款。

第二十六条　招标人未在中标方案确定之日起15日内,向县级以上地方人民政府建设行政主管部门提交招标投标情况的书面报告的,由县级以上地方人民政府建设行政主管部门责令改正,并可处以1万元以上3万元以下的罚款。

第二十七条　招标人将必须进行设计招标的项目不招标的,或将必须进行招标的项目化整为零或者以其他方式规避招标的,由县级以上地方人民政府建设行政主管部门责令其限期改正,并可处以项目合同金额千分之五以上千分之十以下的罚款。

第二十八条　招标代理机构有下列行为之一的,由省、自治区、直辖市地方人民政府建设行政主管部门处5万元以上25万元以下的罚款;有违法所得的,并处没收违法所得;情节严重的,由国务院建设行政主管部门或者省、自治区、直辖市地方人民政府建设行政主管部门暂停直至取消代理机构资格;构成犯罪的,依法追究刑事责任。给他人造成损失的,依法承担赔偿责任:

(一)在开标前泄漏应当保密的与招标有关的情况和资料的;

(二)与招标人或者投标人串通损害国家利益、社会公众利益或投标人利益的。

前款所列行为影响中标结果的,中标结果无效。

第二十九条 投标人相互串通投标,或者以向招标人、评标委员会成员行贿的手段谋取中标的,中标无效,由县级以上地方人民政府建设行政主管部门处中标项目金额千分之五以上千分之十以下的罚款;情节严重的,取消一至二年内参加依法必须进行招标的工程项目设计招标的投标资格,并予以公告。

第三十条 评标委员会成员收受投标人财物或其他好处,或者向他人透露投标方案评审有关情况的,由县级以上地方人民政府建设行政主管部门给予警告,没收收受财物,并可处以3000元以上5万元以下的罚款。

评标委员会成员有前款所列行为的,由国务院建设行政主管部门或者省、自治区、直辖市人民政府建设行政主管部门取消担任评标委员会成员的资格,不得再参加任何依法进行的建筑工程设计招投标的评标,构成犯罪的,依法追究刑事责任。

第三十一条 建设行政主管部门或者有关职能部门的工作人员徇私舞弊、滥用职权,干预正常招标投标活动的,由所在单位给予行政处分;构成犯罪的,依法追究刑事责任。

第三十二条 省、自治区、直辖市人民政府建设行政主管部门,可以根据本办法制定实施细则。

第三十三条 城市市政公用工程设计招标投标参照本办法执行。

第三十四条 本办法由国务院建设行政主管部门解释。

第三十五条 本办法自发布之日起施行。

附录7

建设工程勘察设计资质管理规定

中华人民共和国建设部令

第 160 号

《建设工程勘察设计资质管理规定》已于 2006 年 12 月 30 日经建设部第 114 次常务会议讨论通过,现予发布,自 2007 年 9 月 1 日起施行。

部　长　汪光焘

2007 年 6 月 26 日

第一章　总　则

第一条　为了加强对建设工程勘察、设计活动的监督管理,保证建设工程勘察、设计质量,根据《中华人民共和国行政许可法》、《中华人民共和国建筑法》、《建设工程质量管理条例》和《建设工程勘察设计管理条例》等法律、行政法规,制定本规定。

第二条　在中华人民共和国境内申请建设工程勘察、工程设计资质,实施对建设工程勘察、工程设计资质的监督管理,适用本规定。

第三条　从事建设工程勘察、工程设计活动的企业,应当按照其拥有的注册资本、专业技术人员、技术装备和勘察设计业绩等条件申请资质,经审查合格,取得建设工程勘察、工程设计资质证书后,方可在资质许可的范围内从事建设工程勘察、工程设计活动。

第四条　国务院建设主管部门负责全国建设工程勘察、工程设计资质的统一监督管理。国务院铁路、交通、水利、信息产业、民航等有关部门配合国务院建设主管部门实施相应行业的建设工程勘察、工程设计资质管理工作。

省、自治区、直辖市人民政府建设主管部门负责本行政区域内建设工程勘察、工程设计资质的统一监督管理。省、自治区、直辖市人民政府交通、水利、信息产业等有关部门配合同级建设主管部门实施本行政区域内相应行业的建设工程勘察、工程设计资质管理工作。

第二章　资质分类和分级

第五条　工程勘察资质分为工程勘察综合资质、工程勘察专业资质、工程勘察劳务资质。

工程勘察综合资质只设甲级;工程勘察专业资质设甲级、乙级,根据工程性质和技术特点,部分专业可以设丙级;工程勘察劳务资质不分等级。

取得工程勘察综合资质的企业,可以承接各专业(海洋工程勘察除外)、各等级工程勘察业务；取得工程勘察专业资质的企业，可以承接相应等级相应专业的工程勘察业务；取得工程勘察劳务资质的企业，可以承接岩土工程治理、工程钻探、凿井等工程勘察劳务业务。

第六条　工程设计资质分为工程设计综合资质、工程设计行业资质、工程设计专业资质和工程设计专项资质。

工程设计综合资质只设甲级；工程设计行业资质、工程设计专业资质、工程设计专项资质设甲级、乙级。

根据工程性质和技术特点，个别行业、专业、专项资质可以设丙级，建筑工程专业资质可以设丁级。

取得工程设计综合资质的企业，可以承接各行业、各等级的建设工程设计业务；取得工程设计行业资质的企业，可以承接相应行业相应等级的工程设计业务及本行业范围内同级别的相应专业、专项（设计施工一体化资质除外）工程设计业务；取得工程设计专业资质的企业，可以承接本专业相应等级的专业工程设计业务及同级别的相应专项工程设计业务（设计施工一体化资质除外）；取得工程设计专项资质的企业，可以承接本专项相应等级的专项工程设计业务。

第七条　建设工程勘察、工程设计资质标准和各资质类别、级别企业承担工程的具体范围由国务院建设主管部门商国务院有关部门制定。

第三章　资质申请和审批

第八条　申请工程勘察甲级资质、工程设计甲级资质，以及涉及铁路、交通、水利、信息产业、民航等方面的工程设计乙级资质的，应当向企业工商注册所在地的省、自治区、直辖市人民政府建设主管部门提出申请。其中，国务院国资委管理的企业应当向国务院建设主管部门提出申请；国务院国资委管理的企业下属一层级的企业申请资质，应当由国务院国资委管理的企业向国务院建设主管部门提出申请。

省、自治区、直辖市人民政府建设主管部门应当自受理申请之日起20日内初审完毕，并将初审意见和申请材料报国务院建设主管部门。

国务院建设主管部门应当自省、自治区、直辖市人民政府建设主管部门受理申请材料之日起60日内完成审查，公示审查意见，公示时间为10日。其中，涉及铁路、交通、水利、信息产业、民航等方面的工程设计资质，由国务院建设主管部门送国务院有关部门审核，国务院有关部门在20日内审核完毕，并将审核意见送国务院建设主管部门。

第九条　工程勘察乙级及以下资质、劳务资质、工程设计乙级（涉及铁路、交通、水利、信息产业、民航等方面的工程设计乙级资质除外）及以下资质许可由省、自治区、直辖市人民政府建设主管部门实施。具体实施程序由省、自治区、直辖市人民政府建设主管部门依法确定。

省、自治区、直辖市人民政府建设主管部门应当自作出决定之日起30日内，将准予资质许可的决定报国务院建设主管部门备案。

第十条　工程勘察、工程设计资质证书分为正本和副本，正本一份，副本六份，由国务院建设主管部门统一印制，正、副本具备同等法律效力。资质证书有效期为5年。

第十一条　企业首次申请工程勘察、工程设计资质，应当提供以下材料：

（一）工程勘察、工程设计资质申请表；

（二）企业法人、合伙企业营业执照副本复印件；

（三）企业章程或合伙人协议；

（四）企业法定代表人、合伙人的身份证明；

（五）企业负责人、技术负责人的身份证明、任职文件、毕业证书、职称证书及相关资质标准要求提供的材料；

（六）工程勘察、工程设计资质申请表中所列注册执业人员的身份证明、注册执业证书；

（七）工程勘察、工程设计资质标准要求的非注册专业技术人员的职称证书、毕业证书、身份证明及个人业绩材料；

（八）工程勘察、工程设计资质标准要求的注册执业人员、其他专业技术人员与原聘用单位解除聘用劳动合同的证明及新单位的聘用劳动合同；

（九）资质标准要求的其他有关材料。

第十二条　企业申请资质升级应当提交以下材料：

（一）本规定第十一条第（一）、（二）、（五）、（六）、（七）、（九）项所列资料；

（二）工程勘察、工程设计资质标准要求的非注册专业技术人员与本单位签定的劳动合同及社保证明；

（三）原工程勘察、工程设计资质证书副本复印件；

（四）满足资质标准要求的企业工程业绩和个人工程业绩。

第十三条　企业增项申请工程勘察、工程设计资质，应当提交下列材料：

（一）本规定第十一条所列（一）、（二）、（五）、（六）、（七）、（九）的资料；

（二）工程勘察、工程设计资质标准要求的非注册专业技术人员与本单位签定的劳动合同及社保证明

（三）原资质证书正、副本复印件；

（四）满足相应资质标准要求的个人工程业绩证明。

第十四条　资质有效期届满，企业需要延续资质证书有效期的，应当在资质证书有效期届满60日前，向原资质许可机关提出资质延续申请。

对在资质有效期内遵守有关法律、法规、规章、技术标准，信用档案中无不良行为记录，且专业技术人员满足资质标准要求的企业，经资质许可机关同意，有效期延续5年。

第十五条　企业在资质证书有效期内名称、地址、注册资本、法定代表人等发生变更的，应当在工商部门办理变更手续后30日内办理资质证书变更手续。

取得工程勘察甲级资质、工程设计甲级资质，以及涉及铁路、交通、水利、信息产业、民航等方面的工程设计乙级资质的企业，在资质证书有效期内发生企业名称变更的，应当向企业工商注册所在地省、自治区、直辖市人民政府建设主管部门提出变更申请，省、自治区、直辖市人民政府建设主管部门应当自受理申请之日起2日内将有关变更证明材料报国务院建设主管部门，由国务院建设主管部门在2日内办理变更手续。

前款规定以外的资质证书变更手续，由企业工商注册所在地的省、自治区、直辖市人民政府建设主管部门负责办理。省、自治区、直辖市人民政府建设主管部门应当自受理申请之日起2日内办理变更手续，并在办理资质证书变更手续后15日内将变更结果报国务院建设主管部门备案。

涉及铁路、交通、水利、信息产业、民航等方面的工程设计资质的变更，国务院建设主管

部门应当将企业资质变更情况告知国务院有关部门。

第十六条 企业申请资质证书变更,应当提交以下材料:

(一)资质证书变更申请;

(二)企业法人、合伙企业营业执照副本复印件;

(三)资质证书正、副本原件;

(四)与资质变更事项有关的证明材料。

企业改制的,除提供前款规定资料外,还应当提供改制重组方案、上级资产管理部门或者股东大会的批准决定、企业职工代表大会同意改制重组的决议。

第十七条 企业首次申请、增项申请工程勘察、工程设计资质,其申请资质等级最高不超过乙级,且不考核企业工程勘察、工程设计业绩。

已具备施工资质的企业首次申请同类别或相近类别的工程勘察、工程设计资质的,可以将相应规模的工程总承包业绩作为工程业绩予以申报。其申请资质等级最高不超过其现有施工资质等级。

第十八条 企业合并的,合并后存续或者新设立的企业可以承继合并前各方中较高的资质等级,但应当符合相应的资质标准条件。

企业分立的,分立后企业的资质按照资质标准及本规定的审批程序核定。

企业改制的,改制后不再符合资质标准的,应按其实际达到的资质标准及本规定重新核定;资质条件不发生变化的,按本规定第十六条办理。

第十九条 从事建设工程勘察、设计活动的企业,申请资质升级、资质增项,在申请之日起前一年内有下列情形之一的,资质许可机关不予批准企业的资质升级申请和增项申请:

(一)企业相互串通投标或者与招标人串通投标承揽工程勘察、工程设计业务的;

(二)将承揽的工程勘察、工程设计业务转包或违法分包的;

(三)注册执业人员未按照规定在勘察设计文件上签字的;

(四)违反国家工程建设强制性标准的;

(五)因勘察设计原因造成过重大生产安全事故的;

(六)设计单位未根据勘察成果文件进行工程设计的;

(七)设计单位违反规定指定建筑材料、建筑构配件的生产厂、供应商的;

(八)无工程勘察、工程设计资质或者超越资质等级范围承揽工程勘察、工程设计业务的;

(九)涂改、倒卖、出租、出借或者以其他形式非法转让资质证书的;

(十)允许其他单位、个人以本单位名义承揽建设工程勘察、设计业务的;

(十一)其他违反法律、法规行为的。

第二十条 企业在领取新的工程勘察、工程设计资质证书的同时,应当将原资质证书交回原发证机关予以注销。

企业需增补(含增加、更换、遗失补办)工程勘察、工程设计资质证书的,应当持资质证书增补申请等材料向资质许可机关申请办理。遗失资质证书的,在申请补办前应当在公众媒体上刊登遗失声明。资质许可机关应当在 2 日内办理完毕。

第四章 监督与管理

第二十一条 国务院建设主管部门对全国的建设工程勘察、设计资质实施统一的监督管理。国务院铁路、交通、水利、信息产业、民航等有关部门配合国务院建设主管部门对相应的行业资质进行监督管理。

县级以上地方人民政府建设主管部门负责对本行政区域内的建设工程勘察、设计资质实施监督管理。县级以上人民政府交通、水利、信息产业等有关部门配合同级建设主管部门对相应的行业资质进行监督管理。

上级建设主管部门应当加强对下级建设主管部门资质管理工作的监督检查,及时纠正资质管理中的违法行为。

第二十二条 建设主管部门、有关部门履行监督检查职责时,有权采取下列措施:

(一)要求被检查单位提供工程勘察、设计资质证书,注册执业人员的注册执业证书,有关工程勘察、设计业务的文档,有关质量管理、安全生产管理、档案管理、财务管理等企业内部管理制度的文件;

(二)进入被检查单位进行检查,查阅相关资料;

(三)纠正违反有关法律、法规和本规定及有关规范和标准的行为。

建设主管部门、有关部门依法对企业从事行政许可事项的活动进行监督检查时,应当将监督检查情况和处理结果予以记录,由监督检查人员签字后归档。

第二十三条 建设主管部门、有关部门在实施监督检查时,应当有两名以上监督检查人员参加,并出示执法证件,不得妨碍企业正常的生产经营活动,不得索取或者收受企业的财物,不得谋取其他利益。

有关单位和个人对依法进行的监督检查应当协助与配合,不得拒绝或者阻挠。

监督检查机关应当将监督检查的处理结果向社会公布。

第二十四条 企业违法从事工程勘察、工程设计活动的,其违法行为发生地的建设主管部门应当依法将企业的违法事实、处理结果或处理建议告知该企业的资质许可机关。

第二十五条 企业取得工程勘察、设计资质后,不再符合相应资质条件的,建设主管部门、有关部门根据利害关系人的请求或者依据职权,可以责令其限期改正;逾期不改的,资质许可机关可以撤回其资质。

第二十六条 有下列情形之一的,资质许可机关或者其上级机关,根据利害关系人的请求或者依据职权,可以撤销工程勘察、工程设计资质:

(一)资质许可机关工作人员滥用职权、玩忽职守作出准予工程勘察、工程设计资质许可的;

(二)超越法定职权作出准予工程勘察、工程设计资质许可;

(三)违反资质审批程序作出准予工程勘察、工程设计资质许可的;

(四)对不符合许可条件的申请人作出工程勘察、工程设计资质许可的;

(五)依法可以撤销资质证书的其他情形。

以欺骗、贿赂等不正当手段取得工程勘察、工程设计资质证书的,应当予以撤销。

第二十七条 有下列情形之一的,企业应当及时向资质许可机关提出注销资质的申请,交回资质证书,资质许可机关应当办理注销手续,公告其资质证书作废:

（一）资质证书有效期届满未依法申请延续的；

（二）企业依法终止的；

（三）资质证书依法被撤销、撤回，或者吊销的；

（四）法律、法规规定的应当注销资质的其他情形。

第二十八条　有关部门应当将监督检查情况和处理意见及时告知建设主管部门。资质许可机关应当将涉及铁路、交通、水利、信息产业、民航等方面的资质被撤回、撤销和注销的情况及时告知有关部门。

第二十九条　企业应当按照有关规定，向资质许可机关提供真实、准确、完整的企业信用档案信息。

企业的信用档案应当包括企业基本情况、业绩、工程质量和安全、合同违约等情况。被投诉举报和处理、行政处罚等情况应当作为不良行为记入其信用档案。

企业的信用档案信息按照有关规定向社会公示。

第五章　法律责任

第三十条　企业隐瞒有关情况或者提供虚假材料申请资质的，资质许可机关不予受理或者不予行政许可，并给予警告，该企业在 1 年内不得再次申请该资质。

第三十一条　企业以欺骗、贿赂等不正当手段取得资质证书的，由县级以上地方人民政府建设主管部门或者有关部门给予警告，并依法处以罚款；该企业在 3 年内不得再次申请该资质。

第三十二条　企业不及时办理资质证书变更手续的，由资质许可机关责令限期办理；逾期不办理的，可处以 1000 元以上 1 万元以下的罚款。

第三十三条　企业未按照规定提供信用档案信息的，由县级以上地方人民政府建设主管部门给予警告，责令限期改正；逾期未改正的，可处以 1000 元以上 1 万元以下的罚款。

第三十四条　涂改、倒卖、出租、出借或者以其他形式非法转让资质证书的，由县级以上地方人民政府建设主管部门或者有关部门给予警告，责令改正，并处以 1 万元以上 3 万元以下的罚款；造成损失的，依法承担赔偿责任；构成犯罪的，依法追究刑事责任。

第三十五条　县级以上地方人民政府建设主管部门依法给予工程勘察、设计企业行政处罚的，应当将行政处罚决定以及给予行政处罚的事实、理由和依据，报国务院建设主管部门备案。

第三十六条　建设主管部门及其工作人员，违反本规定，有下列情形之一的，由其上级行政机关或者监察机关责令改正；情节严重的，对直接负责的主管人员和其他直接责任人员，依法给予行政处分：

（一）对不符合条件的申请人准予工程勘察、设计资质许可的；

（二）对符合条件的申请人不予工程勘察、设计资质许可或者未在法定期限内作出许可决定的；

（三）对符合条件的申请不予受理或者未在法定期限内初审完毕的；

（四）利用职务上的便利，收受他人财物或者其他好处的；

（五）不依法履行监督职责或者监督不力，造成严重后果的。

第六章 附 则

第三十七条 本规定所称建设工程勘察包括建设工程项目的岩土工程、水文地质、工程测量、海洋工程勘察等。

第三十八条 本规定所称建设工程设计是指:

(一)建设工程项目的主体工程和配套工程(含厂(矿)区内的自备电站、道路、专用铁路、通信、各种管网管线和配套的建筑物等全部配套工程)以及与主体工程、配套工程相关的工艺、土木、建筑、环境保护、水土保持、消防、安全、卫生、节能、防雷、抗震、照明工程等的设计。

(二)建筑工程建设用地规划许可证范围内的室外工程设计、建筑物构筑物设计、民用建筑修建的地下工程设计及住宅小区、工厂厂前区、工厂生活区、小区规划设计及单体设计等,以及上述建筑工程所包含的相关专业的设计内容(包括总平面布置、竖向设计、各类管网管线设计、景观设计、室内外环境设计及建筑装饰、道路、消防、安保、通信、防雷、人防、供配电、照明、废水治理、空调设施、抗震加固等)。

第三十九条 取得工程勘察、工程设计资质证书的企业,可以从事资质证书许可范围内相应的建设工程总承包业务,可以从事工程项目管理和相关的技术与管理服务。

第四十条 本规定自 2007 年 9 月 1 日起实施。2001 年 7 月 25 日建设部颁布的《建设工程勘察设计企业资质管理规定》(建设部令第 93 号)同时废止。

附录 8

中华人民共和国注册建筑师条例

中华人民共和国国务院令

第 184 号

现发布《中华人民共和国注册建筑师条例》,自发布之日起施行。

总理 李 鹏

1995 年 9 月 23 日

第一章 总 则

第一条 为了加强对注册建筑师的管理,提高建筑设计质量与水平,保障公民生命和财产安全,维护社会公共利益,制定本条例。

第二条 本条例所称注册建筑师,是指依法取得注册建筑师证书并从事房屋建筑设计及相关业务的人员。

注册建筑师分为一级注册建筑师和二级注册建筑师。

第三条 注册建筑师的考试、注册和执业,适用本条例。

第四条 国务院建设行政主管部门、人事行政主管部门和省、自治区、直辖市人民政府建设行政主管部门、人事行政主管部门依照本条例的规定对注册建筑师的考试、注册和执业实施指导和监督。

第五条 全国注册建筑师管理委员会和省、自治区、直辖市注册建筑师管理委员会,依照本条例的规定负责注册建筑师的考试和注册的具体工作。

全国注册建筑师管理委员会由国务院建设行政主管部门、人事行政主管部门、其他有关行政主管部门的代表和建筑设计专家组成。

省、自治区、直辖市注册建筑师管理委员会由省、自治区、直辖市建设行政主管部门、人事行政主管部门、其他有关行政主管部门的代表和建筑设计专家组成。

第六条 注册建筑师可以组建注册建筑师协会,维护会员的合法权益。

第二章 考试和注册

第七条 国家实行注册建筑师全国统一考试制度。注册建筑师全国统一考试办法,由国务院建设行政主管部门会同国务院人事行政主管部门商国务院其他有关行政主管部门共同制定,由全国注册建筑师管理委员会组织实施。

第八条 符合下列条件之一的,可以申请参加一级注册建筑师考试:

（一）取得建筑学硕士以上学位或者相近专业工学博士学位，并从事建筑设计或者相关业务 2 年以上的；

（二）取得建筑学学士学位或者相近专业工学硕士学位，并从事建筑设计或者相关业务 3 年以上的；

（三）具有建筑学专业大学本科毕业学历并从事建筑设计或者相关业务 5 年以上的，或者具有建筑学相近专业大学本科毕业学历并从事建筑设计或者相关业务 7 年以上的；

（四）取得高级工程师技术职称并从事建筑设计或者相关业务 3 年以上的，或者取得工程师技术职称并从事建筑设计或者相关业务 5 年以上的；

（五）不具有前四项规定的条件，但设计成绩突出，经全国注册建筑师管理委员会认定达到前四项规定的专业水平的。

第九条 符合下列条件之一的，可以申请参加二级注册建筑师考试：

（一）具有建筑学或者相近专业大学本科毕业以上学历，从事建筑设计或者相关业务 2 年以上的；

（二）具有建筑设计技术专业或者相近专业大专毕业以上学历，并从事建筑设计或者相关业务 3 年以上的；

（三）具有建筑设计技术专业 4 年制中专毕业学历，并从事建筑设计或者相关业务 5 年以上的；

（四）具有建筑设计技术相近专业中专毕业学历，并从事建筑设计或者相关业务 7 年以上的；

（五）取得助理工程师以上技术职称，并从事建筑设计或者相关业务 3 年以上的。

第十条 本条例施行前已取得高级、中级技术职称的建筑设计人员，经所在单位推荐，可以按照注册建筑师全国统一考试办法的规定，免予部分科目的考试。

第十一条 注册建筑师考试合格，取得相应的注册建筑师资格的，可以申请注册。

第十二条 一级注册建筑师的注册，由全国注册建筑师管理委员会负责；二级注册建筑师的注册，由省、自治区、直辖市注册建筑师管理委员会负责。

第十三条 有下列情形之一的，不予注册：

（一）不具有完全民事行为能力的；

（二）因受刑事处罚，自刑罚执行完毕之日起至申请注册之日止不满 5 年的；

（三）因在建筑设计或者相关业务中犯有错误受行政处罚或者撤职以上行政处分，自处罚、处分决定之日起至申请注册之日止不满 2 年的；

（四）受吊销注册建筑师证书的行政处罚，自处罚决定之日起至申请注册之日止不满 5 年的；

（五）有国务院规定不予注册的其他情形的。

第十四条 全国注册建筑师管理委员会和省、自治区、直辖市注册建筑师管理委员会依照本条例第十三条的规定，决定不予注册的，应当自决定之日起 15 日内书面通知申请人；申请人有异议的，可以自收到通知之日起 15 日内向国务院建设行政主管部门或者省、自治区、直辖市人民政府建设行政主管部门申请复议。

第十五条 全国注册建筑师管理委员会应当将准予注册的一级注册建筑师名单报国务院建设行政主管部门备案；省、自治区、直辖市注册建筑师管理委员会应当将准予注册的二级注册建筑师名单报省、自治区、直辖市人民政府建设行政主管部门备案。

国务院建设行政主管部门或者省、自治区、直辖市人民政府建设行政主管部门发现有关注册建筑师管理委员会的注册不符合本条例规定的,应当通知有关注册建筑师管理委员会撤销注册,收回注册建筑师证书。

第十六条　准予注册的申请人,分别由全国注册建筑师管理委员会和省、自治区、直辖市注册建筑师管理委员会核发由国务院建设行政主管部门统一制作的一级注册建筑师证书或者二级注册建筑师证书。

第十七条　注册建筑师注册的有效期为 2 年。有效期届满需要继续注册的,应当在期满前 30 日内办理注册手续。

第十八条　已取得注册建筑师证书的人员,除本条例第十五条第二款规定的情形外,注册后有下列情形之一的,由准予注册的全国注册建筑师管理委员会或者省、自治区、直辖市注册建筑师管理委员会撤销注册,收回注册建筑师证书:

（一）完全丧失民事行为能力的;

（二）受刑事处罚的;

（三）因在建筑设计或者相关业务中犯有错误,受到行政处罚或者撤职以上行政处分的;

（四）自行停止注册建筑师业务满 2 年的。

被撤销注册的当事人对撤销注册、收回注册建筑师证书有异议的,可以自接到撤销注册、收回注册建筑师证书的通知之日起 15 日内向国务院建设行政主管部门或者省、自治区、直辖市人民政府建设行政主管部门申请复议。

第十九条　被撤销注册的人员可以依照本条例的规定重新注册。

第三章　执　业

第二十条　注册建筑师的执业范围:

（一）建筑设计;

（二）建筑设计技术咨询;

（三）建筑物调查与鉴定;

（四）对本人主持设计的项目进行施工指导和监督;

（五）国务院建设行政主管部门规定的其他业务。

第二十一条　注册建筑师执行业务,应当加入建筑设计单位。

建筑设计单位的资质等级及其业务范围,由国务院建设行政主管部门规定。

第二十二条　一级注册建筑师的执业范围不受建筑规模和工程复杂程度的限制。二级注册建筑师的执业范围不得超越国家规定的建筑规模和工程复杂程度。

第二十三条　注册建筑师执行业务,由建筑设计单位统一接受委托并统一收费。

第二十四条　因设计质量造成的经济损失,由建筑设计单位承担赔偿责任;建筑设计单位有权向签字的注册建筑师追偿。

第四章　权利和义务

第二十五条　注册建筑师有权以注册建筑师的名义执行注册建筑师业务。

非注册建筑师不得以注册建筑师的名义执行注册建筑师业务。二级注册建筑师不得以一级注册建筑师的名义执行业务,也不得超越国家规定的二级注册建筑师的执业范围执行业务。

第二十六条 国家规定的一定跨度、跨径和高度以上的房屋建筑,应当由注册建筑师进行设计。

第二十七条 任何单位和个人修改注册建筑师的设计图纸,应当征得该注册建筑师同意;但是,因特殊情况不能征得该注册建筑师同意的除外。

第二十八条 注册建筑师应当履行下列义务:

(一)遵守法律、法规和职业道德,维护社会公共利益;

(二)保证建筑设计的质量,并在其负责的设计图纸上签字;

(三)保守在执业中知悉的单位和个人的秘密;

(四)不得同时受聘于二个以上建筑设计单位执行业务;

(五)不得准许他人以本人名义执行业务。

第五章 法律责任

第二十九条 以不正当手段取得注册建筑师考试合格资格或者注册建筑师证书的,由全国注册建筑师管理委员会或者省、自治区、直辖市注册建筑师管理委员会取消考试合格资格或者吊销注册建筑师证书;对负有直接责任的主管人员和其他直接责任人员,依法给予行政处分。

第三十条 未经注册擅自以注册建筑师名义从事注册建筑师业务的,由县级以上人民政府建设行政主管部门责令停止违法活动,没收违法所得,并可以处以违法所得 5 倍以下的罚款;造成损失的,应当承担赔偿责任。

第三十一条 注册建筑师违反本条例规定,有下列行为之一的,由县级以上人民政府建设行政主管部门责令停止违法活动,没收违法所得,并可以处以违法所得 5 倍以下的罚款;情节严重的,可以责令停止执行业务或者由全国注册建筑师管理委员会或者省、自治区、直辖市注册建筑师管理委员会吊销注册建筑师证书:

(一)以个人名义承接注册建筑师业务、收取费用的;

(二)同时受聘于二个以上建筑设计单位执行业务的;

(三)在建筑设计或者相关业务中侵犯他人合法权益的;

(四)准许他人以本人名义执行业务的;

(五)二级注册建筑师以一级注册建筑师的名义执行业务或者超越国家规定的执业范围执行业务的。

第三十二条 因建筑设计质量不合格发生重大责任事故,造成重大损失的,对该建筑设计负有直接责任的注册建筑师,由县级以上人民政府建设行政主管部门责令停止执行业务;情节严重的,由全国注册建筑师管理委员会或者省、自治区、直辖市注册建筑师管理委员会吊销注册建筑师证书。

第三十三条 违反本条例规定,未经注册建筑师同意擅自修改其设计图纸的,由县级以上人民政府建设行政主管部门责令纠正;造成损失的,应当承担赔偿责任。

第三十四条 违反本条例规定,构成犯罪的,依法追究刑事责任。

第六章　附　则

第三十五条　本条例所称建筑设计单位，包括专门从事建筑设计的工程设计单位和其他从事建筑设计的工程设计单位。

第三十六条　外国人申请参加中国注册建筑师全国统一考试和注册以及外国建筑师申请在中国境内执行注册建筑师业务，按照对等原则办理。

第三十七条　本条例自发布之日起施行。

附录 9

中华人民共和国著作权法(修正)

中华人民共和国主席令
第 91 号

1990 年 9 月 7 日第七届全国人民代表大会常务委员会第十五次会议通过,根据 2001 年 10 月 27 日第九届全国人民代表大会常务委员会第二十四次会议《关于修改〈中华人民共和国著作权法〉的决定》修正。

第一章 总 则

第一条 为保护文学、艺术和科学作品作者的著作权,以及与著作权有关的权益,鼓励有益于社会主义精神文明、物质文明建设的作品的创作和传播,促进社会主义文化和科学事业的发展与繁荣,根据宪法制定本法。

第二条 中国公民、法人或者其他组织的作品,不论是否发表,依照本法享有著作权。

外国人、无国籍人的作品根据其作者所属国或者经常居住地国同中国签订的协议或者共同参加的国际条约享有的著作权,受本法保护。

外国人、无国籍人的作品首先在中国境内出版的,依照本法享有著作权。

未与中国签订协议或者共同参加国际条约的国家的作者以及无国籍人的作品首次在中国参加的国际条约的成员国出版的,或者在成员国和非成员国同时出版的,受本法保护。

第三条 本法所称的作品,包括以下列形式创作的文学、艺术和自然科学、社会科学、工程技术等作品:

(一)文字作品;

(二)口述作品;

(三)音乐、戏剧、曲艺、舞蹈、杂技艺术作品;

(四)美术、建筑作品;

(五)摄影作品;

(六)电影作品和以类似摄制电影的方法创作的作品;

(七)工程设计图、产品设计图、地图、示意图等图形作品和模型作品;

(八)计算机软件;

(九)法律、行政法规规定的其他作品。

第四条 依法禁止出版、传播的作品,不受本法保护。

著作权人行使著作权,不得违反宪法和法律,不得损害公共利益。

第五条 本法不适用于:

（一）法律、法规，国家机关的决议、决定、命令和其他具有立法、行政、司法性质的文件，及其官方正式译文；

（二）时事新闻；

（三）历法、通用数表、通用表格和公式。

第六条 民间文学艺术作品的著作权保护办法由国务院另行规定。

第七条 国务院著作权行政管理部门主管全国的著作权管理工作；各省、自治区、直辖市人民政府的著作权行政管理部门主管本行政区域的著作权管理工作。

第八条 著作权人和与著作权有关的权利人可以授权著作权集体管理组织行使著作权或者与著作权有关的权利。著作权集体管理组织被授权后，可以以自己的名义为著作权人和与著作权有关的权利人主张权利，并可以作为当事人进行涉及著作权或者与著作权有关的权利的诉讼、仲裁活动。

著作权集体管理组织是非营利性组织，其设立方式、权利义务、著作权许可使用费的收取和分配，以及对其监督和管理等由国务院另行规定。

第二章 著作权

第一节 著作权人及其权利

第九条 著作权人包括：

（一）作者；

（二）其他依照本法享有著作权的公民、法人或者其他组织。

第十条 著作权包括下列人身权和财产权：

（一）发表权，即决定作品是否公之于众的权利；

（二）署名权，即表明作者身份，在作品上署名的权利；

（三）修改权，即修改或者授权他人修改作品的权利；

（四）保护作品完整权，即保护作品不受歪曲、篡改的权利；

（五）复制权，即以印刷、复印、拓印、录音、录像、翻录、翻拍等方式将作品制作一份或者多份的权利；

（六）发行权，即以出售或者赠与方式向公众提供作品的原件或者复制件的权利；

（七）出租权，即有偿许可他人临时使用电影作品和以类似摄制电影的方法创作的作品、计算机软件的权利，计算机软件不是出租的主要标的的除外；

（八）展览权，即公开陈列美术作品、摄影作品的原件或者复制件的权利；

（九）表演权，即公开表演作品，以及用各种手段公开播送作品的表演的权利；

（十）放映权，即通过放映机、幻灯机等技术设备公开再现美术、摄影、电影和以类似摄制电影的方法创作的作品等的权利；

（十一）广播权，即以无线方式公开广播或者传播作品，以有线传播或者转播的方式向公众传播广播的作品，以及通过扩音器或者其他传送符号、声音、图像的类似工具向公众传播广播的作品的权利；

（十二）信息网络传播权，即以有线或者无线方式向公众提供作品，使公众可以在其个人选定的时间和地点获得作品的权利；

(十三)摄制权,即以摄制电影或者以类似摄制电影的方法将作品固定在载体上的权利;

(十四)改编权,即改变作品,创作出具有独创性的新作品的权利;

(十五)翻译权,即将作品从一种语言文字转换成另一种语言文字的权利;

(十六)汇编权,即将作品或者作品的片段通过选择或者编排,汇集成新作品的权利;

(十七)应当由著作权人享有的其他权利。

著作权人可以许可他人行使前款第(五)项至第(十七)项规定的权利,并依照约定或者本法有关规定获得报酬。

著作权人可以全部或者部分转让本条第一款第(五)项至第(十七)项规定的权利,并依照约定或者本法有关规定获得报酬。

第二节　著作权归属

第十一条　著作权属于作者,本法另有规定的除外。

创作作品的公民是作者。

由法人或者其他组织主持,代表法人或者其他组织意志创作,并由法人或者其他组织承担责任的作品,法人或者其他组织视为作者。

如无相反证明,在作品上署名的公民、法人或者其他组织为作者。

第十二条　改编、翻译、注释、整理已有作品而产生的作品,其著作权由改编、翻译、注释、整理人享有,但行使著作权时不得侵犯原作品的著作权。

第十三条　两人以上合作创作的作品,著作权由合作作者共同享有。没有参加创作的人,不能成为合作作者。

合作作品可以分割使用的,作者对各自创作的部分可以单独享有著作权,但行使著作权时不得侵犯合作作品整体的著作权。

第十四条　汇编若干作品、作品的片段或者不构成作品的数据或者其他材料,对其内容的选择或者编排体现独创性的作品,为汇编作品,其著作权由汇编人享有,但行使著作权时,不得侵犯原作品的著作权。

第十五条　电影作品和以类似摄制电影的方法创作的作品的著作权由制片者享有,但编剧、导演、摄影、作词、作曲等作者享有署名权,并有权按照与制片者签订的合同获得报酬。

电影作品和以类似摄制电影的方法创作的作品中的剧本、音乐等可以单独使用的作品的作者有权单独行使其著作权。

第十六条　公民为完成法人或者其他组织工作任务所创作的作品是职务作品,除本条第二款的规定以外,著作权由作者享有,但法人或者其他组织有权在其业务范围内优先使用。作品完成两年内,未经单位同意,作者不得许可第三人以与单位使用的相同方式使用该作品。

有下列情形之一的职务作品,作者享有署名权,著作权的其他权利由法人或者其他组织享有,法人或者其他组织可以给予作者奖励:

(一)主要是利用法人或者其他组织的物质技术条件创作,并由法人或者其他组织承担责任的工程设计图、产品设计图、地图、计算机软件等职务作品;

(二)法律、行政法规规定或者合同约定著作权由法人或者其他组织享有的职务作品。

第十七条　受委托创作的作品,著作权的归属由委托人和受托人通过合同约定。合同未作明确约定或者没有订立合同的,著作权属于受托人。

第十八条　美术等作品原件所有权的转移,不视为作品著作权的转移,但美术作品原件的展览权由原件所有人享有。

第十九条　著作权属于公民的,公民死亡后,其本法第十条第一款第(五)项至第(十七)项规定的权利在本法规定的保护期内,依照继承法的规定转移。

著作权属于法人或者其他组织的,法人或者其他组织变更、终止后,其本法第十条第一款第(五)项至第(十七)项规定的权利在本法规定的保护期内,由承受其权利义务的法人或者其他组织享有;没有承受其权利义务的法人或者其他组织的,由国家享有。

第三节　权利的保护期

第二十条　作者的署名权、修改权、保护作品完整权的保护期不受限制。

第二十一条　公民的作品,其发表权、本法第十条第一款第(五)项至第(十七)项规定的权利的保护期为作者终生及其死亡后五十年,截止于作者死亡后第五十年的 12 月 31 日;如果是合作作品,截止于最后死亡的作者死亡后第五十年的 12 月 31 日。

法人或者其他组织的作品、著作权(署名权除外)由法人或者其他组织享有的职务作品,其发表权、本法第十条第一款第(五)项至第(十七)项规定的权利的保护期为五十年,截止于作品首次发表后第五十年的 12 月 31 日,但作品自创作完成后五十年内未发表的,本法不再保护。

电影作品和以类似摄制电影的方法创作的作品、摄影作品,其发表权、本法第十条第一款第(五)项至第(十七)项规定的权利的保护期为五十年,截止于作品首次发表后第五十年的 12 月 31 日,但作品自创作完成后五十年内未发表的,本法不再保护。

第四节　权利的限制

第二十二条　在下列情况下使用作品,可以不经著作权人许可,不向其支付报酬,但应当指明作者姓名、作品名称,并且不得侵犯著作权人依照本法享有的其他权利:

(一)为个人学习、研究或者欣赏,使用他人已经发表的作品;

(二)为介绍、评论某一作品或者说明某一问题,在作品中适当引用他人已经发表的作品;

(三)为报道时事新闻,在报纸、期刊、广播电台、电视台等媒体中不可避免地再现或者引用已经发表的作品;

(四)报纸、期刊、广播电台、电视台等媒体刊登或者播放其他报纸、期刊、广播电台、电视台等媒体已经发表的关于政治、经济、宗教问题的时事性文章,但作者声明不许刊登、播放的除外;

(五)报纸、期刊、广播电台、电视台等媒体刊登或者播放在公众集会上发表的讲话,但作者声明不许刊登、播放的除外;

(六)为学校课堂教学或者科学研究,翻译或者少量复制已经发表的作品,供教学或者科研人员使用,但不得出版发行;

(七)国家机关为执行公务在合理范围内使用已经发表的作品;

(八)图书馆、档案馆、纪念馆、博物馆、美术馆等为陈列或者保存版本的需要,复制本馆收藏的作品；

（九）免费表演已经发表的作品，该表演未向公众收取费用，也未向表演者支付报酬；

（十）对设置或者陈列在室外公共场所的艺术作品进行临摹、绘画、摄影、录像；

（十一）将中国公民、法人或者其他组织已经发表的以汉语言文字创作的作品翻译成少数民族语言文字作品在国内出版发行；

（十二）将已经发表的作品改成盲文出版。

前款规定适用于对出版者、表演者、录音录像制作者、广播电台、电视台的权利的限制。

第二十三条 为实施九年制义务教育和国家教育规划而编写出版教科书，除作者事先声明不许使用的外，可以不经著作权人许可，在教科书中汇编已经发表的作品片段或者短小的文字作品、音乐作品或者单幅的美术作品、摄影作品，但应当按照规定支付报酬，指明作者姓名、作品名称，并且不得侵犯著作权人依照本法享有的其他权利。

前款规定适用于对出版者、表演者、录音录像制作者、广播电台、电视台的权利的限制。

第三章　著作权许可使用和转让合同

第二十四条 使用他人作品应当同著作权人订立许可使用合同，本法规定可以不经许可的除外。

许可使用合同包括下列主要内容：

（一）许可使用的权利种类；

（二）许可使用的权利是专有使用权或者非专有使用权；

（三）许可使用的地域范围、期间；

（四）付酬标准和办法；

（五）违约责任；

（六）双方认为需要约定的其他内容。

第二十五条 转让本法第十条第一款第（五）项至第（十七）项规定的权利，应当订立书面合同。

权利转让合同包括下列主要内容：

（一）作品的名称；

（二）转让的权利种类、地域范围；

（三）转让价金；

（四）交付转让价金的日期和方式；

（五）违约责任；

（六）双方认为需要约定的其他内容。

第二十六条 许可使用合同和转让合同中著作权人未明确许可、转让的权利，未经著作权人同意，另一方当事人不得行使。

第二十七条 使用作品的付酬标准可以由当事人约定，也可以按照国务院著作权行政管理部门会同有关部门制定的付酬标准支付报酬。当事人约定不明确的，按照国务院著作权行政管理部门会同有关部门制定的付酬标准支付报酬。

第二十八条 出版者、表演者、录音录像制作者、广播电台、电视台等依照本法有关规定使用他人作品的，不得侵犯作者的署名权、修改权、保护作品完整权和获得报酬的权利。

第四章　出版、表演、录音录像、播放

第一节　图书、报刊的出版

第二十九条　图书出版者出版图书应当和著作权人订立出版合同,并支付报酬。

第三十条　图书出版者对著作权人交付出版的作品,按照合同约定享有的专有出版权受法律保护,他人不得出版该作品。

第三十一条　著作权人应当按照合同约定期限交付作品。图书出版者应当按照合同约定的出版质量、期限出版图书。

图书出版者不按照合同约定期限出版,应当依照本法第五十三条的规定承担民事责任。

图书出版者重印、再版作品的,应当通知著作权人,并支付报酬。图书脱销后,图书出版者拒绝重印、再版的,著作权人有权终止合同。

第三十二条　著作权人向报社、期刊社投稿的,自稿件发出之日起十五日内未收到报社通知决定刊登的,或者自稿件发出之日起三十日内未收到期刊社通知决定刊登的,可以将同一作品向其他报社、期刊社投稿。双方另有约定的除外。

作品刊登后,除著作权人声明不得转载、摘编的外,其他报刊可以转载或者作为文摘、资料刊登,但应当按照规定向著作权人支付报酬。

第三十三条　图书出版者经作者许可,可以对作品修改、删节。

报社、期刊社可以对作品作文字性修改、删节。对内容的修改,应当经作者许可。

第三十四条　出版改编、翻译、注释、整理、汇编已有作品而产生的作品,应当取得改编、翻译、注释、整理、汇编作品的著作权人和原作品的著作权人许可,并支付报酬。

第三十五条　出版者有权许可或者禁止他人使用其出版的图书、期刊的版式设计。

前款规定的权利的保护期为十年,截止于使用该版式设计的图书、期刊首次出版后第十年的 12 月 31 日。

第二节　表演

第三十六条　使用他人作品演出,表演者(演员、演出单位)应当取得著作权人许可,并支付报酬。演出组织者组织演出,由该组织者取得著作权人许可,并支付报酬。

使用改编、翻译、注释、整理已有作品而产生的作品进行演出,应当取得改编、翻译、注释、整理作品的著作权人和原作品的著作权人许可,并支付报酬。

第三十七条　表演者对其表演享有下列权利:

(一)表明表演者身份;

(二)保护表演形象不受歪曲;

(三)许可他人从现场直播和公开传送其现场表演,并获得报酬;

(四)许可他人录音录像,并获得报酬;

(五)许可他人复制、发行录有其表演的录音录像制品,并获得报酬;

(六)许可他人通过信息网络向公众传播其表演,并获得报酬。

被许可人以前款第(三)项至第(六)项规定的方式使用作品,还应当取得著作权人许可,并支付报酬。

第三十八条　本法第三十七条第一款第(一)项、第(二)项规定的权利的保护期不受限制。

本法第三十七条第一款第(三)项至第(六)项规定的权利的保护期为五十年,截止于该表演发生后第五十年的 12 月 31 日。

第三节　录音录像

第三十九条　录音录像制作者使用他人作品制作录音录像制品,应当取得著作权人许可,并支付报酬。

录音录像制作者使用改编、翻译、注释、整理已有作品而产生的作品,应当取得改编、翻译、注释、整理作品的著作权人和原作品著作权人许可,并支付报酬。

录音制作者使用他人已经合法录制为录音制品的音乐作品制作录音制品,可以不经著作权人许可,但应当按照规定支付报酬;著作权人声明不许使用的不得使用。

第四十条　录音录像制作者制作录音录像制品,应当同表演者订立合同,并支付报酬。

第四十一条　录音录像制作者对其制作的录音录像制品,享有许可他人复制、发行、出租、通过信息网络向公众传播并获得报酬的权利;权利的保护期为五十年,截止于该制品首次制作完成后第五十年的 12 月 31 日。

被许可人复制、发行、通过信息网络向公众传播录音录像制品,还应当取得著作权人、表演者许可,并支付报酬。

第四节　广播电台、电视台播放

第四十二条　广播电台、电视台播放他人未发表的作品,应当取得著作权人许可,并支付报酬。

广播电台、电视台播放他人已发表的作品,可以不经著作权人许可,但应当支付报酬。

第四十三条　广播电台、电视台播放已经出版的录音制品,可以不经著作权人许可,但应当支付报酬。当事人另有约定的除外。具体办法由国务院规定。

第四十四条　广播电台、电视台有权禁止未经其许可的下列行为:

(一)将其播放的广播、电视转播;

(二)将其播放的广播、电视录制在音像载体上以及复制音像载体。

前款规定的权利的保护期为五十年,截止于该广播、电视首次播放后第五十年的 12 月 31 日。

第四十五条　电视台播放他人的电影作品和以类似摄制电影的方法创作的作品、录像制品,应当取得制片者或者录像制作者许可,并支付报酬;播放他人的录像制品,还应当取得著作权人许可,并支付报酬。

第五章　法律责任和执法措施

第四十六条　有下列侵权行为的,应当根据情况,承担停止侵害、消除影响、赔礼道歉、赔偿损失等民事责任:

(一)未经著作权人许可,发表其作品的;

(二)未经合作作者许可,将与他人合作创作的作品当作自己单独创作的作品发表的;

（三）没有参加创作，为谋取个人名利，在他人作品上署名的；

（四）歪曲、篡改他人作品的；

（五）剽窃他人作品的；

（六）未经著作权人许可，以展览、摄制电影和以类似摄制电影的方法使用作品，或者以改编、翻译、注释等方式使用作品的，本法另有规定的除外；

（七）使用他人作品，应当支付报酬而未支付的；

（八）未经电影作品和以类似摄制电影的方法创作的作品、计算机软件、录音录像制品的著作权人或者与著作权有关的权利人许可，出租其作品或者录音录像制品的，本法另有规定的除外；

（九）未经出版者许可，使用其出版的图书、期刊的版式设计的；

（十）未经表演者许可，从现场直播或者公开传送其现场表演，或者录制其表演的；

（十一）其他侵犯著作权以及与著作权有关的权益的行为。

第四十七条 有下列侵权行为的，应当根据情况，承担停止侵害、消除影响、赔礼道歉、赔偿损失等民事责任；同时损害公共利益的，可以由著作权行政管理部门责令停止侵权行为，没收违法所得，没收、销毁侵权复制品，并可处以罚款；情节严重的，著作权行政管理部门还可以没收主要用于制作侵权复制品的材料、工具、设备等；构成犯罪的，依法追究刑事责任：

（一）未经著作权人许可，复制、发行、表演、放映、广播、汇编、通过信息网络向公众传播其作品的，本法另有规定的除外；

（二）出版他人享有专有出版权的图书的；

（三）未经表演者许可，复制、发行录有其表演的录音录像制品，或者通过信息网络向公众传播其表演的，本法另有规定的除外；

（四）未经录音录像制作者许可，复制、发行、通过信息网络向公众传播其制作的录音录像制品的，本法另有规定的除外；

（五）未经许可，播放或者复制广播、电视的，本法另有规定的除外；

（六）未经著作权人或者与著作权有关的权利人许可，故意避开或者破坏权利人为其作品、录音录像制品等采取的保护著作权或者与著作权有关的权利的技术措施的，法律、行政法规另有规定的除外；

（七）未经著作权人或者与著作权有关的权利人许可，故意删除或者改变作品、录音录像制品等的权利管理电子信息的，法律、行政法规另有规定的除外；

（八）制作、出售假冒他人署名的作品的。

第四十八条 侵犯著作权或者与著作权有关的权利的，侵权人应当按照权利人的实际损失给予赔偿；实际损失难以计算的，可以按照侵权人的违法所得给予赔偿。赔偿数额还应当包括权利人为制止侵权行为所支付的合理开支。

权利人的实际损失或者侵权人的违法所得不能确定的，由人民法院根据侵权行为的情节，判决给予五十万元以下的赔偿。

第四十九条 著作权人或者与著作权有关的权利人有证据证明他人正在实施或者即将实施侵犯其权利的行为，如不及时制止将会使其合法权益受到难以弥补的损害的，可以在起诉前向人民法院申请采取责令停止有关行为和财产保全的措施。

人民法院处理前款申请,适用《中华人民共和国民事诉讼法》第九十三条至第九十六条和第九十九条的规定。

第五十条 为制止侵权行为,在证据可能灭失或者以后难以取得的情况下,著作权人或者与著作权有关的权利人可以在起诉前向人民法院申请保全证据。

人民法院接受申请后,必须在四十八小时内作出裁定;裁定采取保全措施的,应当立即开始执行。

人民法院可以责令申请人提供担保,申请人不提供担保的,驳回申请。

申请人在人民法院采取保全措施后十五日内不起诉的,人民法院应当解除保全措施。

第五十一条 人民法院审理案件,对于侵犯著作权或者与著作权有关的权利的,可以没收违法所得、侵权复制品以及进行违法活动的财物。

第五十二条 复制品的出版者、制作者不能证明其出版、制作有合法授权的,复制品的发行者或者电影作品或者以类似摄制电影的方法创作的作品、计算机软件、录音录像制品的复制品的出租者不能证明其发行、出租的复制品有合法来源的,应当承担法律责任。

第五十三条 当事人不履行合同义务或者履行合同义务不符合约定条件的,应当依照《中华人民共和国民法通则》、《中华人民共和国合同法》等有关法律规定承担民事责任。

第五十四条 著作权纠纷可以调解,也可以根据当事人达成的书面仲裁协议或者著作权合同中的仲裁条款,向仲裁机构申请仲裁。

当事人没有书面仲裁协议,也没有在著作权合同中订立仲裁条款的,可以直接向人民法院起诉。

第五十五条 当事人对行政处罚不服的,可以自收到行政处罚决定书之日起三个月内向人民法院起诉,期满不起诉又不履行的,著作权行政管理部门可以申请人民法院执行。

第六章 附 则

第五十六条 本法所称的著作权即版权。

第五十七条 本法第二条所称的出版,指作品的复制、发行。

第五十八条 计算机软件、信息网络传播权的保护办法由国务院另行规定。

第五十九条 本法规定的著作权人和出版者、表演者、录音录像制作者、广播电台、电视台的权利,在本法施行之日尚未超过本法规定的保护期的,依照本法予以保护。

本法施行前发生的侵权或者违约行为,依照侵权或者违约行为发生时的有关规定和政策处理。

附录 10

GB/T 50353-2005
建筑工程建筑面积计算规范

中华人民共和国建设部公告
第 326 号

现批准《建筑工程建筑面积计算规范》为国家标准,编号为 GB／T 50353－2005,自 2005 年 7 月 1 日起实施。

本规范由建设部标准定额研究所组织中国计划出版社出版发行。

中华人民共和国建设部
2005 年 4 月 15 日

1 总 则

1.0.1 为规范工业与民用建筑工程的面积计算,统一计算方法,制定本规范。

1.0.2 本规范适用于新建、扩建、改建的工业与民用建筑工程的面积计算。

1.0.3 建筑面积计算应遵循科学、合理的原则。

1.0.4 建筑面积计算除应遵循本规范,尚应符合国家现行的有关标准规范的规定。

2 术 语

2.0.1 层高 story height

上下两层楼面或楼面与地面之间的垂直距离。

2.0.2 自然层 floor

按楼板、地板结构分层的楼层。

2.0.3 架空层 empty space

建筑物深基础或坡地建筑吊脚架空部位不回填土石方形成的建筑空间。

2.0.4 走廊 corridor gollory

建筑物的水平交通空间。

2.0.5 挑廊 overhanging corridor

挑出建筑物外墙的水平交通空间。

2.0.6 檐廊 eaves gollory

设置在建筑物底层出檐下的水平交通空间。

2.0.7　回廊 cloister
在建筑物门厅、大厅内设置在二层或二层以上的回形走廊。

2.0.8　门斗 foyer
在建筑物出入口设置的起分隔、挡风、御寒等作用的建筑过渡空间。

2.0.9　建筑物通道 passage
为道路穿过建筑物而设置的建筑空间。

2.0.10　架空走廊 bridge way
建筑物与建筑物之何,在二层或二层以上专门为水平交通设置的走廊。

2.0.11　勒脚 plinth
建筑物的外墙与室外地面或散水按触部位墙体的加厚部分。

2.0.12　围护结构 envelop enclosure
围合建筑空间四周的墙体、门、窗等。

2.0.13　围护性幕墙 enclosing curtain wall
直接作为外墙起围护作用的幕墙。

2.0.14　装饰性幕墙 decorative faced curtain wall
设置在建筑物墙体外起装饰作用的幕墙。

2.0.15　落地橱窗 French window
突出外墙面根基落地的橱窗。

2.0.16　阳台 balcony
供使用者进行活动和晾硒衣物的建筑空间。

2.0.17　眺望间 view room
设置在建筑物顶层或挑出房间的供人们远眺或观察周围情况的建筑空间。

2.0.18　雨篷 canopy
设置在建筑物进出口上部的遮雨、遮阳篷。

2.0.19　地下室 basement
房间地平面低于室外地平面的高度超过该房间净高的 1/2 者为地下室。

2.0.20　半地下室 semi basement
房间地平面低于室外地平面的高度超过该房间净高的 1/3,且不超过 1/2 者为半地下室。

2.0.21　变形缝 deforrnation joint
伸缩缝(温度缝)、沉降缝和抗震缝的总称。

2.0.22　永久性顶盖 permanent cap
经规划批准设计的永久使用的顶盖。

2.0.23　飘窗 bay window
为房问采光和美化造型而设置的突出外墙的窗。

2.0.24　骑楼 overhang
楼层部分跨在人行道上的临街楼房。

2.0.25　过街楼 arcade
有道路穿过建筑空间的楼房。

3 计算建筑面积的规定

3.0.1 单层建筑物的建筑面积,应按其外墙勒脚以上结构外围水平面积计算,并应符合下列规定:

1 单层建筑物高度在 2.20m 及以上者应计算全面积;高度不足 2.20m 者应计算 1/2 面积。

2 利用坡屋顶内空间时净高超过 2.10m 的部位应计算全面积;净高在 1.20m 至 2.10m 的部位应计算算 1/2 面积;净高不足 1.20m 的部位不应计算面积。

3.0.2 单层建筑物内设有局部楼层者,局部楼层的二层及以上楼层,有围护结构的应按其围护结构外围水平面积计算,无围护结构的应按其结构底板水平面积计算。层高在 2.20m 及以上者应计算全面积;层高不足2.20m者应计算 1/2 面积。

3.0.3 多层建筑物首层应按其外墙勒脚以上结构外围水平面积计算;二层及以上楼层应按其外墙结构外围水平面积计算。层高在 2.20m 及以上者应计算全面积;层高不足 2.20m 者应计算 1/2 面积。

3.0.4 多层建筑坡屋顶内和场馆看台下,当设计加以利用时净高超过 2.10m 的部位应计算全面积;净高在 1.20m 至 2.10m 的部位应计算 1/2 面积;当设计不利用或室内净高不足 1.20m 时不应计算面积。

3.0.5 地下室、半地下室(车间、商店、车站、车库、仓库等),包括相应的有永久性顶盖的出入口,应按其外墙上口(不包括采光井、外墙防潮层及其保护墙)外边线所围水平面积计算。层高在 2.20m 及以上者应计算全面积;层高不足 2.20m 者应计算 1/2 面积。

3.0.6 坡地的建筑物吊脚架空层、探基础架空层,设计加以利用并有围护结构的,层高在 2.20m 及以上的部位应计算全面积;层高不足 2.20m 的部位应计算 1/2 面积。设计加以利用、无围护结构的建筑吊脚架空层,应按其利用部位水平面积的 1/2 计算;设计不利用的深基础架空层、坡地吊脚架空层、多层建筑坡屋顶内、场馆看台下的空间不应计算面积。

3.0.7 建筑物的门厅、大厅按一层计算建筑面积。门厅、大厅内设有回廊时,应按其结构底板水平面积计算。层高在 2.20m 及以上者应计算全面积;层高不足 2.20m 者应计算 1/2 面积。

3.0.8 建筑物间有围护结构的架空走廊,应按其围护结构外围水平面积计算。层高在 2.20m 及以上者应计算全面积;层高不足 2.20m 者应计算 1/2 面积。有永久性顶盖无围护结构的应按其结构底板水平面积的 1/2 计算。

3.0.9 立体书库、立体仓库、立体车库,无结构层的应按一层计算,有结构层的应按其结构层面积分别计算。层高在 2.20m 及以上者应计算全面积;层高不足 2.20m 者应计算 1/2 面积。

3.0.10 有围护结构的舞台灯光控制室,应按其围护结构外围水平面积计算。层高在 2.20m 及以上者应计算全面积;层高不足 2.20m 者应计算 1/2 面积。

3.0.11 建筑物外有围护结构的落地橱窗、门斗、挑廊、走廊、檐廊,应按其围护结构外围水平面积计算。层高在 2.20m 及以上者应计算全面积;层高不足 2.20m 者应计算 1/2 面积。有永久性顶盖无围护结构的应按其结构底板水平面积的 1/2 计算。

3.0.12 有永久性顶盖无围护结构的场馆看台应按其顶盖水平投影面积的 1/2 计算。

3.0.13 建筑物顶部有围护结构的楼梯间、水箱间、电梯机房等,层高在 2.20m 及以上者应计算全面积;层高不足 2.20m 者应计算 1/2 面积。

3.0.14 设有围护结构不垂直于水平面而超出底板外沿的建筑物,应按其底板面的外围水平面积计算。层高在 2.20m 及以上者应计算全面积;层高不足 2.20m 者应计算 1/2 面积。

3.0.15 建筑物内的室内楼梯间、电梯井、观光电梯井、提物井、管道井、通风排气竖井、垃圾道、附墙烟囱应按建筑物的自然层计算。

3.0.16 雨篷结构的外边线至外墙结构外边线的宽度超过 2.10m 者,应按雨篷结构板的水平投影面积的 1/2 计筭。

3.0.17 有永久性顶盖的室外楼梯,应按建筑物自然层的水平投影面积的 1/2 计算。

3.0.18 建筑物的阳台均应按其水平投影面积的 1/2 计算。

3.0.19 有永久性顶盖无围护结构的车棚、货棚、站台、加油站、收费站等,应按其顶盖水平投影面积的 1/2 计算。

3.0.20 高低联跨的建筑物,应以高跨结构外边线为界分别计算建筑面积;其高低跨内部连通时,其变形缝应计算在低跨面积内。

3.0.21 以幕墙作为围护结构的建筑物,应按幕墙外边线计算建筑面积。

3.0.22 建筑物外墙外侧有保温隔热层的,应按保温隔热层外边线计算建筑面积。

3.0.23 建筑物内的变形缝,应按其自然层合并在建筑物面积内计算。

3.0.24 下列项目不应计算面积:

1 建筑物通道(骑楼、过街楼的底层)。

2 建筑物内的设备管道夹层。

3 建筑物内分隔的单层房间,舞台及后台悬挂幕布、布景的天桥、挑台等。

4 屋顶水箱、花架、凉棚、露台、露天游泳池。

5 建筑物内的操作平台、上料平台、安装箱和罐体的平台。

6 勒脚、附墙柱、垛、台阶、墙面抹灰、装饰面、镶贴块料面层、装饰性幕墙、空调机外机搁板(箱)、飘窗、构件、配件、宽度在 2.10m 及以内的雨篷以及与建筑物内不相连通的装饰性阳台、挑廊。

7 无永久性顶盖的架空走廊、室外楼梯和用于检修、消防等的室外钢楼梯、爬梯。

8 自动扶梯、自动人行道。

9 独立烟囱、烟道、地沟、油(水)罐、气柜、水塔、贮油(水)池、贮仓、栈桥、地下人防通道、地铁隧道。

本规范用词说明

1 为便于在执行本规范条文时区别对待,对要求严格程度不同的用词说明如下:

1)表示很严格,非这样做不可的用词:

正面词采用"必须",反面词采用"严禁"。

2)表示严格,在正常情况下均应这样做的用词:

正面词采用"应",反面词采用"不应"或"不得"。

3)表示允许稍有选择,在条件许可时首先应这样做的用词:

正面词采用"宜",反面词采用"不宜"。

表示有选择,在一定条件下可以这样做的用词,采用"可"。

2 本规范中指明应按其他有关标准、规范执行的写法为"应符合……的规定"或"应按……执行"。

参 考 文 献

[1] 朱宏亮主编. 建设法规(第二版)[M]. 武汉:武汉理工大学出版社,2003

[2] 中国人民共和国建设部人事教育司,政策法规司组织编写. 建设法规教程[M]. 北京:中国建工出版社,2002

[3] 中国人民共和国建设部政策法规司编. 建设法律法规(2004 版)[M]. 北京:中国建工出版社,2004

[4] 吴昊主编. 建设法规案例与评析[M]. 北京:机械工业出版社,2007

[5] 金国辉编著. 建设法规概述与案例[M]. 北京:清华大学出版社、北京交通大学出版社,2006

[6] 姜涌编著. 建筑师职能体系与建造实践[M]. 北京:清华大学出版社,2005

[7] 陈汉青,万仞编著. 设计与法规[M]. 北京:化学工业出版社,2004

[8] 徐伟,孙仓龙主编. 土木工程相关法规[M]. 上海:同济大学出版社,2001

[9] 常丽莎,姚建强著. 建筑作品著作权保护方法探析[J]. 华中建筑,2007,25(6):01—02